群衆 속의 예술가

群衆 속의 예술가

보들레르와 19세기 프랑스 회화

阿部良雄 아베 요시오
丁明姬 정명희 옮김

고려대학교출판부
KOREA UNIVERSITY PRESS

GUNSHU NO NAKA NO GEIJUTSUKA
by ABE Yoshio

Originally published in Japan by CHIKUMA SHOBO PUBLISHING CO., LTD., Tokyo.
Korean translation rights arranged with CHIKUMA SHOBO PUBLISHING CO., LTD., Japan through THE SAKAI AGENCY and IMPRIMA KOREA AGENCY.

윌리엄 오술리에. 청춘의 샘.

한국어판을 위한 저자 서문

한국에서 《군중 속의 예술가》 번역본 출간이 진행되고 있다는 통지를 동경에 있는 출판사 치쿠마쇼보筑摩書房로부터 봄에 받았다. 그러고 나서 얼마 후에, 고려대학교의 강성욱 교수에게서 지도를 받고, 오랫동안 19세기의 프랑스 문학과 미술을 연구해온 정명희 씨로부터, 근년에 일본에 체재했을 때 나의 졸저를 접하게 되어, 한국어로 옮길 생각을 했다는 편지가 나에게 왔다.

예술가를 존중하는 오랜 전통을 가진 사회에 소개할 수 있게 되고, 30여 년 전에 썼던 이 책이 이제부터는 새로운 독자와 만날 기회를 얻는다는 것은 나로서는 참으로 반가운 일이며, 열의 있는 독해를 하면서 중개의 수고를 아끼지 않은 역자에게 진심으로 감사의 마음을 표하고 싶다.

《군중 속의 예술가—보들레르와 19세기 프랑스 회화》는, 유학생으로서 파리에서, 그리고 연구자로서 30대 후반에 두 번째로 오래 체재했을 때 쓰기 시작한 글을 포함하고 있다. 1968년 전후의 프랑스의 앙양된 분위기와 지적인 공기 속에서 생각하고 있던 것을 일본의 잡지에 발표할 수 있도록, 바로 그 무렵에 격려 삼아 원고청탁의 서간을 보내주었던 (당시) 쥬오고론샤中央公論社 편집부의 하야카와 유키히코 씨도, 나중에 단행본으로 정리해주신 작고한 쇼다 가즈유키 씨도 1999년에 간행된 이 책의 진정한 친부모였던 것은 이미 말한 바 있다. 1975년에 쥬오고론샤에서 이 책의 초판이 나온 후, 수정된 1979년의 중판과 더 한층 손질을 가한 1991년의 문고판을 거쳐, 졸역《보들레르 전집》의 출판사인 치쿠마쇼보의 재량으로 새롭게 문고판으로 간행된 책이다.

이번에는 정명희 씨가 이《군중 속의 예술가》한국어판을 낳은 친부모이며, 동시에 길러준 어머니인 것은 말할 필요도 없지만, 유감스럽게도 나 자신은 그 번역문을 읽을 수 없기 때문에, 보들레르의 미술비평을 오랫동안 연구 주제로 삼아온 정명희 씨의 헌신적인 작업에 대한 칭찬의 말은 한국의 독자들에게 맡길 수밖에 없다. 지금부터 약 40년 전의 상황에서 나온 나의 몇 가지 주장이, 독자적인 '현대성'을 살아가는 한국의 독자들에게 읽혀진다면 더할 나위 없는 기쁨이다.

도쿄에서 2006년
아베 요시오

차례

III. 나르시스와 민중 귀스타브 쿠르베

IV. '현재'의 발견 에두아르 마네

V. 풍경 속의 예술가 샤를 보들레르

I. 群衆 속의 비평가

샤를 보들레르

1. 전람회의 군중

보들레르를 그의 시대 속에, 그가 살던 시대의 군중 속에 다시 놓아보자. 그것도 우선, 전람회의 군중 속에.

> 몇 년 전의 일인데, 어느 회화 전람회에서 멍청이들 무리가 공업제품처럼 반들거리고 밀랍을 먹이고 유약을 칠한 그림 앞에서 소동을 벌였다. 이것은 예술과는 절대로 반대의 것이었다. 드롤링의 〈부엌〉을 어리석은 짓거리라고 한다면 이것은 광기였고, 그쪽을 모방자라고 한다면 이쪽은 맹신자들이었다. 이 현미경적 회화 안에서는 파리가 날아다니는 것까지 보였다. 나도 다른 사람들과 마찬가지로 이 괴물 같은 물건에 이끌렸다. 그런데 나는 이 기묘한 허약함이 수치스러웠다. 그것은 끔찍한 것에 대한 억제할 수 없는 이끌림이었기 때문이다.
>
> —〈포도주와 하시시에 관하여〉, 1851년.

호기심 많은 관중이 소동을 벌이고 있다고 하는, 단지 그 이유만으로 그런 그림은 피해간다는 태도도 있을 수 있다. 하지만 그로부터 6년 전,

24세의 보들레르는 미술비평가로서의 새 출발에서, 아니 그보다는 처음으로 쓴 전람회 안내 소책자의 머리말에서 정반대의 태도를 선언하고 있었던 것이다.

> 우리는 군중과 예술가들의 눈을 끌어당기는 것 전체에 대해서 말할 것이다. —우리의 직업의식이 그렇게 명한다. —사람들 마음에 드는 것은 모두 마음에 들 만한 이유가 있는 것이고, 우왕좌왕하는 자들이 무리지어 몰려드는 것을 경멸하는 일만이 마땅히 있어야 할 곳으로 그들을 되돌려보내는 수단은 아니다.
>
> —《1845년 살롱》.

도대체 군중의 눈과 비평가의 눈 사이에 어떤 차이가 있을 수 있었을까. 보들레르 스스로 "괴물 같은 물건"에 이끌렸다는 점에서는 "멍청이들"과 다를 바 없다고 인정한 다음, 다만 이끌리는 이유는 같지 않다고 주장하는 것은 분명해졌다. 그들은 파리가 날아다니는 것이 보일 정도로 미세한 붓놀림의 기교를 감탄하고 있다. 비평가 쪽에는 "끔찍한 것에 대한 억제할 수 없는 이끌림"이라는 낭만주의적 미학의 역설이 있다. 그러나 그것은 그렇게나 다른 것일까. 도저히 인간의 행위라고는 생각할 수 없는 도화圖畵와 공작工作의 장인에게 홀린 것은 악마적인 것이 뻗는 유혹의, 일견 어리석은 한 가지 징조라고도 말할 수 있지 않을까. 이때 비평가와 군중을 구분하는 것은 단지 자신이 느끼는 매력을 정의하는 능력의 유무, 반대로 부끄럽게 여기기조차 할 수 있는 반성능력의 유무에 다름 아닌 것은 아닐까. 자신의 내면에 한 사람의 엠마 보바리를 가진 플로베르, 그리고 전람회나 미술관에 가서는 그저 바보같이 관람하고 있는 사람의 구석구석까지 기술하는 노트를 들고 있는 점에서, 바로 그 부바르와 페퀴셰 자신이었던 플로베르와 엄밀하게 동시대인이었던 보들레르. 그로서도 전람회의 그림 앞만이 아니라 시대의 전면前面을 모조리 덮어버리는 괴물 부르주아와의 동일성을 의식하고는, 그러한 의식작용을 언어작업화하는 단지 그것만의 비약 안에서 알테르 에고alter ego("위선의 독자, 나의 동류, 나의 형제")[1]와의 동일성 인식을 거리로 바꾸는, 즉 자의식이 비평과 동의어인 듯한 문학의 열쇠가 존재할 수 있었던 것이다.

그런데 조금 전의 인용에서 문제된 "현미경적 회화"라고 하는 것은, 1846년 살롱에 출품된 프랑수아 루이 프랑세의 풍경화 〈생-클루 습작〉에서, 인물 부분만을 메소니에가 묘사한 것을 가리킨다고 추정된다. 《1846년 살롱》에 "메소니에 씨의 벼룩들"이라고 되어 있는 것은 너무나 미세하게 그려 넣은 인물을 비유적으로 이렇게 말한 것이며, 조금 전에 인용한 문장의 "파리가 날아다니는 것까지 보인다"도 마찬가지의 비유다. 장-루이-에르네스

1 〔역주〕 보들레르 시집 《악의 꽃》 서시 〈독자에게〉의 마지막 행. 이 말로써 독자는 시인에 의해 '악'과의 유대·연대성, 그리고 친밀감을 강요받는다.

트 메소니에Jean-Louis-Ernest Messonier는 1815년생의 화가로서, 그가 17세기 플랑드르파의 화풍을 모방한 세밀한 묘사를 편집광적이라고 말할 수 있을 정도로 정성을 기울여 익히기만 한 것은 아니다. 그의 풍속화는 소재에 있어서도 시대물로서, 그가 말 그대로 박진감 있는 필법으로 충실히 재현한 17, 18세기의 의상이나 가구 등의 소도구들은 감탄·인기의 대상이 되었고, 프랑세가 자신의 그림에 그려 넣은 것도 "루이 15세풍의 의상을 걸친 고위 궁인들"이었던 같다.

이것은 두 가지 점에서 보들레르의 주장과 맞지 않는 것이었다. 현대의 의복이 검정색 일색으로 색채효과가 결여되어 있다고 해서, 오로지 과거나 이국의 눈길을 끄는 의상을 등장인물에게 걸치게 하는 것은 안이한 해결이라는 것이 하나, 작은 화면에 얼마든지 세밀하게 그려 넣을 수 있는 명인의 재주로 풋내기를 탄복하게 만드는 따위는 회화의 사도邪道라고 하는 것이 또 하나다. 1830년대에 실용화된 이래 40년대부터 50년대까지 회화가 갖는 재현의 기능을 위협할 정도로 발전하는 사진술에 대항하여, 회화는 어디에서 그 독자적인 영역을 찾아내야 할 것인가라는 문제에 대한 해답을 보들레르의 이 두 번째 주장에서 이미 읽어낼 수도 있을 것이다. 보들레르의 메소니에 평가가 되면, 들라크루아를 메소니에가 뒤쫓아오는 것조차 거부하는 보들레르의 고집에서 하나의 진지한 선택을 읽어내야 한다.

그림 1. 에르네스트 메소니에.
바리케이드, 라 모르텔리가街, 1848년 6월.

메소니에에 대한 그〔들라크루아〕의 감탄은 약간 도를 넘는 것이었습니다. 그는 메소니에 씨의 가장 나은 작품인 〈바리케이드〉의 구도를 준비하는 데 쓰인 몇 장의 데생을 거의 강제로 가로채다시피 했습니다만, 사실 메소니에 씨의 재능은 붓보다는 오직 연필에 의해서 훨씬 더 정력적으로 발휘됩니다. 이 화가에 관해서 그는, 불안하게 미래를 꿈꾸기나 하는 듯이 자주 이렇게 말했습니다. "결국, 우리 모두 가운데서 가장 확실하게 살아남을 수 있는 것은 바로 그다!" 그렇게나 큰 것들을 만든 사람이 작은 것들밖에는 특출하지 못한 사람을 부러워하는 듯한 모습을 보는 일은 재미있지 않습니까?
—〈외젠 들라크루아의 생애와 작품〉, 1863년.

메소니에를 19세기에 서구 회화 전통의 최대의 체현자로 만드는 달리의 찬미에 들라크루아의 그것을 중첩시킬 때, 그것을 역설만으로 봐넘길 수 없는 위치에 오늘날 우리는 도달해버린 것 같은 느낌을 가질 수 있다.[2] 그렇지만 어떤 것의 시작 혹은 시작 전야에 있다고 하는 의식에—시작되는 어떤 것이 사실은 끝이라고 하는 의식을 동반하고 있었을까 아닐까는 제쳐놓는다면—늘 사로잡혀 있던 보들레르로서는, 메소니에가 후대에 남는 화가일까 아닐까, 우수한 화가일까 아닐까 하는 것과는 별도로, 어떻게 해서든 관철하지 않으면 안 될 선택이 있었다. 이 선택의 완고함은 다름 아닌 이 대목에서도 메소니에의 화가로서의 기량을 인정하지 않을 수 없는 취지는 정직하게 기록한 다음, 그래도 역시 들라크루아의 찬미·선망을 기묘한 것이라고 우기는 것 등에서 잘 나타나고 있다.

> 그렇지만 들라크루아의 매혹적인 작품 하나가 천 프랑에도 여간해서 구매자를 찾아내기 어려운 반면, 메소니에의, 눈에도 보이지 않을 만큼 작은 인물상이 열 배나 스무 배 비싸게 팔리게 될 때, 목청 높여서 동시대의 어리석음을 탄핵하는 것은 좋은 일입니다.
>
> —〈현대의 예술가〉, 《1859년 살롱》.

회화의 문제는 회화를 둘러싼 '상황'의 문제들과 떼어놓고 논할 수 없다고

2 달리의 〈메소니에 오마주hommage〉에 관해서는, 졸저 《서구와의 대화》(河出書房新社, 1972), 156쪽 또는 레구르스 문고판(1989), 165쪽 참조.

그림 2. 드롤링. 어느 부엌의 내부.

하는 전제에서 '결단'하는 전투적인 비평가 보들레르. 그의 〈관전평Salon〉에 본보기를 제공한 18세기의 위대한 두 사람, 디드로와 스탕달로부터의 계승은 이러한 점에서 두드러지게 나타나고 있다. 제2제정 하에 전 유럽에서 가장 인기 있는 화가로서 말 그대로 프랑스의 국가적 영광이 된 메소니에, 그 메소니에 생존 중에 이 영광에 이의를 제기한 소수파의 한 사람이었던 것은 보들레르의 영예지만, 이 영예는 단순히 그림의 좋고 나쁨을 분별하는 정확한 안목이라고 할 수 있는 것에 의해 획득된 것은 아니다.

여기에서 다시 처음의 이야기로 되돌아가서, 드롤링의 부엌 그림의 '어리석은 짓거리'란 무엇을 의미하는 것이었던가를 검토하기로 하자. 이설異說도 있으나 이 드롤링은 마르탱 드롤링(1752-1817)으로, 초상화가로서도 꽤 뛰어난 기교를 갖고 있었던 것 같다. 1815년이라는 날짜가 들어가 있는 〈어느 부엌의 내부〉는 1817년 살롱에서 국고로 매입하게 되고, 루브르 미술관에서 1840년대에도 여전히—이 시대에 플랑드르파, 네덜란드파에 대한 관심이 높아진 덕분에—대단한 인기를 끌고 있었다. 그 점에 관해서는 보들레르의 친구 샹플뢰리의 증언이 있다.

> 〈어느 부엌의 내부〉는, 가장 격찬 받는 작품, 상경했던 사람이 지방으로 돌아가 화제 삼는 작품, 영국인이라면 100만 프랑을 쓸지도 모르는 작품이다.
>
> —〈루브르 관람〉, 《예술가》, 1844년 2월 1일.

평소에 루브르의 수장고收藏庫에 들어가 있는 이 그림이, 1967년 프티팔레 미술관에서 열린 보들레르 100주년 기념 전람회에 진열되었는데, 지금 남아 있는 인상으로는, 첫째 적갈색을 띤 색채의 어둑함, 우중충함이다. 이 인상은, 같은 방이나 옆방 벽에 죽 걸린 이 시대 그림의, 역청을 많이 사용해서 일부러 낡은 듯한 느낌을 낸 것 같은 어둑함, 우중충함의 총체의 일부를 이루는 것이었으리라고 추측할 수 있지만, 지금 기억나는 것보다 밝은 그림이었다고 해도, 색조의 조화가 자아내는 매력에 이끌리는 그림은 아니었다는 점은 분명하다. '부엌 그림'이라고 말하면 떠오르는 것은 우선 17세기 네덜란드파, 예를 들어 피테르 데 호오흐〔Peter de Hooch. 1626-1683—역자〕의 색채가 갖는 밝고 생생하게 만든 청징함을 여기에서 요구해야 할 것도 없이, 빛의 효과에 있어서 드롤링이 네덜란드파의 실내를 모방했다고 해도 여기에서는 빛이 색채효과에 이바지하는 것은 아니고, 그늘의 배치에 의해 명암의 대조를 두드러지게 해서 사물의 입체성을 드러나게만 해주는 역할에 그친다는 것이다. 동시대—요컨대 드롤링은 18세기의 생존자라고도 말할 수 있는 화가이기 때문에—의 프랑스에서 샤르댕의 부엌 그림을 보게 되면 빛의 효과를 약간 적게 하고 색계를 쥐어짜서 조화를 노리는 샤르댕의 "색채의 마술"(디드로)이 얼마나 위대했던가를 새삼스럽게 통감하게 된다.[3]

보들레르에게 메소니에와 들라크루아는 무척 결부시키기 쉬운 이름이었다고 보이는데, 《1845년 살롱》에서도, "메소니에 씨는 우리에게 본의 아니게 마르탱 드롤링 씨를 생각나게 한다. 모든 명성, 더할 나위 없는 정당한 명성 안에조차 수많은 작은 비밀이 있다"고 쓰고 있다. 메소니에의 성공의 "비밀"이라는 것은 따지고 보면, "그의 작은 인물들을 탄복할 정도로 멋지게 만들어내는" 것으로서, 관중의 어리석음이라고 한다면 어리석은, 소박함이라고 한다면 소박한 감탄을 불러일으키는 일이라고 말했음 직한 보들레르지만, 그렇게 해서 명성을 확고히 하는 화가 쪽의 선입관, 즉 소박함의 결여라

3 〔역주〕 Jean-Baptiste Siméon Chardin(1699-1779). 샤르댕은 18세기 프랑스에서 유행하던 로코코 회화와는 다른 사실적 화풍을 구사하는 화가로서, 네덜란드 화가들의 전통을 이어받아 시민생활이라는 새로운 주제를 파리 화단에 도입했다. 디드로는 그의 《살롱》에서 샤르댕의 "색채의 마술"에 대해 자주 언급한다.

는 것을 단호히 규탄하지 않을 수 없었다. 메소니에란, "플랑드르파 화가에게서 환상과, 매력과, 색채와, 소박함과—그리고 파이프를 뺀 것이다!"

1845년의 보들레르에게 있어서 소박함naïveté의 개념이 얼마나 중요한 지표였던가에 관해서는 나중에도 논하게 될 것이다. 우선은 "색채와 소박함"이 결부되어 있는 것에서부터, 보들레르의 머릿속에는 이것과 대립하는 관념연합으로서 "데생과 계산성"이라는 것이 완성되어 있던 게 아닐까라고 생각해보면 어떨까. 한 쌍을 이루는 이 두 개의 관념연합을 중첩시켜서, "물체를 훌륭하게 선으로 그려내서 사람을 탄복시키려고 작정하는 인간은 색채화가가 될 수 없다"라고 시인이 생각하고 있었다고 볼 수 있다. 이 대목에서, 미술비평가 보들레르와 모랄리스트moraliste 보들레르가 분간하기 어렵게 뒤얽히고 있는 재미있는 부분으로, 첫머리의 인용 다음에도, "그 정도로 죄많은 기상천외함을 만들어낸 사람의 도덕적 성격은 어떤 것일까 알고 싶다고 하는", "철학적 호기심"에 마음이 움직여서, "이 사람은 근본에 있어서 사악함에 틀림없다고, 자신을 상대로 내기를 건" 결과, 과연 그대로, "이 괴물이 규칙적으로 해뜨기 전에 일어난다는 것, 자신의 가정부를 파멸시켰다는 것, 게다가 **우유밖에는 마시지 않는**다는 것을 알았다"는 **익살**이 덧붙여져 있다. 이것이 메소니에 자신에게 부합하는지 아닌지 살피는 일은 차치하고, 비평가이자 모랄리스트인 보들레르가 싫어하는 예술가상의 전형이 여기에 제시되어 있는 듯하다. 부지런한 장인 기질의 그림쟁이에 지나지

—예술이 고귀하다면 비평은 신성하다.
—누가 그러는데?
—비평이.
보들레르는 《1846년 살롱》에서 '비평은 어떤 쓸모가 있을까'를 논할 때 이 말을 인용했다.

그림 3. 가바르니. 화가와 비평가.

않았던 마르탱 드롤링 씨를 악인이라고 떠벌여서는 안 되겠지만, 조금 전의 방정식을 흉내내어 '드롤링이란 네덜란드파 화가에게서 색채와 소박함을 뺀 것이다'라고 말할 수는 있다. 매일 아침 일찍 일어나서 부르주아들이 기뻐할 것이 틀림없는, 부엌 도구를 열심히 매만지기도 했을 이 화가는 〈포도주의 혼〉이 불러일으키는 색채 풍부한 영감과는 인연이 먼 인간이었다고 상상해도 틀리지는 않을 것이다.[4]

4 〔역주〕 〈포도주와 하시시〉에서 발췌한 이 책의 첫 번째 인용문("몇 년 전의 일인

앙리 모니에가 만화로도 그렸고 자신이 무대 위에서 역할을 맡기도 한 7월왕정기 "부르주아"의 전형인 조제프 프뤼돔 씨는, 19세기 후반의 시인들 —베를렌이나 랭보—의 세계에도 출몰하여 그 긴 수명으로 우리를 놀라게 한다.[5]

> 냄비류는 마치 손에 잡힐 듯하네요. 마루의 벽돌 한 장 한 장을 세어 보고 싶어지는군요. 그런데 드롤링 씨는 허둥대지 않는 사람이에요. 그는 나에게 이렇게 말했어요, 당신에게 말씀드리는 이 나에게 말입니다, "있잖아요, 빗자루를 그리는 데 4주나 걸렸답니다"라구요.

이것은, 샹플뢰리가 〈살롱에 있는 프뤼돔 씨〉를 묘사하면서, 드롤링의 부엌 그림에 대하여 화가와 나눈 대화 한 토막을 쓰지 않을 수 없게 된 대목이다(《실루에트》, 1846년 3월 20일). 출발점에서 E. T. A. 호프만과 모니에의 상반되는 영향 사이에서 갈라졌다고 하는 이 작가로서도, 프뤼돔 씨란 외부의 '부르주아' 군중의 한 단위만이 아니라, 자신의 내부에 이미 프뤼돔 씨가 깃들어 있는 인물, 아니, 겉보기에도 자신이 그렇다고 느끼는 것 같은 친근한 인물이었다.

데 〔…〕") 바로 앞에 《악의 꽃》의 운문시 〈포도주의 혼〉을 산문으로 풀어쓴 듯한 내용이 있다. 거기에서는 군중의 고통과 시름을 달래주는 포도주의 역할이 강조되어 있다.

5 앙리 모니에와 조제프 프뤼돔에 관해서는 《와타나베 가즈오渡邊一夫 저작집》 제7권(筑摩書房, 1971), 〈풍자의 비극—앙리 모니에를 구실로〉(1931) 참조.

2. '부르주아'와 '부르주아 예술가'

거기에서 문제는, 프뤼돔 씨, 아니 프뤼돔 씨들에 대하여 비평가라는 것은 어떠한 태도를 취해야 하는가라는 것이 되리라. 아니, 취해야 할 태도는 한 가지밖에 없었다고 말해야 할지도 모른다. 매년 혹은 격년의 살롱의 입장자 수가 비약적으로 증대하고 있었던 7월왕정 하에서는, 1845, 46년의 보들레르같이 살롱 안내와 비평을 겸한 소책자를 출판하든, 테오필 고티에같이 유력신문 학예란에 살롱평을 연재하든, 낭만파가 빛을 발하던 무렵의 "예술가"적 멸시 혹은 무시로써 부르주아를 상대하는 일은 더 이상 가능하지 않은 선택이 되어 있었다. 디드로가 그림Grimm의 《문예통신》에 기고한 살롱평이 필사되어 유럽 곳곳의 성주들에게 보내지던 시대, 스탕달이 "행복한 소수자"에게밖에는 읽힐 염려가 없는 잡지에 방자한 살롱평을 써내던 시대는 이미 아니고, 고티에도 보들레르도, 부르주아가 중심이 되어 있는 불특정 다수의 관람객을 상대로 미술을 논하는 일이 임무라고 하는 것은 '선택'이기 이전에 '사실'이었다. 부르주아를 멸시하거나 무시하는 일은 이미 불가능하고, 그렇다고 해서 그 시대의 취미 혹은 취미의 부재와 타협하는 것도 떳떳하게 여기지 않을 경우, 부르주아를 계몽하는 일을 비평가가 자신의 임무로 떠맡는 것이야말로 당연한 이치라고도 할 만한 귀결은 아니었을까. 확실히 1845년의 청년 비평가 보들레르는 이 당연한 귀결, 당연한 임무를 인식하고 실천하는 명석함·성실함이 부족한 동업자들에 대한 탄핵을 그의 첫 번째

그림 4. 앙리 모니에. 프뤼돔 씨.

저작의 첫머리에 놓는다.

다뉴브 강의 농부인 G. 플랑슈 씨,[6] 그의 위압적이고 박학한 웅변이 침묵하고 있어 건전한 정신들이 몹시 애석해 마지않는 이 사람 이후로, 신문지상의 비평이라는 것은 때로는 멍청하고, 때로는 노발대발하지만 결코 자주적이

6 귀스타브 플랑슈Gustave Planche(1808-1857)는, 《양세계 평론》지를 중심으로 활약한 낭만파 비평가. '다뉴브 강의 농부'는 라 퐁텐의 《우화》에 나오는 인물로서, '권위를 두려워하지 않고 직언하는 사람'을 가리킨다.

지는 않으며, 그 무수한 거짓과 그 염치도 없는 무수한 동료칭찬으로 〈살롱〉 보고서라고 불리는 이 유익한 참고서에 부르주아가 넌더리 내게 만들어버렸다.

그리고 우선 첫째로, 이 부르주아라는 무례한 호칭에 관해서 우리는 우리나라의 위대한 예술가적 동업자들의 편견을 조금도 나누어 갖지 않는다는 것을 선언하는 바인데, 만약 이 신사분들이 좋은 회화를 이해시키는 능력을 갖고 있다면, 그리고 예술가들이 좋은 회화를 더욱 자주 보여준다면 좋은 회화를 사랑하는 것 이상 더 요구할 것이 없을 이 무해한 사람들에게 우리의 동업자들은 여러 해 전부터 기를 쓰며 저주를 퍼부어왔던 것이다.

십리 밖까지 아틀리에의 은어隱語 냄새를 풍기는 이 말은 비평 사전에서 없어져야 할 것이다.

부르주아 자신이 이 욕설을 쓰게 된 이래—이것은 예술가적으로 되려는 그의 선의를 신문비평가들에게 증명하는 것인데,—더 이상 부르주아라는 것은 없다.

—〈머리말〉, 《1845년 살롱》.

여기에서 젊은 나이의 보들레르 특유의 아이러니 혹은 역설을 읽어내려는 해석, 누가 뭐래도 독창성의 획득을 노리는 정신이 있다고 가정하여 낭만파 문학청년풍의 부르주아 경멸은 이미 상투어가 되어버렸기 때문에 한편으로 반칙을 써서 놀래켜보려고 했다고 생각하는 부류의 해석은 분명 보들레르 성격의 일면을 드러낼 수는 있다. 그러나 이 경우 그러한 심리환원주의의

psychologisme는 차치하고, 그보다는 시운時運을 재빨리 간파하는 비평가의 전략적 결단을 알아채는 편이 보들레르에 대한 이해도, 또한 그가 살던 시대에 대한 이해도 보다 확실하게 해줄 것이다. 다만 전략적이라는 것이 곧 효과적이라는 것을 의미하지는 않는다. 문제의 이 "부르주아"가 무명 비평가의 말에 마음이 움직여서, "좋은 회화"를 사랑하려고 노력할 것이다 따위로 생각할 만큼 보들레르 자신이 어수룩하지 않았던 것은, "우리가 진술하는 것을 신문은 인쇄할 용기가 없을 것이다", 그렇다고 해서 우리는 잔혹하지도 불손하지도 않고, 오히려 공평할 것이라고 말하고 있는 것에서, 즉 대부분의 사람들 눈에 띄지 않는 소책자이기 때문에 오히려 진실을 당당하게 말하는 것이다, 라고 선언하고 있는 점에서 이미 알 수 있다.

이때부터 1850년대, 60년대에 걸친 미술사에서 예술가와 공중公衆의 단절이라고 불리는 현상이 일어난다 해도, 출발점에서는 오히려 반대로 공중과의 사이에 새로운 소통관계를 수립하려는 의도가 일부 예술가·비평가들에게 있었다고 생각할 수 있다. 요컨대 보들레르의 1845년의 태도 표명을, 1850년대의 쿠르베와 1860년대의 마네가 유토피아적 환상 내지는 공중에 대하여, 아니 오히려 공중과의 관계를 저해하는 살롱 심사위원회jury에 대하여 품었던 적의에 중첩시켜서 보는 것이 이 시대에 있어서 예술적 전위와 공중의 관계를 이해하는 열쇠가 될지도 모른다. 따라서 1845년의 '머리말'을 읽어나가면서 시니시즘 혹은 역설을 보는 것은 잠시 접어두고 정직한 인식의 정직한 표현으로서 읽어보면 어떨까.

> 둘째로 부르주아는—어떻든 부르주아라는 것이 있으니까—대단히 존경할 만하다. 사람은 생활 밑천을 청하려고 하는 상대들의 마음에 들어야 하는 까닭이다.
>
> 그리고 마지막으로, 예술가들 사이에 그토록 많은 부르주아가 있기 때문인데, 결국 계층 특유의 어떠한 악덕도 특징짓지 못하는 단어라면 없애는 편이 낫다. 왜냐하면 그것은, 그런 단어에 더 이상 걸맞지 않게 되는 것 이상을 요구하지 않는 자들에게도, 자기들이 그것에 어울린다고는 결코 짐작도 못한 사람들에게도 동일하게 적용될 수 있기 때문이다.

이렇게 해서, 자칭 "예술가"들이 모멸의 호칭으로서 사용하는 "부르주아"라는 한마디를 다시 한 번 자신의 어휘에서 없앨 것처럼 보이는 보들레르는, 이듬해 1846년, 두 번째 《살롱》의 권두언의 제목을 〈부르주아에게〉라고 붙임으로써 부르주아라는 범주에 적극적인 가치를 부여하려고까지 한다.

"여러분은 다수파다,—수와 지성이다. 그러므로 여러분은 힘이며,—힘이야말로 정의다"라는 호소로서 시작하는 연설조의 문장은, '부르주아'를 고집불통으로 여기는 예술가들, 비평가들에 대한 도전장이다.

> 사상의 귀족주의자들, 찬사와 비난의 분배자, 정신적인 것을 독점하는 자들

> 은 여러분에게 말했다, 여러분은 느끼고 향수享受할 권리를 갖고 있지 않다고. —이 패거리들은 바리새인이다.

피상적으로 보면, 7월왕정 하에서 '힘'인 부르주아에게 자신의 《살롱》을 바치는 보들레르와, 2년 후의 2월혁명에 직접 몸을 던져 행동하는 보들레르는 상반된 존재가 될 것이다. 하지만 일은 그리 간단하지 않다. 도대체 보들레르가 여기에서 "부르주아"라고 부르는 상대는 누구인가. 그러한 물음이 성립되는 것은, 조금 생각해보면 알 수 있는 것처럼 이 호칭이 지시하는 사회적 현실이 항상 일정하지는 않기 때문이다. 첫머리에서 "어떤 사람들은 학자이고, 어떤 사람들은 자산가다"라고 말함으로써, 부르주아지의 사회적 중요성을 그 능력과 자산 양면에서 파악하는 점에서는 아무런 특수한 선택도 없다고 말해도 좋다. 그 다음에, "여러분은 세계의 공중公衆이 살고 있는 도시의 지배권을 수중에 넣고 있다"고 하는 대목 등은, 루이 필리프의 이른바 부르주아 왕정 하에서 권력을 장악하고 있던 대부르주아지에게 호소하고 있는 것은 아닐까, 하는 생각이 든다. 그런데 다음과 같은 부르주아 생활의 구체적인 묘사를 읽는 데 이르면 보들레르는 아무래도 "부르주아"를 유한계급에 대한 대립물로 파악하고 있는 것이 분명해진다.

> 여러분은 예술의 유용성을 깨닫는다, 오 부르주아여, 입법자든, 상인이든, —시계가 일곱 시나 여덟 시를 치고, 여러분의 피곤한 머리가 난로의 잉걸불

이나 안락의자 등받이에 기울어질 때.

보다 치열한 하나의 욕구, 보다 활발한 몽상이 그때는 일상적인 행동의 피곤함으로부터 여러분을 놓아주리라.

〔…〕 공공의 임무와 상업이 여러분이 보내는 하루의 4분의 3을 모조리 차지해버린다. 〔…〕 여가로 말하자면 향수와 일락에 쓰여야 한다.

그런데 독점자들은 여러분이 향수하는 것을 금했다. 왜냐하면 여러분은 법률이나 실업에는 정통하다 해도, 제 예술의 기술에는 정통하지 않기 때문이다.

그렇지만 여러분 시간의 3분의 2가 지식으로 채워진다고 하면, 나머지 3분의 1을 감정이 차지하는 것은 정당하다. 〔…〕

7월왕정 하에서 정치상의 커다란 쟁점의 하나는, 선거인 자격기준 납세액cens의 하한을 어디까지 인하시킬 것인가 하는 일이었던 것으로 보인다. 1848년에 제2공화국의 성립에 의해 보통선거가 실현되기 조금 전 단계로서, 토지소유 귀족이나 대부르주아지로 이루어지는 자산계급에 대하여 중소 부르주아지가 자기네들의 정치적 권리를 주장하고 확대시켜가는 이 과정에서, 특히 40년대에는 세습재산이 아니라 개인적인 자격·능력에 의해 자신의 사회적 지위를 점하고 있는 '유능인capacités'—알기 쉬운 예를 들어 말하자면, 이공과학교 출신의 엔지니어, 고등사범 출신의 교수, 법률학교 출신의 변호사 등—에 대해서는 특례를 마련하여 납세액 하한을 인하시키는 취지의 선거법 개정이 기획되었는데, 상류 자산계급의 저항이 완강해서 이 개정은 커다란 난관에 봉착하지 않을 수 없었다.[7] 7월왕정 말기에 등장한 젊은 비평가 보들레르가 자신의 사회적 직능을 '계몽'이라고 정의할 때, 계몽의 대상인 "부르주아"의 표본으로 선발된 자들을, '유능인'이든 상인이든 자산에 의해서보다는 오히려 "지식"—"법률이나 실업의 기술"—에 의해 "부르주아"로 정의하고 있다는 점에서, 보들레르가 중소 부르주아지에 속하는 지식인의 입장에서 하는 선택을 간파하는 것도 가능하다.[8] 그것은 보들레르의 정치적 입장을 운운하는 문제가 아니라, 19세기 후반에 성립되어 오늘날까지 기능하고 있는 예술 향수의 방향성, 이를테면 시민사회적 관계에 대한 방향성이 여기에 명확하게 출현하고 있다는 것이 중요한 점이다. 그 방향성을 의식하고 있는 예술가 · 비평가들 중에서 1846년의 보들레르는 최첨단의 위치를 차지하고, 가장 적극적으로 주도권을 쥐려 하고 있었다고 말해도 틀리지 않을 것이다.

대조를 위해, 사교 중심의 상류생활—십수 년 후의 보들레르가 콩스탕탱 기스Constantin Guys에 대항하여 묘사를 시도하는 'high life'—을 떠올려보아

---

7 F. Ponteil, *Les classes bourgeoises et l'avènement de la démocratie*(Paris, 1968), p. 76 sq. 또한 이 문제에 관해서는, 자크 드로즈Jacques Droz 교수로부터 귀중한 교시를 받았다.

8 Jean L'homme, *La grande bourgeoisie au pouvoir(1830-1880) : Essai sur l'Histoire sociale de la France*(Paris, 1960). 일본어 역 《권력의 자리에 앉은 대부르주아지—19세기 프랑스 사회사 시론》(岩波書店, 1971), 87쪽.

"만일 어떤 유행에, 의복의 재단법에 가벼운 변화가 생겼다면, 리본의 매듭, 모발의 컬 대신 리본 장식이 나타났다면, 모자의 장식 리본이 넓어지거나 〔…〕 벨트가 치켜 올라가고 치마 폭이 넓어졌다면, 〔…〕 그의 '매 눈son oeil d'aigle' 은 그것을 이미 간파했다고 믿으라." —보들레르, 《현대생활의 화가》.

그림 5. 콩스탕탱 기스. 산책.

도 좋다. 자산을 물려받아 노동에 전념하지 않고 사는 상류 유한계급에게는 교제범위 안에서 개인소장의 명화에 접할 기회도 많으며, 사교의 장場이 그대로—항상 그렇다고 하는 것은 아니지만—고금의 미술작품을 둘러싼 이런저런 이야기의 장으로도, 미술계의 추세에 관한 정보교환의 장으로도 될 수 있다. 이에 비하여, "공공의 임무와 상업"에 "하루의 4분의 3"을 다 써버린 선량한 부르주아가 저녁식사 후에 난로 곁에서 편히 쉴 때, 겨우 조금 남아 있는 여가를 자신의 취미 향상을 위해 쓰고자 한다면 참으로 갸륵한 일이며, 그때 그들에게 지도의 손길을 내밀어야 할 비평가라는 자가 부르주아를 경멸만 하고 있다는 것은 바로 선의를 짓밟는 소행, 아니 돌고 돌아 동료 예술가의 목을 자기가 조르는 소행이라고 보들레르는 생각했다. 이 시대 파리의 곳곳에 그림을 대여해주는 상점이 생겼다. 손님을 초대하여 야회를 갖는 일이 가끔씩은 있고, 그때 상류계급의 살롱처럼 벽에 유화를 몇 장이라도 장식해두고 싶어하는 계층이 그 고객이었기 때문인데, 그림을 고를 때 그림가게에서 하라는 대로 할 것인가, 좋든 나쁘든 자신의 취향을 발휘할 것인가, 어떻든 이 계층이 미술에 관한 지식을 얻는다거나 어느 정도는 그것에 관하여 논하는 법을 배우거나 하는 근원으로 말하자면, 신문의 학예란에 나오는 관전평이나 연 1회의 살롱 구경에서 사보는 안내평판기밖에 없는 것으로 보면, 비평가의 교육적 책임이야말로 대단히 중대하다고 말하지 않을 수 없다.9

> 우리는 수도 없이 젊은 예술가들이 부르주아에 대하여 불평을 늘어놓고, 부르주아를 무릇 위대하고 아름다운 것의 적이라고 말하는 것을 들어왔다. —여기에는, 이제야말로 지적해야 할 잘못된 생각이 있다. 부르주아보다 천 배나 위험한 것이 있는데, 그것은 부르주아 예술가, 공중과 천재 사이에 끼어들도록 만들어진 존재다. 그는 양쪽을 서로의 눈으로부터 가린다. 부르주아는 그다지 학문적 지식을 갖고 있지 않기 때문에, 부르주아 예술가의

9 그림 대여 상점에 관해서는, A. Tabarant, *La vie artistique au temps de Baudelaire*(Paris, 1942), p. 13 참조.

큰 목소리가 떠미는 곳으로 끌려간다. ―이 부르주아 예술가라는 것을 없애 버리면 식료품 상인도 E. 들라크루아에게 열렬한 갈채를 보낼 것이다. 식료품 상인은 위대한 것, 천사와 같은 존경해야 할 인간, 선한 의지를 갖고 있는 인간이다. 그가 자신의 영역에서 빠져나오려고 하는 것을, 우수한 생물로서 높은 지대를 동경하는 것을 빈정거리지 말라. 그는 감동받기를 원하고, 자기가 좋아하는 그대로 느끼고, 알고, 꿈꾸기를 원하는 것이다. 그는 완전해지기를 원한다. 그는 그대들에게 예술과 시로 된 나날의 양식을 요구하는데, 그대들은 그의 기대에 응답하지 않는다. 그는 코니에를 먹고 있는 형편인데, 그것은 그의 선의가 무한과도 같이 크다는 것을 증명한다. 걸작을 하나 식탁에 제공해보라, 그는 그것을 소화시킬 것이며, 그 덕에 더욱 건강해질 것이다! ―〈바자르 본-누벨의 고전파 미술관〉.

이 글에 등장하는 네 명의 인물 가운데, 외젠 들라크루아를 제외한 나머지 세 명―식료품 상인, 부르주아 예술가, 코니에―에 관한 짤막한 소개로 말하자면, 보들레르의 선택 내지는 전략을 당시 프랑스 미술계의 상황 안에 자리 매김하는 것이 유익하리라.

우선, 식료품 상인이라고 번역한 것은 'épicier'로서, 향료épices만이 아니라, "설탕, 커피, 꿀, 식초, 기름, 양초, 그 밖에 여러 가지 일상 소비물자를 파는 사람"이라고 리트레Littré 사전에 있으며, 그것이 언제부터 욕설로서 "그 관념이 자신의 장사보다 높이 오르지 않고, 비속한 관념과 취미밖에 갖지 못한 인물"의 뜻으로 쓰이게 되었는지는 리트레 사전에도, 최근의 로베르Robert 사전에도 명시되어 있지 않다. 다행히 《만유대백과사전*Grand Dictionnaire universel*》(1860년대에 라루스 출판사에서 간행된 백과사전)에는 'épicier'의 운명에 관한 긴 역사적 기술이 있어서, 그에 의하면, 식료품상인, 즉 문학예술을 이해하지 못하는 무지몽매한 패거리의 대명사로서 쓰이는 것은, 역시나 왕정복고 시대 말기의 낭만파 '화가지망생rapin'들의 장난에 그 발단이 있다고 보아도 된다는 것을 알 수 있다.

다음으로 레옹 코니에로 말하자면, 제정시대의 대가 게랭의 아틀리에에서 배우고, 1817년 23세에 로마상[10] 수석을 차지하여 빌라 메디치에 유학한 것을 시작으로, 관전파 화가로서 순조롭게 전형적인 경력을 거친 인물로서, 미술사상의 분류로서는, 아무런 독특한 주장도 이론적 특색도 갖지 못한 중도파juste milieu에 속한다. 7월왕정 하에서 공중에게 가장 인기 있던 화가 —오라스 베르네, 폴 들라로슈 등—는 모두 이 파에 속했고, 어느 쪽이나 보들레르에게는 눈엣가시였다. 그중에서도 코니에 그림의 싱거움은 보수파 비평가들의 눈에마저 명백한데도, 정통적인 역사화 혹은 전쟁화 주제의 선택, 고지식한 구도에 어느 곳 하나 나무랄 데 없는 기교로 일관하여, 미술

10 〔역주〕 18세기 이후 활성화된 프랑스의 미술아카데미에서 회화학교의 최우수 졸업작품에 주는 상으로, 수상자는 로마의 프랑스 아카데미에서 유학하게 된다. 당대 미술학도에게는 최고의 영광이었다.

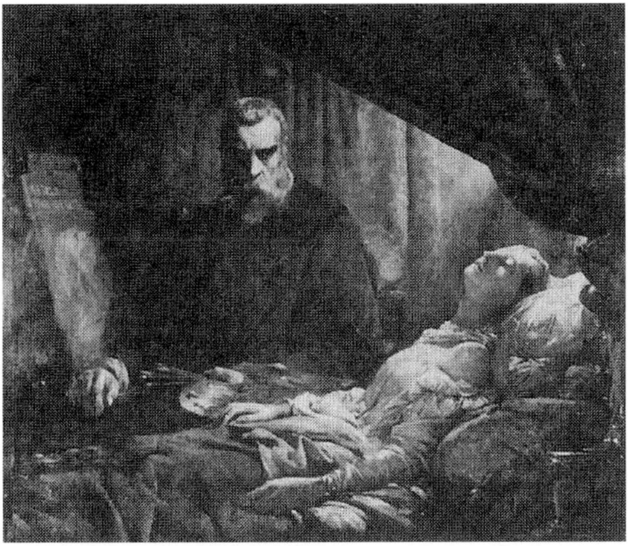

그림 6. 레옹 코니에. 죽은 딸을 그리는 틴토레토.

학교 교수, 미술 아카데미 회원으로 최고의 지위에 이르렀다. 1846년의 〈고전파 미술관〉에서 보들레르가 본 것은, 1843년 살롱의 화제작 〈죽은 딸을 그림 그리는 틴토레토〉(보르도 미술관)다. 이것도 1967년의 보들레르 전시회에 진열되었는데, 늙은 틴토레토의 유명한 자화상(루브르 미술관)의 모사 혹은 응용 한 가지가 살 만한 점으로 생각된다. 또 한 가지 취할 점은 오른 쪽 배경에 광선을 배치하여 전경의 시체를 납인형처럼 비추도록 하고, 그 아름다우면서도 반드시 필요한 데드마스크에 아버지의 시선이 집중되어 만들어내는 극적인 관계가 역삼각형 구도를 이루어내는 긴밀한 구성이라는 것일 터이다. 그러나 갈색과 적자색의 색조는 눈에 불쾌감밖에는 주지 못하는 것이어서, 보들레르가 윌리엄 오술리에의 치졸한 원색칠에 몹시 기뻐한 것은 무리가 아니라고 생각케 하는 들러리 역할을 한 그림의 하나다.[11]

공중이 가장 즐겨 감상하는 것이지만 이내 공중의 눈에서 멀어지지 않을 수 없는 '중도파'의 표본으로서 코니에가 예시된 것에는 의미가 있다. 보들레르의 추측에 의하면, 일부러 이 전람회에 스승 게랭의 작품을 눈에 잘 띄지 않는 장소에 걸게 하고, 동문同門지간의 천재 들라크루아의 출품을 저지한 것은 다름 아닌 코니에였다. 그렇다고 한다면, 식료품 상인의 식탁에서 들라크루아가 대접받지 못하게 방해하는 "부르주아 예술가"란 바로 코니에라는 말도 된다. 앞에서도 보았듯이, 이 화가를, 아카데미 중심의 중앙집권적 제도 안에서 대학인 등과 비슷한 경쟁을 통하여 공적인 영달과 부르주아적으로 안정된 생활의 획득을 노리고, 그것에 성공한 인물의 전형으로 간주한 것은 아주 자연스럽다. 물론, 공중에게 들라크루아를 보여주지 않으려는 "부르주아 예술가"에는 중도파 화가뿐 아니라 살롱 심사위원회를 구성하는 건축가 · 조각가 · 음악가까지도 포함된 "예술가"들, 게다가 그것을 측면에서 지원하는 보수적 비평가들까지도 포함될 수 있으리라. 문제는, "부르주

11 이 책 IV. 〈'현재'의 발견〉 2절 참조.

아 예술가"가 다수파를 이루고 있어서, 2년 후인 1848년에 2월혁명 덕분에 미술가에 의한 심사위원 공선이 실현되었음에도 불구하고, 투표 결과는 뜻밖에도 코니에 씨가 앵그르를 22표, 들라크루아를 27표 차로 누르고 수위로 당선되는 형편이었다.[12] 더욱이 27년 후, 에두아르 마네의 그림을 공중에게 보여주지 않으려고 고집하는 심사위원회의 전략을 말라르메가 마구 비꼬면서 따지는 문장을 읽으면, "부르주아 예술가"의 저항이 얼마나 뿌리 깊게 지속되는 것인지, 감탄하지 않을 수 없는 정도이다.

3. 예술 향수 시스템의 변혁과 유토피아

19세기 프랑스의 회화사를 제도적으로 보면, "부르주아 예술가"(달리 말하면, 관리적官吏的 예술가)의 아성인 심사위원회-살롱 중심의 시스템에서, 비평가-화상畵商을 축으로 하는 시스템으로의 이행의 역사라고 말할 수 있다.[13] 그 이행과정에서, 쿠르베 그리고 마네까지도 구시스템 안에서 주도권을 탈취하려는 환상을 계속 품었던 것은 무엇을 의미하는가. 우선 1846년의 보들레르의 처지로서는, 살롱 이외에 그림을 공개적으로 볼 수 있는 기회는

---

12 J. C. Sloane, *French Painting between the Past and the Present : Artists, Critics and the Traditions, fron 1848 to 1870*(Princeton, 1951), p. 46, n. 37.

13 H. C. White & C. A. White, *Canvases and Careers : Institutional Change in the French Painting World*(New York, 1965) ; Raymonde Moulin, *Le marché de la peinture en France*(Paris, 1967), pp. 25-33.

그림 7. 바자르 본-누벨 전람회의 앵그르 화랑.

전무하다고 말해도 좋을 정도로 어려운 형편에 놓여 있기 때문에, '바자르 본-누벨 고전파 미술관'에 들라크루아의 그림이 진열되지 않은 것을 중시하지 않을 수 없다. 15년 후에 화랑의 시초라고도 할 만한 마르티네 화랑의 개점을 반겼던 것[14]도, 아카데미 중심 시스템을 붕괴시키기 위해서는 살롱 외에서 그림을 볼 수 있는 기회를 조금이라도 늘리는 데 그만한 것은 없다고 생각한 일관된 선택이다.

이 싸움에서, '부르주아 예술가' 타도를 위하여 공중을 계발해서 자기편으로 만들려고 했다는 점에 보들레르의 선택의 독자성이 있었다. 이 독자성

14 〔역주〕 1861년에 보들레르는 마르티네 개인 화랑의 개점을 반기는 짤막한 글을 써서 잡지에 발표한다.

은 예컨대, 당대의 가장 탁월한 미술비평가이며 동시에 공화주의-사회주의 논객이기도 했던 테오필 토레[15]가, 1845년의 관전평에서 '인간을 위한 예술'을 개진하고, 우아하고 세련된 '인민peuple'이 무릇 비속하고 촌스러운 것을 멀리하기까지에 이르는 이상의 상태를 생각하고 있는 것과 비교해보면 확실하다. 같은 이상론이라고는 해도, 중소 부르주아지에 속하는 '식료품상인'을 계몽하려는 것은 그런대로 가까운 장래에 실현가능성이 있는 이야기지만, 이에 비하여 "인민"이 모두 우아한 예술감상자로 되는 세계를 몽상하는 것은 당장으로서는 말 그대로 유토피아다. 보들레르의 선택의 독자성이라고 일컬은 것은 현실주의라고 바꾸어 말할 수 있다. 그것은, 토레가 현대인의 복장—나사螺絲 양복이나 바지, 중산모나 번쩍이는 구두—은 추해서 그림으로도 되지 않는다고 푸념하는 것과 정반대로, 아니 거기에는 독특한 미가 있으며 우리가 아직 그 미에 대해서 알아채지 못하고 있는 것이라고 과감하게 선언하는 것과 표리일체를 이룬다.

어떻든 미술을 유한계급의 독점물로부터 일하는 "부르주아"의 "피로를 달래는" 필수품으로 변화시켜야 한다는 보들레르의 선언을 정면으로 받아들여 거기에서 하나의 이상론을 볼 경우, 장 포미에처럼 "균형équilibre"이라는 낱말로부터 푸리에주의를 엿보는 가능하다.[16]

---

15 Théophile Thoré(1807-1869). 망명 중에 네덜란드에서 페르메이르Jan Vermeer를 '발견'한 것은 유명하다.

> 여러분이 사회에 여러분의 지식을, 여러분의 산업을, 여러분의 노동을, 여러분의 돈을 주었을 때, 여러분은 보상으로서 신체나 이성이나 상상력의 향락을 요구한다. 만일 여러분이 여러분의 존재의 모든 부분의 '균형'을 회복하는 데 필요한 양의 향락을 되찾는다면 여러분은 행복해지고, 포만하고, 친절하게 될 것인데, 그것은 사회가 전반적이면서도 절대적인 '균형'을 찾아냈을 때 포만하고, 행복하게도 되며 친절해지기까지 할 것과 마찬가지다.

7월왕정 하의 지식인 · 예술가의 세계에 유토피아적 사회주의 사상이 널리 퍼져 있던 것은 새삼스럽게 말할 필요도 없다. 보들레르 역시, 그 교우 범위에서도, 또한 그 '코레스퐁당스Correspondance' 〔만물조응〕 사상에 보이는 신비주의적 경향이 유토피슴Utopisme과 결부되어 있었던 것을 보더라도, 적어도 공상적 사회주의자들의 주변에 위치하고 있던 문인이라고 해도 조금도 이상하지 않다. 그 점에 관한 연구는 이미 행해져 있지만, '유추analogie' 사상 때문에 푸리에에 가깝게 생각하거나, 2월혁명에 참가했던 일로 해서 프루동에 가깝게 보거나 하는 것이 보통이다.[17] 그러나, 1840년대의 문인 · 예술가 중에서 생시몽주의의 대표자 · 고취자인 피에르 르루에게 상당히 경도되었던 것을 생각하면, 또한 1846년에 예고만 되었을 뿐 씌어지

16 Jean Pommier, *La mystique de Baudelaire*(Paris, 1932 ; Genève, 1967), p. 56.

17 보들레르와 프루동의 관계에 관해서는 2의 주 1 참조. 보들레르와 '사회주의자' 그룹의 관계 일반에 관해서는 Claude Pichois, "Baudelaire en 1847. Petit essai de sociologie littéraire", in *Baudelaire, Etudes et Témoignages*(Neuchâtel, 1967) 참조.

지 않은 책의 〈사랑받는 여자의 교리문답catéchisme〉 같은 제목이, 〈산업자의 정치적 교리문답〉과 닮으려고 하는 하나의 유행을 따르는 듯한 것을 생각하면, 여기에서 또 한 사람의 공상적 사회주의자 생시몽을 끌어들이는 것이 젊은 날의 보들레르 이해에 도움이 될지도 모른다고 기대할 수는 있다. 1843년에 푸리에파 신문 《평화적 민주주의》에 어떤 원고를 기고했으나 "부도덕성 때문에" 거부당했다고 하는 에피소드나, 1848년에 포E. A. Poe 작품의 첫 번역 〈최면술 하의 계시〉를 게재한 것이 생시몽파의 《사고思考의 자유》지였던 점 등을 아울러 생각할 수 있다.

그리고 무엇보다도, "부르주아"에 대한 호소를 유토피슴의 맥락 안에서 이해하려고 할 때, 푸리에주의보다는 생시몽주의를 생각하는 편이 자연스럽지 않을까. 단 생시몽 자신의 명명법에 따르면 "부르주아"란 상류 '기식寄食'계급을 가리키며, 〈교리문답〉18에서 이른바 "산업인industriels" 쪽이, 여기에서 보들레르가 말하는 "부르주아"에 해당한다고 할 수 있다. 이 "부르주아"에 배정된 신사회조직자로서의 역할이, 생시몽에 있어서 "산업인"의 역할에 대체로 걸맞다는 것은 다음과 같은 대목에 분명히 나타난다.

18 Saint-Simon, *Cathéchisme politique des industriels*, 1823-1824. 일본어 번역 〈산업자의 정치적 교리문답〉, 《세계 대사상 전집》, 사회 · 종교 · 과학편 10(河出書房新社, 1959).

> 여러분은 미래의 이념을 그 여러 형태들, 즉 정치적, 산업적 그리고 예술적 형태에서 실현하기 위해 협동하고, 회사를 설립하고, 채권을 발행했다.

이 시대의 지식인이나 예술가들 사이에서 푸리에주의보다는 생시몽주의에 인기가 집중되어 있었다고 한다면, 그것은 아무래도 팔랑스테르Phalanstère가 철학자나 시인을 받아들일 만한 자리를 갖지 못할 정도의 이상향으로 생각된 것에 비하여, 생시몽주의는 현재의 사회에서 문인·예술가의 전투적 역할에 관한 이론적 기초를 제공했을 뿐만 아니라, 다가올 사회 안에서 문학이나 예술이 차지할 만한 명예로운 지위에 관한 상像을 부여해 주었기 때문인 것 같다.[19] 그리고, 근대산업이 가진 힘의 가능성을 충분히 개발하고 그것을 기반으로 하여 사회를 조직화한다는 사고방식은 현실의 프랑스 사회의 가능성·잠재적인 방향성에 부합하는 것이었고, 사실 머지않아 제2제정 하에서 생시몽주의자들이 정계·재계·산업계에서 그들의 '미래의 관념' 실현의 장場을 찾아내게 된다.[20] 문학·예술의 창작·향수에 관한 생시몽주의적인 사고방식은 또한 현실적인 차원에서의 실현가능성

---

19 Albert Cassagne, *La théorie de l'art pour l'art en France chez les derniers romantiques et les premiers réalistes*(Paris, 1906 ; 1959), p. 57. David Owen Evans, *Le Socialisme romantique : Pierre Leroux et ses contemporains*(Paris, 1948), pp. 198-201.

20 〔역주〕 대표적인 예로, 정계에서는 제2제정 하에서 센Seine 도지사로서 1860년부터 파리의 전면적 도시개조를 담당한 오스만 남작이 있고, 재계에서는 거대한 투자은행인 '크레디 모빌리에動産銀行'을 설립한 유대인 펠레리 형제가 있다.

그림 8. 도미에, 만국 박람회 이집트 부部에서

을 시사하는 것이라고 말할 수 있다. 1830년대에 베를리오즈가 생시몽주의에 고취되어 〈철도 개통의 노래〉를 작곡한 것 등은, 후의 쿠르베나 마네의 기도企圖에 관련되는 것이다. 향수의 면에서도, 이미 예술은 다수자의 육체적·정신적 '균형'에 불가결한 것, 따라서 사회의 '평형'에 불가결한 것으로서의 유용성, 즉 '제도'로서의 존재를 의식하고, 주장할 수 있는 것이다.

> 부르주아여, 여러분은—왕이든 입법자든 상인이든—컬렉션과 미술관과 진열실을 창설했다. 지금부터 16년 전에는 독점자들에게밖에는 개방되지 않았던 진열실 가운데 몇 개는 군중을 위해서 널리 문호를 개방하게 되었다.

9년 후인 1855년, 일찍이 망명 중에는 사회주의적인 저작을 낸 일도 있는 나폴레옹 3세 치하의 최초의 성전盛典으로서, 파리에서는 처음 열린 만국박람회에서, 미술부문이 독립적으로 병설되어 말 그대로 '군중'에게 널리 미술감상의 문호가 개방된다. 수십 년 이래의 프랑스 화단 회고의 의미로서, 앵그르나 들라크루아의 대표작이 한데 모아져 전시됨으로써—다만 한편에는 드캉과 오라스 베르네의 경우는 절충적 방식이기는 하지만—'바자르 본-누벨 고전파 미술관'을 구경하면서 보들레르가 품은 꿈이 상당한 정도로 실현되기에 이른다. 이 새로운 군중의 정복을 겨냥하여 쿠르베는 전람회장 옆 가건물에서 개인전을 열었으며, 1867년 파리에서의 두 번째 만국박람회에서는 마네도 그 전례에 따르게 될 것이다.

4. 행위로서의 미술비평

보들레르의 부르주아에 대한 호소가 생시몽주의적이라고 불릴 만한 것이든 아니든, 여하튼 예술은 하나의 제도institution라는 인식을 지니고 있는 것을 우리는 보아왔다. 《1846년 살롱》에서는, 서문에 이어지는 제1장의 〈비평은 어떤 쓸모가 있을까〉라는 제목 자체가, 비평을 하나의 '기능'으로서 파악하려는 문제설정을 보여준다. 생각해보면, 미술이 하나의 제도이고 비평은 예술생산자와 예술향수자 사이에 작용하는 하나의 기능이라는 것은, 프랑스 고전주의 사회에서 예술 현상에 상응하던 생각이다. 보들레르가 이 점을 다시 의식할 필요를 느낀 것에는, 말할 것도 없이 미술품 생산자와 향수자의 관계가 격변하고 있는 중이라는 사정의 인식이 있었다.

> 예술가는 우선 비평에 대하여, 그림을 그리는 것도 운문을 짓는 것도 원치 않는 부르주아에게 아무 것도 가르쳐줄 수가 없다고 비난하며, 예술에게도 —그 태내에서 비평은 나온 것이기 때문에— 아무 것도 가르쳐줄 수가 없다고 비난한다.

18세기에서 19세기에 걸쳐, 미의 본질에 관한 깊은 연구로부터도, 예술의 실제 제작에 관한 제요提要로부터도 독립한 장르로서의 미술비평이 태어난 것은, 허버트 디크만도 지적하고 있듯이, "새로운 공중의 형성과 교양의 보급"에 대한 호응 때문이었다.[21] 예술의 비호자인 왕후王侯·대귀족·대부호와 그 주위를 둘러싼 소수의 예술 향수자군으로 이루어지는 특권적인 서클과는 달리, "새로운 공중"의 흥미가, 제작상의 격식이라든가 미의 규범 등보다는 더욱 직접적인 현상, 한 마디로 "미적 쾌락" 쪽으로만 향하는 것도 당연한 일이며, 중개자로서의 비평가의 논의도, '예술에 대한 반응' 쪽으로 중점이 옮겨간다. 디드로가, 풋내기로 취급당하고 싶지 않다는 고집에서 회화제작의 실제에 관하여 말 그대로의 공부에 힘쓰기는 하지만, 그의 《살

21 Herbert Dieckmann, "Esthetic Theory and Criticism in the Enlightenment : Some Examples of Modern Trends", in *Introduction to Modernity : A Symposium on Eightennth-Century Thought*(Texas : Austin, 1965), p. 73.

롱》의 안목은 역시, 일반 공중의 대표 내지 표본으로서의 디드로가—오히려 풋내기인 것을 장기長技로 삼아—한 장의 그림 앞에서의 반응을, 말하자면 요란한 몸짓에 침을 튀겨가면서 연기해 보여주는 데 있었다. 파리에서 먼 크고 작은 수도에 사는 독자의 눈앞에 실물을 방불케 하기 위한 기술의 방법이 동시에, 비평가의 기능에 입각한 글쓰기이기도 했던 것이다.

> 미술작품 그 자체에서 끌어낼 수 있는 수단이나 방법에 관해서는, 공중도 예술가도 여기에서 배울 만한 것은 아무 것도 없다. 그러한 것들은 아틀리에에서 배울 수 있는 것이며, 공중은 결과밖에는 신경 쓰지 않는다.
> —《1846년 살롱》, 제1장.

이러한 명쾌한 단언이 반드시 자명한 이치는 아니고, 역설로 받아들여질지도 모른다는 것을 보들레르는 잘 이해하고 있어서, "미술작품 그 자체 〔…〕" 부분에 주를 달았다.

> 오늘날의 비평이 이것과는 다른 포부를 여러 가지 갖고 있다는 것을 나도 잘 알고 있다. 그러한 이유로, 색채가에게는 항상 데생을, 데생가에게는 언제나 색채를 권장하는 것이리라. 이 얼마나 분별 있는, 이 얼마나 숭고한 취미인가!

고전파(앵그르파)와 낭만파(들라크루아파)의 대립에 대하여, 비평이 '중도파'적인 답밖에는 주지 못하는 것을 빈정거림의 문장만으로는 부족한 모양이다. 17세기에 왕립 아카데미를 둘러싸고 회화이론가들을 양분시킨 데생파(푸생파) 대 색채파(루벤스파) 논쟁[22]의 어휘가 "오늘날의 비평"에 이르기까지 계속 사용되고 있을 뿐만 아니라, 오늘날의 비평가가, 마치 지난날의 이론가가 그러한 논쟁을 통하여 왕립 아카데미 회원인 화가들에게 영향을 줄 수 있었던 것과 같은 영향을 줄 수 있다고 착각하고 있는 그 시대착오를 공격하는 것이기도 하다. 보들레르 자신은 '색채가', '데생가' 같은 어휘도, 무엇보다 우선 공중의 이해와 감상을 도와주려는 작업의 테두리 안에서 사용했다. 비평의 독자로서의 '공중' 안에는, 회화에 관한 전문적 지식을 가진 애호가들이나 같은 직업의 비평가들, 게다가 화가까지 포함되어 있음은 예상할 수 있다고 해도, 비평으로서의 제1요건은 역시 일반 독자, 즉 '부르주아'에게 재미있는 것이 되지 않으면 안 된다.

> 내 마음 속에서 믿고 있는 최상의 비평이란, 재미있고 시적인 비평이다. 냉정하고 수학처럼 정확한, 모든 것을 설명한다는 구실로 증오도 애정도 없이, 어떠한 종류의 기질도 의도적으로 벗어던지는 비평이 아니다. 그러한 것이 아니라,—한 장의 아름다운 그림은 한 사람의 예술가에 의해 반사된 자연이기 때문에—이 그림이 나아가 하나의 총명한 감수성 있는 정신에 의해 반사

---

22 고전주의 시대의 '색채논쟁'에 관해서는, Bernard Teyssèdre, *Roger de Piles et les débats sur le coloris au siècle de Louis XIV*(Paris, 1957)을 참조.

된 것 같은 비평을 말하는 것이다. 따라서 한 장의 그림에 대한 최상의 해설은 한 편의 소네트sonnet 혹은 애가哀歌élégie가 될 수 있을 것이다.

보들레르의 미술비평을 논하면서 지금 인용한 글의 후반부를 출발점으로 하여, 회화와 시인-비평가 사이에서 완결되는 고리를 만들어내는 방식이 자주 채용된다. 한편으로 그것은 보들레르의 비평산문을 시작품 연구의 보조재료로서 취급하는 것을 의미한다. 또 다른 한편으로, 《1846년 살롱》이면 《1846년 살롱》을 하나의 닫힌 구체球體로 간주하여, 거기에 표현된 심미관의 원리들이나, 거기에서 움직이는 장소를 찾아내는 상상력 작용의 방식을 재구성하려고 시도하는 것을 의미한다. 어느 경우에도 "하나의 작품"은, "정신"의 작용을 위한 프리텍스트(또는 비평을 어떤 의미에서 시작詩作의 전 단계로 간주한다면, 프리텍스트의 프리텍스트)에 지나지 않는 위치를 부여할 수 있다. 달리 말하면, 비평은, 뭔가에 대한 제의提議라는 행위—말하자면, 남성적인 돌출적 행위—로서의 성질을 빼앗기고, 자연의 반영인 미술작품을 다시 반영하는 정신이 그 반영을 언어화하는, 자기충족적인 운동에 환원되고 만다.

하지만 보들레르 자신이 생각하고 있던 비평이란 그러한 것이 아니었다. 비평가란 "증오"나 "애정"을 가지고 제의하는 주체, 그의 "기질tempérament"이 때로는 격발하는 일도 있을 수 있는 주체다. 비평이란 "하나의 총명하고 감수성 있는 정신에 의해 반사된 회화 작품"이라는 정의 역시 역사적 문맥에 중점을 둔다면, 비평이란 심미학도 제작제요도 아니고, 결정적으로 향수자 측에 서는 것이라는 명제의 변주變奏에 지나지 않는다. 그리고, 너무나 자주 인용되는 마지막 문장의 "한 장의 그림에 대한 최상의 해설은 한 편의 소네트 혹은 애가" 운운하는 것을 인용하는 사람들이, 다음에 오는 문장을 인용하는 일을 잊어버리는 것은 종종 조작에 가까운 간과다.

> 그러나 이러한 종류의 비평은, 시집을 향하고 시적인 독자를 향한 것이다. 본래의 의미에서의 비평으로 말하자면, 이제부터 내가 말하려고 하는 것을 철학자들이 이해해주기를 나는 바란다. 정당하기 위해서는, 다시 말해 존재 이유를 갖기 위해서는 비평이란, 편향적이고, 정열적이고, 정치적이어야 한다, 즉 배타적인 관점, 그러나 가장 많은 지평을 여는 관점에 서 있어야 한다.

달리 말하면, "본래의 의미에서의 비평"이란 자신의 선택을 선명하게 내세우는 논쟁적인 비평이다. 천공에 금빛 문자를 써넣은 것처럼 고정된 가치 일람표에 비추어, 보들레르는 이러이러한 화가 이러이러한 작품에 관하여 잘못된 판단을 했다거나 아니면 제대로 했다는 둥, 혹은 동시대의 이러이러한 비평가에 비하여 잘못이 많았네 적었네 하고 따지는 일은 보들레르의 비평을 그의 정신에 충실하게 읽는 것이 아니다.

여기에서, 미술비평가 보들레르를 본래의 의미에서의 미술비평가로서 다루는 것에 대한 금기 비슷한 것이 존재했던 일에 생각이 미치지 않을 수 없다. 보들레르의 비평산문을 역사적인 맥락에서 잘라내어, 그것이 시작품과 상호보충적으로 만들어내는 유기적인 생명체, 온갖 것을 모아놓은 우주를 재구성하기 위해서 여러 가지 아이디어를 짜내고 갖가지 도식을 궁리해 온 것은 어느 특수한 시인관에 호응하는 일이다. '순수시'라는 호칭이 생겨날 정도로 서정시가 정수화精髓化되는 것만이 아니라, 그러한 순수 서정시 이외의 장르를 통하여 공공생활과 교섭을 갖는 일이 결과적으로는 부차적 내지는 저차원적 활동이라는 것과 같은 편견을 말라르메도 발레리도 품었을 리가 없다. 그런데도 불구하고 어느새 그렇게 형성된 시인관이 강단을 위시하여 비평의 광범위한 영역을 지배해왔다는 것도 사실이다. 하기하라 사쿠타로가 서정시를 시인의 본분에서 최고로 치면서도, '지도자'로서의 포부를 가지고 사회·문명의 모든 부문에 비판적 지성에 의한 개입을 행하는 것은 서구에서의 "시정신" 본래의 상태이며, 일본의 시전통에 이 이념이 결여되어 있는 상태로부터 벗어나는 것이 시급하다는 까닭을 집요하게 설명해 왔던 것에 사쿠타로를 이해하는 하나의 열쇠가 있다는 것이 최근 또다시 강조되지 않으면 안 되었다.[23] 그러한 시인상의 예로서 사쿠타로가 열거

23 시부사와 다카스케澁澤孝輔의 〈하기하라 사쿠타로萩原朔太郎—'일본으로의 회귀'를 둘러싸고〉, 《극단의 유혹》(晶文社, 1972).

하는 시인들 중에 보들레르의 이름도 볼 수 있는 것은 두말할 필요도 없지만, 사쿠타로로서는 자명한 일이었던 것이 우리로서는 자명한 일이 아니었다고 한다면, 다시 한 번 명확한 인식을 되찾기 위하여 하나의 철저한 비판작업이 필요해진다.24

보들레르가 "비평가"로서의 자신을 도시의 공공의 장에 개입하는 자라고 정의하고, 개입의 역점으로서 "공중" 또는 "부르주아"를 선택했다는 것을 우리는 봐왔다. 그의 비평 내용이 현저하게 계몽의 성격을 띠게 되는 것은 당연한 일이며, 그러한 계몽의 의도가 가장 알기 쉽게 나타나는 예는, 1845년에 카미유 코로를 논하면서 "완성된fait" 작품과 "마무리된fini" 작품의 구분을 설명하는 유명한 대목이다.

> 그런데 코로 씨의 소위 이 서투름에 관하여, 여기에서 지적해야 할 한 가지 자그마한 편견이 있는 것으로 보인다. —모든 얼치기 전문가들은 고지식하게 코로의 한 장의 그림을 찬탄하고, 공평하게도 그에 대하여 적절한 찬사를 바친 후에, 거기에는 제작 면에서 흠이 있다고 말을 꺼내고 나서 코로 씨는 결국 그릴 줄 모른다고 하는 점에서 의견의 일치를 보는 것이다. —우러러볼 만한 사람들이로고! 그들이 알지 못하는 것은 우선, 천재의 작품—또는 그렇게 말하고 싶다면, 혼의 작품 즉 모든 것이 잘 간파되고, 잘 관찰되고, 잘

24 졸론 〈보들레르론의 계보〉(《유리이카》 임시 증간 '보들레르' 1973년, 또는 《보들레르의 세계》, 青土社, 1976)은 그러한 비판의 시도다.

이해되고, 잘 상상되어 있는 작품—은, 그것이 충분할 정도로 제작되기만 하면, 언제라도 대단히 잘 제작되어 있다는 점이다. —그리고 일반적으로 완성된 것은 마무리된 것이 아니며—완성된 작품과 마무리된 작품 사이에는 커다란 차이가 있다는 것—, 매우 잘 마무리된 작품이 조금도 완성되어 있지 않을 수 있다는 것 〔…〕

1840년대 비평가들이 코로를 평가하는 몇 가지 사항을 보면, 보들레르의 요약이 실로 정확하다는 것을 알게 된다. 즉 코로의 "서투름", 그가 작품을 제대로 마무리하지 않는다고 하는, 결함으로 간주되고 있는 것을 변호하면서 자신의 변호가 독창적인 이유를 파악한데다가 더욱이 자진해서 계몽을 시도한 것이다.

우리는 여기에서, 보들레르의 주장의 독창성을 뒷받침하기 위해서, 디드로가 모처럼 "스케치에는 통상, 회화에는 없는 불이 있는" 것을 자주 느끼면서, "스케치가 우리를 이렇게나 강하게 끌어당기는 것은 단지, 그것이 미결정된 것으로 보아, 우리의 상상력에 보다 많은 자유를 남겨주기 때문에, 상상력이 거기에서 뭐든지 좋아하는 것을 보고야 말기 때문에 그런 것은 아닌가 생각된다. 어린아이가 구름을 보는 격이다"라고, 그림을 그리는 사람의 의도를 끝까지 관철하는 완성 작품을 확고하게 우위에 두는 결론을 내린 것이나, 들라크루아 자신에게도 그것과 유사한 자문자답이 있었던 것 등을 예로 들 수 있을 것이다. 그러나 중요한 것은, "완성된", "마무리된"의 구분

그림 9. 카미유 코로, 호메로스와 목동들.

이, 공중이 가장 좋아하는 메소니에 등의, 개미가 기어들어올 틈도 없을 만큼 정성들여 마무리된 그림이 실은 결코 완성되어 있는 것은 아니란다 하는 식으로, 어디까지나 공중을 계몽하는 관점에서 전개되고 있는 것이어서, 그것이 계몽의 어려움을 한탄하는 즉흥 대사로 바뀐다 해도 근본적인 자세가 달라지지는 않는다는 것이다.

> 그러나 공중의 눈은, 빛나고, 말쑥하고, 솜씨 좋게 '윤을 낸' 작품에 너무나 익숙해져버려서, 그에게는 언제나 똑같은 비난이 들씌워지는 것이다.

그리고 코로 자신은 스케치와 회화의 관계에 관하여, 보들레르와 동일한 의식을 갖고 있지는 않았던 것을 상기할 필요가 있다. 1845년의 살롱에 출품한 세 점 가운데 한 점은 단지 〈풍경〉이라는 제목으로 되어 있지만, 〈호메로스와 목동들〉 및 〈다프니스와 클로에〉는 그 제목에서 알 수 있는 바대로, '역사적 풍경화' 장르로 분류되는 고전적 구성이다. 역사적 풍경화를 싫어한 것과 마찬가지로 고전비극을 혐오한 보들레르가, 코로를 예외로 한 것은 역사적 풍경화 특유의 "솜씨 좋게 윤을 낸" '마무리'가 아니라 서투른 느낌을 좋아한 것에 다름 아니지만, 코로가 그러한 고전적 장르의 장에서 진가를 인정받고 싶다고 고집을 부리는 한, 불완전한 마무리를 비난받을 운명을 감수해야 하는 것은 어쩔 수 없었다. 오늘날 우리가 코로 초기 걸작의 하나로 꼽는 1826년의 〈나르니의 다리〉(루브르 미술관)가, 화가 자신의 눈으로 보면 습작에 불과하며, 그것을 기초로 하여 '구성'된 고전주의적 풍경화 〈나르니에서의 조망〉이 되어 비로소 작품의 이름에 값하고 살롱에 출품될 가치가 있다고 하는, 습작 · 작품의 관계는 반드시 보들레르가 말하는 "완성된", "마무리된"의 관계 그 자체는 아니다. 다만, 고전주의적 풍경화의 투명하고 매끄러운 칠 대신 물감의 물질성을 살린 터치에 의한 〈나르니의 다리〉는 반세기 후의 인상주의를 예고하고 있다고까지는 말하지 않더라도, 1845년에 역시 코로를 논하면서 보들레르가 "재기 넘치고, 중량감 있고, 자리가 잘 잡힌 터치의 가치는 막대하다"고 말하는 것에 정확하게 부합하는 작품으로서, "마무리"를 고려하지 않아도 될 습작이기 때문이었다. 그런데 코로 자신은, 그것으로는 "완성된" 그림은 아니라고 완고하게 믿고 있었기 때문에, 1869년에 여전히, "나에게는 감정은 있"지만 "제작 면에서 부족한 부분이 있다"라든가, "나에게 부족한 면을 보충하는 데에 최대의 노력을 기울여야 한다"라고 늘상 말할 정도였다. 그럼에도 불구하고 코로가 점차 마무리되지는 않았지만 완성되어 있는 그림을 세상에 많이 내보내게 되는 것은, 주문이 많아진 것으로 인한 다작, 남작濫作에서 비롯된 것임과 동시에, 공중의 견해가 바뀌어간 것에서도 기인하지는 않을까. 만일 보들레르든 누구든 비평가의 발언이 실제의 제작에 영향을 주어서, 후에 보면 선구적이라고 할 수 있는 역할을 할 수 있었다고 해도, 그 영향을 반드시 예술가에게 직접 끼쳤다고는 할 수 없고, 공중의 기호에 압력을 가함으로써 간접적으로 작용이 미친다는 경우를 가정해볼 수 있다.

적어도 보들레르의 입장에서는 그러한 의도가 있었음에 틀림없다. 《1845년 살롱》과 《1846년 살롱》 두 편의 마지막에서 '현대생활의 영웅성'을 그리는 화가가 나와야 한다고 주장할 때도, 화가들에게 직접 호소한 것이라기보다는, 그러한 기대의 분위기를 공중 사이에 만들어내려고 하는 시도는 아니었을까.

> 내일 불어올 바람에는 아무도 귀 기울이지 않는다. 그렇지만 '현대생활'의 영웅성은 우리를 둘러싸고, 우리를 재촉한다. —우리의 진실한 감정은, 우

그림10. 도미니크 파프티. 프톨레마이오스를 옹호하는 기욤 드 클레르몽.

리가 그것을 충분히 알 정도로 우리를 질식케 한다. —서사시가 되기에 부족한 것은 주제도 색채도 아니다. 그 사람이야말로 '화가', 참된 화가일 것이다, 오늘날의 생활로부터 그 서사시적 측면을 뽑아내서, 색채 혹은 데생으로, 우리가 넥타이를 매고 칠피장화를 신은 그대로, 얼마나 위대하고 시적인가를 우리에게 능히 보여주고 이해시켜줄 수 있는 사람이야말로. —참된 탐구자들이 내년에만은, '새로운 것'의 도래를 축하하는 저 특이한 기쁨을 우리에게 가져다 줄 수 있기를 바라 마지않는다!

시인의 친구로서 1869년에 최초의 평전을 쓴 샤를 아슬리노는 낭만파의 잔당으로 자임하는 문인이었기 때문에 시인이 부르주아에게 자신의 《살롱》을 바친 것에 어지간히 당혹감을 느껴, 자기 나름으로 보들레르의 의도를 헤아리고 있다.

"부르주아와 직접 거래함으로써 보들레르는, 동업자들의 머리 너머로 말하는 수단을 찾아낸 것이며, 부질없는 논의를 제거함으로써 자기가 좋아하는 단언적이고 독단적인 어조로 완전한 권리를 가지고 처신한 것이다"라고 하는 것이 아슬리노의 해석이다. 분명히 그것은, 자신의 기술적 약점을 가리기 위한 선택, 화가나 비평가를 상대로 할 경우 발 들여 놓을 수 없는 전문적인 논의는 서투르기 때문에 피하기 위한 방편이라고 간주할 수도 있고, 실제 그렇게 생각한 비평가, 미술사가는 적지 않다. 그러나 어디까지나 거기에서 하나의 전략적 선택을 보는 것도 가능하다. 지금 인용한 《1845년 살롱》의 기세 좋은 끝부분을 논하더라도, 비평가나 화가를 상대로 싸우면 그러한 현대 복장의 색채효과 등에 관한 기법상의 논의에 개입하지 않을 수 없는데다 그럼으로써 이 선언의 직접적이고 단정적인 강력함은 잃게 되며, 그 결과로 유효성의 증대를 기대할 수 있었을까 한다면 그것도 의심스럽다. 향수자 측의 "기쁨"으로 초점을 좁힘으로써 "독단적 어조"의 박력은 유지되었으며, 향수자 취향의 변혁으로써 실제 제작자에게 압력을 가하는 것이 우회적으로나마 지름길이라고 보들레르는 믿고 있었던 것은 아닐까.

5. '근대'와 '현대'

> 만일 이 신사분들〔비평가들〕이 좋은 회화를 이해시켜 줄 능력을 갖고 있다면, 그리고 예술가들이 회화를 더욱 자주 보여준다면, 좋은 회화를 사랑하는 것 이상 더 바랄 것이 없을 이 무해한 인물〔부르주아〕에 대해서, 우리의 동업자들은 여러 해 전부터 기를 쓰며 저주를 퍼부어왔던 것이다

《1845년의 살롱》으로부터 130년 후의 오늘날, 이 명제를 다음과 같이 역전시킬 수 있을 것으로 보이기까지 된 것을 보면, 이것을 상징적으로 보들레르의 승리라고 부를 수 있을지도 모르겠다.

> 〈예술가들이 그렇게도 자주 그림을 보여주는 것은, 그것들이 전부, 어떻게 해서든 보여주지 않을 수 없을 정도로 '좋은' 회화이기 때문이다. 비평가들이 그렇게도 자주 펜을 쥐고 해설하고, 극구 칭찬하는 것은, 그렇게 하지 않으면 안될 정도로 '좋은' 회화이기 때문이다. 이미 저주를 뒤집어쓸 만한 부르주아 따위는 존재하지 않고, '좋은' 회화를 사랑하는 좋은 향수자가 있을 뿐이며, 이 사람들이 보는 회화, 사랑하는 회화, 그리고 사는 회화가 단적으로 말해서, 모두가 '좋은' 회화인 것이다.〉

오늘날의 회화시장을 비판적으로 논하는 일이 이 경우에 문제인 것은 아니다.[25] 다만, 미술비평가 보들레르를 지금 우리가 선택한 것과 같은 시점

에서 고찰 대상으로 할 때, 어쩔 수 없이 예술 향수에 관한 우리 자신의 의식, 그 의식의 표현으로서의 언설이 문제가 된다. 과연, 보들레르에 있어서의 의식과 언설의 위상을 거울로 삼아 오늘날의 위상을 비추어내는 것도 그러한 역사적 비교의 예외가 아니어서, 너무나 단순화된 상像밖에는 결부시키지 못할 우려가 있다. 다만 이 상의 회화적인 단순함에서 하나의 인식으로서의 유용성, 혹은 재미를 기대할 수는 있을 것이다. 이 견지에서 본다면, 아카데미-살롱을 축으로 하는 절대기준주의적-관료통제적인 생산과 유통의 시스템으로부터, 비평가-화상을 중심으로 하는 개인주의적인 생산과 유통의 시스템으로의 전환이 정점에 달해 있어서 가치를 철저하게 상대화하는 것이 가치판단의 정지를 의미하는 듯한 의식과 언설을 만들어낸 것에 주목해야 할 것이다. 향수의 대상으로서의 작품은 뭐든지 좋고, 향수의 주체로서의 감상자도 또한 누구라도 좋다고 하는 것에 무척 가까운 의식이라는 언설인 것이다.

물론 이 뭐든지주의가 오늘날의 미술비평 전체를 뒤덮고 있는 것은 결코

25 19세기에서 금세기에 걸친 회화시장의 역사에 관해서는, 주 13에서 언급한 R. Moulin의 것 외에, G. Reitlinger, *The Economics of Taste : The Rise and Fall of Picture Prices 1760-1960*(London, 1961) 등. 또한 세기 신이치瀬木慎一 씨의 저작 《사회 속의 예술》(東京書籍, 1978)이 있다. 또한, 회화의 상품으로서의 '가치'에 마르크스주의적인 접근을 시도한 것으로는, P. Gaudibert, "Le marché de la peinture contemporaine et la crise", in *La Pensée,* octobre 1965가 있다.

아니지만, 그 단적인 표현으로서, 전람회의 카탈로그나 광고지에 인쇄된, 시인이나 비평가의 손으로 씌어진 열렬하거나 난삽한 찬사라고 하는 장르를 들 수 있다. 결혼식 등지에서 듣게 되는 식사式辭 부류와 마찬가지로, 종종 대상의 가치현창價値顯彰이 가치판단의 정지를 전제함으로써 대상 자체는 뭐든지 좋은 것의 대열로 떨어진다. 달리 말하면, 여기에서는 개인의 주체적인 판단을 원칙으로 하는 만큼은 원칙으로 한 의례적인 언설의 형식이 답습되고 있는 것이며, 그것은 상당히 많은 경우 "시적 비평"의 형식을 취한다.[26] 이 또한 새로운 형태 하에 태어난 아카데믹한 형식이라고 불러도 무방하리라. 지난날의 아카데믹한 언설이 가치적인 보편성을 표방하는 기준의 절대성이라는 명목 하에 행하여진 것에 비하여, 여기에서는, 개인적인 판단의, 개인의 책임에 있어서의 한정적인 타당성일 터인 것이, 말하자면 그 한정에 안심하여 자의성에 빠지고, 도리어 한정을 없앤 무책임한 절대성으로서, 뭐든지 좋은 대상을 정당화하는 것이 가능한, 외연적(무기준적) 보편성을 획득하고 있는 것처럼 보인다.

향수의 대상에 관한 이 보편주의에 대응하는 것은 주체에 관한 보편주의다. 달리 말하면, '좋은' 그림을 보여주기만 하면 '누구라도 당장' 이해할 수 있으리라는, 하나의 민주주의적인 선동이 거기에 작용하고 있다. 분명히,

26 A. Fermigier, "Critique poétique et critique historique", in *Preuves*, mai 1968 참조.

종교 · 신화 · 역사에 대한 참조에 의하여 성립되는 우의적 기호체계로부터 벗어나는 일은, 머지않아 쿠르베를 논할 때 명백해질 것이지만, 틀림없이 민주주의적인 방향성을 가진 것이었다. 그렇다고 해서 그 이후에 오는 것이 전부, 하등의 교양 내지 훈련의 필요 없이 즉각 해독 가능한 것이 되는 것은 아니다. "회화란 깊은 추론의 예술이기 때문에, 그것을 향수하는 것 자체가 특별한 비의전수를 필요로 한다"고 1846년의 보들레르가 말한 것은, 삼차원 예술로서의 조각은 원시적인 예술이라고 주장하기 위해서였지만, 이차원의 평면에 삼차원 세계의 대상을 재현한다고 하는 추상적인 작업이 회화를 우수하고 지적인 예술로 만들었다고 한다면, 이 지적인 성격은, 재현이라는 기능이 제1의 것이 아니게 되며 더욱이 형체를 없앤다 하더라도, 강해질지언정 약하게 될 정도는 아니었음은 여기에서 군이 말할 필요도 없다.[27] 다시 문학 · 예술의 발달은 인간의 불평등을 조장하는 것이라고 갈파한 장-자크 루소로[28] 되돌아가 생각할 필요가 있다. 문학, 그리고 언어를 전달 매개로 하는 문화 일반과 관련하여 교육의 보급 없이 민주화는 있을 수 없다고 하는 생각에 오늘날 이론을 제기할 사람은 없다고 할 수 있는데, 반면 형상적 표현에 관해서는 일종의 신비주의라고도 할 수 있는 직관 만능론이 위세를 떨치

27 데라다 도오루寺田透, 《생각하는 눈—회화에 대한 사랑과 성찰》(平凡社, 1972) 안에서, 그림이 무엇 때문에 "예술로서, 여타의 여러 가지 분야로부터 구별되고, 경외되고 존경받는" 것인가를 논한 대목(81쪽) 참조.

28 《학문예술론》.

고 있어서, 그것이, 조금 전에 진술한 바와 같은 "시적" 비평언어의 횡행과도 표리일체를 이루고 있다고 생각된다. 이렇게 해서, 오늘날의 예술관에 있어서 뭐든지, 누구라도주의에 대한 이의 신청은 필연적으로 넓은 의미에서의 교육 문제에 관한 반성으로 나아가게 된다.[29] 그리고 거기에서도 또한 우리는, 보들레르가 단적으로 제기한 문제의 하나, 즉 계몽의 문제를 만나게 된다.

이 관점에서 볼 때, 자주 근대예술의 창시점이라고도 할 만한 위치에 놓이는 미술비평가 보들레르의 언설을 오늘날 재검토하는 일은 어떠한 의의가 있을까.[30] 다름 아닌 그러한 위치에 놓이게 됨으로써 이 언설이, 뭐든지·누구라도주의라고 이름 붙인 것의 정당화에 쓰이기 쉽다는, 아니 쓰이는 일이 잦다는 사실을 상기하자. 1855년의 파리 만국박람회 미술부문을 논한

29 미술작품의 '해설'의 필요를 설명하는 P. 프랑카스텔까지도 직관 신앙으로부터 완전히는 벗어날 수 없었다는 지적에서 출발하여, Pierre Bourdieu et Alain Darbel, *L'amour de l'art, les musées d'art européens et leur public*(Paris, 1969)는, 현대사회(유럽)에서의 예술 향수의 계급성을 통계학적 방법을 사용하여 구체적으로 보여준다. 그 위에 그 이론적 전개로서는, P. Bourdieu, "Disposition esthétique et compétence artistique", in *Les Temps Modernes*, février 1971가 있다. Pierre Gaudibert도 또한, "Champ culturel et formation artistique"(*Art et contestation*, Bruxelles, 1968) 및 *Action culturelle*(Paris, 1973)에서, 예술 향수의 문제를 교육의 문제와 결부시켜 논하고 있다. 이것은 1968년 '5월'을 계기로 하여 특히 인식이 첨예해진 문제의 하나다.

30 이제 와서 말할 것도 없지만, 고바야시 히데오小林秀雄, 《근대회화》(신조사, 1958)에서, 모네, 세잔 등 7인의 화가에게 바쳐진 7장에 앞서 〈보들레르〉의 장이 위치하는 것은 가장 알기 쉬운 예다.

보들레르는, 그때까지 자신도 수차례 "하나의 체계에 갇혀서, 그 안에서 생각한 대로 설교하려고 시도했"지만, 끊임없이 생각도 하지 못한 새로운 산물이 나타나서는 체계의 변경을 강요해서, 몇 번이나 "기준을 이동시키고 확대시키는 일을 시도한" 끝에, "오만하게도, 겸손한 태도에 응석을 부리기로 했다"고 쓴다. 상대주의의 신조 표명이라고도 할 만한 이러한 태도의 선언이, 일체의 기준의 포기, 자의적이고 변덕스러운 판단의 옹호로 이끌어 가는 성질의 것이 결코 없었다고 내세울 생각은 없으며, 어떤 의미에서 보들레르의 '책임' 내지는 '범죄'가 문제될 수 있는 것은 인정할 필요가 있다.[31] 더욱이, 거기에 "정치적"인 선택은 없었던 것일까를 역사적 상황과 관련시켜 다시 물어보아야 한다. 게다가, "잘못하는 일이 없는 소박함"의 주장이 완전한 무지의 권장을 의미하지는 않았다. 보들레르가 비평가의 직무를 얼마나 명확하게 계몽의 직무로 정의하고 있었는지는 이미 보아온 대로다.

보들레르를 하나의 시작으로 해서 뭔가가 분명히 일어났다고 해도, 그 일어난 일이 어떤 의미에서 우리 시대까지 연속되는 의의를 갖는다는 것 등은 생각하지 않고, 보들레르의 의식과 언설을 오히려 역사의 비연속성 안에서 파악하는 것. 그렇게 함으로써 우리는, 미술비평가 보들레르의 언설을 다루면서 자주 취하게 되는 태도—거기에 포함되는 여러 가지 관념을,

31 졸저 《서구와의 대화》, 〈샤를 보들레르의 범죄〉 참조.

" 《고대사》는, '누가 우리를 그리스인과 로마인들로부터 해방시켜줄 것인가?' 라는 유명한 시구의, 말하자면 가장 훌륭한 해석이기 때문에 중요하다고 생각된다." —보들레르, 〈프랑스의 풍자화가들〉.

그림 11. 도미에. 엔디미온. (《고대사》, 1842)

때에 따라 끌어내어 채용한다거나 비판한다거나 하는 태도, 거기에서 생기는 반추적, 동어반복적인 논의로부터 벗어날 수 있을 것이다. 그것은 결국, 비평가 보들레르에 대한 우리의 관계방식은, 'moderne'의 개념—프랑스어에서 고대에 대한 반의反義로서 근대를 의미하는 것도 가능하지만, 동시대의 동의어도 될 수 있는 개념—에 대한 우리의 관계방식과 분리될 수 없는 것이기 때문이다. 보들레르에게 있어서 모데른moderne이 동시대contemporain의 동의어로서의 성격을 강하게 갖는 역사개념이면서, 동시에, 하나의 양식개념—적어도 양식에 대한 지향을 포함하는 개념—으로서, 근대라고 번역되어도 이상하지 않았던 점에 그가 주장한 'modernité'의 결정적인 중요성이 있었던 것을 인정하는 것부터 시작해야 한다.[32] 게다가 더욱이 우리는 모데른을 양식개념으로 받아들이는 일에 너무나 익숙해졌기 때문에, 보들레르 이후의 근대를 역사적 긴장이라는 관점에서 파악할 수 없게 되어버리지는 않았는지 반성해볼 필요가 있을 것이다. 아니, 쿠르베의 고독한 싸움이든, 인상파 화가들이 세상에 받아들여지지 않은 채로 자신들의 선택에 계속 충실했던 업적이든, 일단은 긴장으로서 인식되고 있으면서, 그 긴장이 예술에 있어서 근대의 결정적 성립을 향하여 수렴되고, 마침내는 거기에서 해소되기만을 위한 긴장이었던 것처럼 여기는, 이를테면 예정조화적인 진화론이 어느새 우리의 역사적 인식의 기조를 이루게 된 것은 아닐까. 달리 말하면, 근대를, 딱 한 번 이루어낸 것이라고 생각하는 습관이 어느새 우리에게 물들어 있을지도 모르는 일이다.

내가 때로 불편을 느끼면서도 'moderne'을 현대라고 고집스럽게 번역하는 것은 그러한 반성 때문이다. 그것은 적어도, 보들레르의 수많은 선택을, 이미 이루어낸 근대를 구성하는 여러 가지 가치와 대응시켜서, 그 뒷받침에 사용한다거나 또는 그것에 들어맞지 않는 것으로서 비판하는 것이 아니라, 그 자신에게 현재 혹은 현대였던 역사적 상황의 긴장 그 자체 안에 위치시키

32 미야가와 아쓰시宮川淳, 〈회화에 있어서의 근대란 무엇인가〉(《미술수첩》, 1962년 1월) 및 〈앙포르메르 이후〉(《미술수첩》, 1963년 5월, 특히 87쪽), 또 〈현대와 근대〉(人文書院版 《보들레르 전집》, 제4권 월보, 1964)을 참조. 모두 《미술사와 그 언설discours》(中央公論社, 1978)에 수록.

는 작업가설로서의 유용성을 가질 것이다. 그것이, 다름 아닌 우리로서는 현재 혹은 현대와의 긴장을 회복 또는 유지하는 일에 도움이 될 수 있을까. 역사가로서의 시점을 선택한 나로서는, 거기까지는 굳이 바라지 않는 것이 순리라고 생각한다. 그리고 보들레르가 설명하는 "소박함"을 우리의 시선이 회복하기를 기대한다고 해도, 그것은 오로지 보들레르와 동시대의 회화를 마주할 때의 우리의 시선이 결코 보들레르의 그것과는 동일할 수 없다는 것을 의식하면서 역사학적 작업에 의해 그것을 그대로 체험해보려고 하는, 말하자면 이차적인 "소박함"이라고 써두지 않으면 안 된다.

II. 당디, 아니면 예술가

외젠 들라크루아

1. 대大화가와 젊은 비평가

1849년 2월 5일, 화상畵商 토마에게서 의뢰받은 소품 〈소파에 누워 있는 동양풍의 여인상〉 제작을 계속하려 하고 있을 즈음에 보들레르 씨가 찾아왔다고, 외젠 들라크루아는 그의 일기에 써 남기고 있다.

> 그는 도미에가 그림을 마무리하는 일에 무척 고생한다는 말을 나에게 했다.
> 그러고 나서 그는 서둘러 프루동을 화제로 삼아, 찬미도 하고 민중의 숭배 대상이라고도 했다. 그의 여러 가지 의견은 더할 나위 없이 현대적이고, 전적으로 진보적인 것으로 나에게는 생각된다.
> 그가 돌아간 후, 부인상 작업을 계속하고 〈알제의 여인〉 모사에 착수했다.

보들레르는 1845년 무렵부터 들라크루아의 아틀리에에 출입하게 되었다고 하며, 23세 연상인 거장과의 대화로부터 얼마나 많은 교시를 얻었는지, 자주 자랑스럽게 적어놓고 있다. 그것에 비하여, 자신의 화업畵業의 열광적인 지지자인 젊은 시인-미술비평가와의 개인적인 접촉에 관해서 들라크루아가 그의 면밀한 《일기》에 써 남긴 것은 이 한 대목뿐인데, 지금 인용한 기술만 보아도 냉정하다고 할까, 쌀쌀맞은 응대 태도가 엿보인다고 할 수는 없을까.

1849년 2월로 말하자면, 2월혁명이 루이 필리프의 왕권을 타도한 지 이미 1년, 질서파의 반동이 착착 지반을 굳혀 제2공화정을 구실로 한 유토피아적 환상은 적어도 정치적인 지평에서는 거의 완전히 잦아들어 사라져가고 있었다. 그러나 정치적 혁명의 기도企圖에 전후하여 지식인 · 예술가 사이에 배태된 문화혁명적인 기운機運이 여전히 집요하게 살아 있었던 것은, 이듬해 1850년에서 51년에 걸친 쿠르베의 '레알리슴' 거사擧事, 1851년부터 52년까지 보들레르가 쓴 진보주의적 혹은 사실파적 문학평론 등을 보아도 명백하다. 그 무렵부터, 28세의 보들레르가 50세의 대가 들라크루아를 상대로 뽐낸 정치론 · 예술론이 어떠한 것이었는지 내용을 추측하는 것도 가능하다.

보들레르는 몇 해 전 8월, 아직 잘 모르는 사이였던 프루동 앞으로 암살의 위험이 그의 신변에 다가오고 있다고 경고하는 편지를 보냈는데, 그의 어조에는 열렬한 심취를 보이는 점이 있었다. 1849년 초두라고 하면, 루이 나폴레옹과 왕당파가 결탁한 '반동'이 맹위를 휘두르는 의회에서 분투하는 의원 프루동이 머지않아 부득이 지하에 숨어들어가게 된 때이고 보면, 보들레르가 이 무정부주의적 사회주의자의 사상과 행동에 대한 찬미를 얼마나 열렬하게 들라크루아를 상대로 토로했을까 상상하기는 어렵지 않다. 그와 같은 일을 들라크루아는, "그의 견해는 전적으로 진보적이다"(직역하면 "진보 가운데 있다")라고 요약한 것일 텐데, 보들레르가 개진한 진보사상은 정치나 사회에만 관계된 것이 아니라 예술에도 관계되는 것, 한마디로 새로운 사회에 새로운 예술이라는 주장을 펼쳤으리라고 상상할 수도 있다.[1] 도미에

1 보들레르와 프루동의 관계, 또, 들라크루아가 보들레르의 프루동 심취를 운운하고 있는 일기의 앞서 말한 대목에 관해서는 다음의 책과 논문을 참조 : T. J. Clark, *The Absolute Bourgeois : Artistes and Politics in France 1848-1851*(London, 1973), pp. 142-169 ; 니시가와 나가오西川長夫, 〈보들레르와 프루동—형성기에 있어서의 '과학적' 사회주의와 '현대' 문학〉(《思想》, 1974년 4월).

니시가와 씨는 "'보들레르와 프루동'이라는 테마는, 지금까지 이상하게도 보들레르 연구자에게서도 프루동 연구자에게서도 본격적으로 다루어진 적이 없다"고 쓰고 있다. 과연 T. J. 클라크는 그 어느 쪽의 범주에도 속하지 않는 예술사회학자일지 모르지만, 니시가와 씨와 상당히 가까운 시각에서 접근을 행하고 있으므로, '보들레르 연구'라든가 '프루동 연구' 등의 전문적 구분에 구애받지 않고 참고할 수 있지 않았을까.

니시가와 씨의 깊은 연구가 그 야심에도 불구하고, 통념 확인의 범위를 거의 넘어서지 못하는 것은 그 방법에 있어서 엄밀성의 결여에서 비롯한다. 즉, 보들레르와 프루동의 예술관을 대비함에 있어서, 전자에 관해서는 1845, 46년의 《살롱》을, 프루동에 관해서는 1865년의 《예술의 원리 및 그 사회적 용도에 관하여》를 전거로 했기 때문에, 1848년 전후라는 위기적이고 특수한 사상 상황에 있어서 양자의 상호관련이 역사적으로 파악되지 않고, 상황을 염두에 두지 않은 보편적 차원에서의 양자의 '관념'의 대비로 끝내버렸기 때문이다. 번거로움을 무릅쓰고, 1846년의 《빈곤의 철학》 및 1851년 집필, 53년 간행한 《진보의 철학》을 '보들레르와의 관련에서' 읽어야 했다. 그렇게 하면, 1845-46년부터 1851-52년까지의 보들레르 '진보' 사상과 프루동의 《진보의 철학》과의 동이同異가, 각각의 대상이 되고 있는 상황과의 관련에서 확인될 수 있었을 것이다. 이를테면 예술의 사회 역할을 운운하는 보들레르 자필 원고가 남아 있고(파리 에르만 간행 '예술의 거울' 총서, 쥘리앙 칸 편 《보들레르》에 사진판으로 게재), 그것이 프루동 《빈곤의 철학》의 1절인 것이 클라크에 의해 분명해졌는

를 화제로 삼은 것도, 자신이 《1846년 살롱》에서 내세운 '현대생활의 영웅성' 이론을 당시 가장 잘 체현하는 화가로서의 도미에에게 커다란 기대를 걸고 있었기 때문일 것이다. 도미에가 그림을 여간해서 마무리하지 못하고 고생한다고 운운하는 것도, '마무리'가 아니라도 그림은 완성될 수 있다는 주장을 1845년에 내세웠던 보들레르로서는, 오히려 하나의 찬사로서, 도미에의 현대성을 인정하는 것이었을지도 모른다.

'현대생활의 영웅성'—1845, 46년의 보들레르가, 소설가 발자크를 흉내 내어 현대 파리 생활의 "경이적"인 면, 그 "영웅성"을 표현하는 화가 나오라고 부르짖었을 때, 거기에는, 나타나야 할 화가들에 대한 기다림만이 아니라 들라크루아에 대한 불만이라고도 할 수 있는 것이 표명되어 있지는 않았을까. 물론 들라크루아는 보들레르에게 있어서 이미 당대 최고의 화가, 사상 최대의 화가의 한 사람이고, 역사나 문학으로부터 얻을 수 있었던 주제를 프리텍스트로 삼아 펼치는 현란한 색채의 마술은, 말 그대로 "눈으로서는 축제"이며 낭만파적인 정념의 훌륭한 표현이어서 그 위에 더 이상 무엇을 바랄 것도 없었을 것이라고 한다면 그렇기는 하다. 그러나 들라크루아의 색채가로서의 재능이 유례가 드문 것이라면 그만큼, 그 재능을 어떤 지난한 일—남자들이 검정 일색의 양복으로 몸을 싸매고 있다는 단지 그 이유만으

데, 이 1절은, 특히 1851-52년의 보들레르의 '진보적' 예술관·문학관을 이해하는 데 열쇠가 되는 것이다(클라크, 앞의 책, 166쪽).

로 이미 그림이 되기 어려운 현대생활 정경으로부터 색채효과를 끌어낸다는 일에 가끔씩이라도 관심을 가지면 좋겠다고 생각했으리라.

그러한 생각을 심미관에서의 진보사상이라고 일컫는다면, 후년의 보들레르는 정치적 진보사상의 통렬한 비판자가 되는 한편, 심미관에서의 진보사상을 더욱더 확고히 해나가는데, 1849년 당시의 보들레르에게는 양자가 나란히 존재하고 있었다고 말할 수 있으며, 적어도 들라크루아의 눈에는, 이 청년이 주장하는 프루동적인 진보주의와 현대적 예술관은 뗄래야 뗄 수 없는 것으로 비쳤음에 틀림없다. 바로 그 2월 5일에도 보들레르는 "현대생활의 영웅성"을 설명했을까. 아니, 어쩌면 18년 전에 7월혁명을 기념하여 들라크루아가 그린 대작 〈민중을 이끄는 자유의 여신〉(루브르 미술관)을 화제로 삼아, 그것이야말로 새로운 시대의 기념비적 회화의 원형이 될 만하다고, 거장을 질리게 만들 의견을 으스대며 내놓았을지도 모르는 일이다.

〈1830년 7월 28일〉이라고도 부르는 이 그림은, 시체가 겹겹이 쌓인 바리케이드 위에 서서 총이나 칼을 번쩍 치켜든 혁명파의 젊은 부르주아나 노동자를 묘사하고 있으며, 그들의 동선을 따라가는 시선은 삼각형 구도가 이끄는 대로 중앙의 '자유의 여신'이 높이 치켜든 삼색기에게로 수렴된다. 그 자연스러운 운동감이 그대로 인물들의 자못 강렬한 해방감으로 가득 찬 몸놀림과 겹쳐져 있는 것에 인공적이라는 느낌은 없으며, 상쾌함이 보는 이를 사로잡고, 삼색기의 선명한 색과 활기차게 펄럭이는 힘이

그림 12. 들라크루아. 민중을 이끄는 자유의 여신.

그 상쾌함을 마무리한다. 혁명이라든가 그와 같은 사회적 대사건을 묘사하여 공식적인 해설회화가 되는 것이 아니라, 해방의 기세가 그대로 그림의 기세가 되고 있는 듯한 작품이라는 점에서 이것은 회화사상 전무후무한 일은 아닐까. 들라크루아가 "현대생활의 영웅성"을 표현한 유일한 작품이 그러한 의미에서 사상 유일의 작품이라는 점에, 이 거장이 말 그대로 거장인 이유가 있다는 것 따위를 이제 와서 들먹이는 것도 마음에 썩 내키는 일은 아니다.

중심인물인 '자유의 여신La Liberté'은, 이 그림을 단순한 르포르타주의 차원에서 보편적인 차원으로 끌어올리는 역할을 하고 있는데, "자유"라는 관념의 알레고리적 표현인 이 여성이, 동시에 파리 서민 동네의 억센 여성을 (조각적으로 "이상화"하면서도) 어디까지나 그와 같은 하나의 전형으로서 현실적으로 묘사했다는 점, 즉, "알레고리"라는 고귀한 장르와 풍속화적인 장르의 혼동이라는 점이, 당시의 보수적인 비평가들의 비판의 표적이 되지 않을 수 없었다. 그것을 후세의 우리가 보면, 25년 후에 쿠르베가 〈화가의 아틀리에〉를 "현실적 알레고리"라는 제목을 붙여 시도한 의식적인 기도의 선구를 이루는 것이라고 해도 무방하리라.

그러나 1849년 2월, 들라크루아의 아틀리에에서 때마침 18년 만의 '혁명'을 노린 어느 흥행사가 빼내어 리옹 시에 전시 중이던 〈자유의 여신〉이 이따금 화제에 올랐다 해도, 그리고 보들레르가 다시 한 번 이러한 그림을 그려주지 않겠느냐고 말하지는 않았겠지만 그림에서 일거에 계시된 현대적인 "대회화"의 여러 가지 가능성이 지금이야말로 문제시되고 발전되어야 한다고 진술했다 해도, 거장은 오히려 싸늘하게 받아 넘겼음에 틀림없다. 보들레르가 돌아간 후 중단된 동양풍 부인상 작업을 계속하고, 게다가 16년 전 북아프리카 여행의 가장 귀중한 수확인 〈알제의 여인〉 모사에 착수해 산뜻하고도 우아한 색채의 해조諧調가 하나의 일락적인 세계의 꿈을 구상화시키는 듯한 경지에 몰입하여가는 들라크루아. 《일기》의 간결한 기술이, 젊은 보들레르의 프루동적 유토피아나 진보적 예술론은 거들떠보려고도 하지 않았음에 틀림없는 중로中老의 대가의 대응 태도를 그대로 보여주고 있는 것처럼 생각된다.

원래 들라크루아는 18세기 말〔1798〕에 태어나, 스탕달 등과 비슷한 경향의 자유사상가여서, 7월혁명의 해방감을 드높이 노래한 〈자유의 여신〉이 단순한 시국 영합의 소산이 아닌 것은 말할 나위도 없다. 그러나 50세를 바라보는 들라크루아, 말 그대로 불혹의 문턱을 넘어버린 들라크루아로서는 이미 먼 옛날 젊은 혈기의 소치로 인한 행위밖에는 아니었다고(〈자유의 여신〉의 예술적 가치는 별도로 하고) 생각했음에 틀림없다. 1848년 5월, 조르주 상드에게 보낸 편지에서는, "그러한 자유, 얼마간의 전투를 통하여 가까스로 얻어진 자유 따위는 결코 자유가 아닙니다. 자유란 안온하게 왔다 갔다 하고, 차분하게 사물을 생각하는 것이기 때문입니다"라는 글을 읽을 수 있다. 결국 일생 중에 두 번째의 혁명을 맞이한 들라크루아는, 십수 년 후의 보들레르, "1848년이 매력적이었던 것은, 바로 도를 지나친 어처구니없는 짓거리 때문밖에는 아니다"라고 《나심裸心 *Mon cœur mis à nu*》에 쓰는 보들레르와 같은 심경에 달해 있었던 것이다.

들라크루아의 죽음을 애도하는 문장 안에서 보들레르가 다음과 같이 쓰고 있는 것을 읽는 우리는, 이것이 어딘지 14년 전의 대화, 아무래도 의견이

엇갈렸던 1849년의 대화를 떠올리면서 쓰고 있는 것이라고 생각하지 않을 수 없다.

> 들라크루아 씨 앞에서 유토피아에 대한 어린애 같은 열광에 빠지거나 하는 수다쟁이는 당장, 그의 빈정거림으로 가득 찬 연민이 배인 쓴웃음을 감내해야 했으며, 만약 그 앞에서 무모하게도 현대의 커다란 환영, 무제한의 향상 가능성이라든가 진보라고 하는 괴물 기구氣球를 쏘아 올린다면, 옳거니 하고 그는 물어보는 것이었습니다, "그렇다면 당신의 피디아스들은 어디에 있습니까, 당신의 라파엘로들은 어디에 있는 것입니까?"라고.

물론 보들레르로서는 들라크루아야말로 현대의 피디아스이며 현대의 라파엘로이기 때문에, 들라크루아가 그러한 존재라는 것을 이해시키려는 일에 전력을 다한 것임에 분명하다. 다만 여기에서, 세상에 받아들여지지 않는 들라크루아를 마치 보들레르가 발견하기라도 한 것처럼, 두 천재의 그야말로 운명적인 만남의 의의를 과장하는 전설화 작업(또는 원근법의 과오)과는 단호히 관계를 끊어두고 싶다. 1822년의 관전에 〈단테와 베르길리우스〉(루브르 미술관)로 처음 등장한 들라크루아는, 1845년에 보들레르가 미술비평가로서 출현하기를 기다릴 필요는 없었다. 악담을 퍼붓는 비평가들은 다수 있었지만, 이것에 대하여 미래의 정치가 티에르를 비롯하여, 테오필 토레, 테오필 고티에, 귀스타브 플랑슈 등 유력한 논객이 들라크루아 옹호의 필진을 펴왔으며, 미술 예산을 좌우하는 중요한 지위의 사람들과의 인간관계도 언제나 나빴던 것은 아니고, 관전 출품 대작은 종종 정부의 수매품이 되었으며, 부르봉궁(현재 국민의회 의사당)이나 뤽상부르궁(현재 상원)의 벽화·천정화 등, 공공 건축물 장식의 주문을 받기도 한다.

다만 들라크루아가 얼마나 이해되어 왔을까는 별문제이며, 이제까지는 들라크루아 지지자의 찬사마저도 편견으로 가득 차 있었다, 그것을 시정하여 이 거장의 예술에 대한 올바른 이해로 사람들을 이끌어가는 것이야말로 나의 사명이다라고 생각하여 젊은 비평가 보들레르는 기를 썼다. 그와 같은 열의가 대단히 좋은 머리에 뒷받침되어 있는 글들이 오늘날의 우리를 감동시키기에 족하기는 하지만, 뭐니 뭐니 해도 백년 남짓 경과하여 그것을 읽는 우리가, 단지 그 감동에 자신을 맡긴 채 보들레르는 들라크루아 예술의 본질을 해명하고 우리에게 이해시키는 아름다운 글을 썼다고 하는 겉치레 정도로 해결하고 만다면 지적 태만이 되리라. 어느 구체적인 역사적 경위에서 하나의 선택으로서 씌어진 글의 의의를 이해하기 위해서, 우리도 또한 분석적, 그리고 역사적인 지성을 구사할 의무를 갖는다.

2. 비평에 있어서의 이해와 표현

보들레르에 의한 들라크루아 이해의 의의는 들라크루아 예술의 어떤 면을 밝히고 강조한 것에 있을까. 르네 위그가 말하듯이, 들라크루아 이해를 통하여 "개성 표현의 미학"을 확립한 점에 있는 것일까.[2] 가장 빈번히 말해지는 것처럼, 들라크루아 예술의 "초자연성"을 강조하고, (레알리슴에 대한 정면 비판으로서의) 상상력 이론을 내세운 것에 있을까. 들라크루아의 작품, 특히 그 인물들의 특징으로서의 "우수", 병적인 느낌 등 보들레르 자신의 말에 따르면 "현대적"인 면, 달리 말하면 세기말적인 면을 강조한 것에 있을까. 옥타비오 파스가 설명하는 것처럼 "야만"스러운 면을 끌어내 보여준 점에 있을까.[3] 아니면, 신인상주의 이론가로서의 폴 시냐크가 역설한 것과 같이, 색채의 사용 방식에 있어서 들라크루아의 획기적인 독창성을 이해하고 분석적으로 서술하여 보여준 점에 있는 것일까.[4]

우선 거기에서, 들라크루아의 그림을 보는 우리 앞에 놓인 보들레르 텍스트의 설득력이라는 것이 문제되어 마땅하다는 것은 말할 필요도 없다. 예를 들어, 〈스키타이인들과 함께 있는 오비디우스〉(1859년, 런던 내셔널 갤러리) 앞에서 시인은, "들라크루아의 '전문분야'를 분명하게 표현하는 그 어떤 공식을 어떻게 해서든 끌어내려고 하면 나의 정신은 혼란스럽게"된 나머지,

2 René Huyghe, "Le poète à l'école du peintre", in *Baudelaire*, coll. Génies et Réalités(Paris, 1961).

3 1968년 1월, 파리에서 개최된 심포지엄 〈미술비평가 보들레르 오마주hommage—'현재'의 발견〉에서의 발표. Octavio Paz, "Présence et Présent", in *Preuves*, mai 1968.

4 Paul Signac, *D'Eugène Delacroix au néo-impressionisme*(Paris, 1899 ; 1964).

"그는 특히 뇌수의 내밀한 것을, 사물의 놀랄 만한 양상을 표현한다"라든가, "그것은 유한 속의 무한입니다. 그것은 꿈입니다!"라고 하는 것 같은, 필시 당시의 독자 일반에게는 신탁과도 같은 신소리로 생각되기도 했을 추상적인 말을 써내기에 이른다. 비언어 예술이 주는 인상 내지 감동을, 언어에 의해 정의할 경우에 일어나는 종종 곡예적인 전이작업이나 철학적인 어휘의 남용에 아주 익숙해져버린 우리는, 보들레르가 겨우 그 정도를 이야기하면서도 몹시 조심스러워하는 태도를 보고, 이 주변에 현대비평의 원점이 있는 듯하다고 어렴풋이 느끼게 되는데, 그렇다고 해도 우리는 다시 한 번 눈을 씻고 머릿속의 먼지를 털어내어 허심탄회하게 들라크루아의 그림을 바라보고, 보들레르의 텍스트를 숙독하여, 과연 후자가 어디까지 전자에게 접근(보들레르의 신조어를 사용하면 'approximer')할 수 있는가를 우리 자신의 책임으로 평가해 볼 필요가 있을 것이다.

그러나 〈십자군의 콘스탄티노플 공략〉(1840년, 루브르 미술관) 등, 1855년의 만국박람회에 전시된 작품 일군에 관하여 씌어진 다음의 문장을 읽을 때 우리는, 이것은 아무래도, 그림과 텍스트와 우리 자신과의 사이에 성립되는 삼각형의 공간 안에서 일을 처리해 버릴 수는 없으리라는 생각이 든다. 요컨대 역사적인 반성을 도입할 필요가 요구되는 것이다.

〔…〕 주제를 분석하는 것은 말할 나위도 없고 이해하기에도 너무 먼 거리

에서 보아도, 들라크루아의 한 장의 그림은 이미 혼에, 행복하기도 하고 우울하기도 한, 하나의 풍부한 인상을 만들어낸다 〔…〕 이 회화는 마술사나 자기磁氣최면술사처럼 거리를 두고 그 사념을 던지는 것만 같다. 이 특이한 현상은 색채가의 역량이나, 색조의 완전한 화합이나, 색채와 주제 사이의 하모니(화가의 뇌리에 미리 설정되어 있는)에서 유래한다. 몹시 미묘한 관념을 표현하기 위해, 이러한 발뺌하는 듯한 말투를 용서해주기를 바라겠는데, 이 색채는, 그것이 입히는 대상과는 독립해서, 그것 스스로 사유하는 것처럼 보인다. 다음으로, 들라크루아 색채의 이러한 감탄할 만한 화합은 자주 화성이나 선율을 생각나게 하며, 그의 작품에서 가지고 오는 인상은 자주 거의 음악적이다.

—〈1855년 만국박람회, 미술—3. 외젠 들라크루아〉.

여기에서도 우리는, 새삼스럽게 "발뺌하는 듯한 말투"라고 변명하지 않을 수 없는 보들레르의 조심스러움에 유의할 필요가 있다. "색채가 그것 스스로 사유한다"라는 식의 표현을 오늘날의 우리들은 전혀 기이하다고 생각하지 않으며, 색채를 음악적 비유로써 말하는 것에 이르러서는 오히려 진부하다고 말해도 무방할 것이다. 그러나 그것은 바로 언어 사용의 습관이 변화했기 때문이고, 그와 같은 역사적 변화의 발단에는 역시 하나의 개인적인 주도권이 있었다고 하는 사실에 우리는 마주하게 된다.[5] 아니, 보들레르

5 17세기에 있어서 음악 용어가 회화로 전용轉用되는 것에 관하여는, 이 책 I. 〈군중

로서는 재래의 언어 습관으로는 맞추어낼 수 없는 시각예술이 눈앞에 있어서, 그 인상을 정의하기 위해 새로운 비평언어의 창조가 요청되고 있었다고 말할 수 있다면 좋겠지만, 오히려 머리를 쥐어짜고 비틀어내어 군색한 나머지 하게 된 말투를, 반쯤은 자신을 가지면서도 겁을 내면서 써본 것일지도 모른다.

군색한 나머지 꾸며댄 것이 과연 하나의 변혁의 발단을 이루는 동기였을까 하는 문제를 검증할 필요가 있지는 않았을까. 그렇게 생각할 때부터 우리에게는 역사적인 반성이 시작된다. 우리는 흔히, 지금 인용한 문장에 나타나 있는 회화관, 즉 "주제" 혹은 "관념"으로부터 독립된 순수하게 조형적인 효과라는 것을 끄집어내 생각하는 회화관의 성립을 근대적인 심미관의 성립이라고 생각하여, 들라크루아를 근대회화의 선구자라고 부르고, 보들레르를, 그와 같은 들라크루아의 근대성을 이해한, 말 그대로의 선각자라고 부른다. 하지만 일이 실제로는 어떻게 진행되었던 것일까. 보들레르 이전에 들라크루아 예술의 독창성을 그와 마찬가지로 이해한 비평가는 없었을까.[6] 그리고 보들레르의 들라크루아 이해는 들라크루아의 의도와 어디까지 합치하고 어느 점에서 어긋났던 것일까. 아니 의도 따위는 아무래도 좋다. 우리의 시각에 맞추어진 것으로서의 작품 자체가 문제라고 생각하고,

---

속의 비평가〉 주 22의 테이세드르의 책, 특히 533쪽 이하를 참조.

6 Cf. Lucie Horner, *Baudelaire critique de Delacroix*(Genève, 1956).

그렇다면 들라크루아의 작품에 관하여 보들레르가 선택한 것과 같은 가치부여는 동시대 및 후대의 예술가들, 비평가들, 넓게는 공중의 의식을 변혁하고, 언어습관을 변혁하는 데에 어느 정도 이바지한 것일까.

지금 이 문제를 파고들어 논하는 것이 나의 과제는 아니지만, 들라크루아와 보들레르의 관계를 고찰하는 것은 근대예술 내지는 근대적 예술관의 성립을 고찰하는 것임을 새삼스럽게 말할 필요가 없다고 생각하면서도, 그것을 엄밀히 논하게 되면 사실은 대단히 귀찮은 절차를 필요로 한다는 것만은 확인해두지 않으면 안 된다. 보들레르가 들라크루아의 작품 앞에서 행한 언어적 영위營爲가, 어쩌면 창조적 언어활동으로서의 근대비평의, 말하자면 발생기發生機의 상태를 가장 잘 보여주는 것은 아니었을까라는 물음을 우리는 오늘날 제기할 수 있다. 그것에 대하여 당시에 이미, 스스로 "발뺌하는 듯한 말투subterfuges de langage"라고 변명하지 않을 수 없었던 보들레르 자신의 의식이 있고, 또한 시인의 산문을 악문 취급한 동시대 비평가들의, 반의식半意識이라고도 말할 수 있는 것이 있었다. 그것만으로도 꽤 참고는 될 수 있지만, 우리의 물음에 완전한 답을 내기 위해서는 회화에 관계된 언설에 관한 의식의 변화를 더듬어가는 면밀한 검증작업이 실은 필요하다.

내가 여기에서 초점을 맞추어보려고 하는 당디슴 문제도 또한, 바로 그대로 근대예술의 문제는 아니라고 해도, 19세기 이래의 서구사회에 있어서 예술가 본연의 문제인 것은 말할 필요도 없다. 이 문제를 다루면서 바로 들라크루아나 보들레르(그리고 그들의 동시대인 바르베 도르비이)의 당디슴관을 그대로 이어받은 오늘날의 문학적 내지는 철학적 당디슴관으로부터 다시 거슬러 올라가 그들의 당디슴을 운운하는 동어반복적인 행위는 피하고 싶다. 그러한 것이 아니라, 그들 자신이 풍속현상으로서의 당디슴에서 출발하여 어떻게 그들의 독특한 당디슴을 만들어낸 것일까를 문제삼고 싶은 것이다. 우리가 품는 또 하나의 관념인 당디슴을 살아갔던 예로서 들라크루아와 보들레르를 견주어 논하는 것은, 그들의 친근성을 강조하면서 그들 각자의 독자성을 매몰시켜버리는 일이 되기 쉽다. 그보다는 두 사람이 각자 처한 사회적 조건 안에서 각각의 필요에 따라 몸에 익힌 각자의 당디슴을 비교함으로써, 그들이 예술가로서 갖는 현실의 공통점과 동시에 차이를 부각시키는 것은 불가능한 것일까.

3. 당디의 생활과 연애

당디라는 말이 한층 잘 들어맞는다고 생각되는 것은 외젠 들라크루아 쪽이다. 들라크루아 집안은 앙시앵 레짐Ancien régime〔구체제〕하에서 유복한 상층 부르주아지에 속하고, 부친 샤를 들라크루아는 혁명 이전에는 튀르고의 비서관을 지냈으며 총재정부시대에는 외무장관이기도 했던 인물인데, 사실상의 부친은 혁명시대부터 7월왕정기에 이르기까지 계속 활약한 탈레랑 백작이었다는 설도 나와 있다.[7] 그러한 상류계급 출신의 화가 들라크루아와 먼 친척 관계인 포르세 남작부인(아버지는 나폴레옹의 부관이었던 라발레트 백작, 어머니는 황후 조제핀의 질녀)과의 우아한 연애와 우정은, 발자크의 소설 세계, 그것도 〈도톨가죽〉이나 〈랑제 공작부인〉 등, 귀족의 처소 포부르 생-제르맹을 무대로 하는 소설 세계였다고 말할 수 있다.[8] 보들레르에게는 평생 인연이 없었던 세계다. 죽은 아버지의 유산을 상속한 23세의 시인이 생-루이 섬의 피모당관에 거처를 마련하여 잠시 동안 당디 솜씨를 발휘했을 때에도, 교제 범위는 문인 · 예술가 "당디" 동료로서, 상류사회에 출입한 것은 아니었기 때문이다. 반대로 23세에 금치산의 쓰라림을 겪은 보들레르가 투신한 가난한 문인 세계, 〈라 보엠〉[9]의 세계라면, 이것은 들라크루아가 먼 곳에서 멸시하고 바라보았음에 틀림없는, 게으르고 불결한 자들의 세계였다.

사실, 그런 식으로 외면적인 사항을 구실로 두 사람의 당디슴의 차이를

---

7 René Huyghe, *Delacroix*(Paris, 1964), pp. 86, 538-539.

8 Cf. Raymond Escholier, *Delacroix et les femmes*(Paris, 1963).

9 오페라 《라 보엠》의 원작으로 알려진 소설 《보헤미안 생활의 정경 *Scènes de la vie de Bohèmes*》, 앙리 뮈르제에 의해, 보들레르도 집필한 적이 있는 신문 《해적-마왕》지에, 1845년부터 49년에 걸쳐 단속적으로 발표되었다. 거기에는, 보들레르의 친구들이 이름을 바꾸어 등장한다. Cf. Takayasu Oya, "Henry Murger, peintre des grisettes et réaliste sans le savoir", in *Etudes de Langue et Littérature Françaises*, n° 32, Tokyo, 1978.

운운하는 것은 참으로 경박하다고 한다면 확실히 그렇다. 그러나 외면적인 사항을 거론하는 김에 복장 문제를 말한다면, 1825년에 영국을 여행한 들라크루아는 구두와 의상의 영국풍 재단을 파리의 멋쟁이 젊은이들 사이에 유행시키려고 애썼다고 보들레르가 쓰고 있는 것이 정말이라면, 30년대의 프랑스에서 풍속상의 영국심취로 유행한 외면적 당디슴의 발단의 현장에서 들라크루아도 한 역할을 떠맡은 것이 된다. 보들레르로 말하자면, 현대 영국의 어느 신랄한 비평가는, 그가 당디슴의 철학자였다 해도 정말로 당디였을까는 의심스럽다, 보헤미안 동료들에게서는 가끔 몸을 씻는 것만으로도 당디로 통했을 것이다 등등 비꼬는 소리를 하며, 게다가 녹색 웃옷, 빨간 넥타이, 장밋빛 장갑 등 당디인 체했던 잠깐 동안 몸에 익힌 산뜻한 색깔의 복장을 선뜻 버리고, (구레나룻도 내친 김에 밀어 없애고) 나중에는 검정 일색으로 몸을 싸맸을 때, 실은, 다음 세대의 은행가나 실업가 같은, 무릇 "정신귀족"과는 무관한 패거리의 수수한 복장을 선취하고 있었던 것이라고, 본인이 들었으면 분개했을 것이라면서 딱하게 여긴다.[10] 그러나 당디(또는 예술가)의 취미가 우선 유복한 계층의 모방을 불러오고 다음으로는 대중화한다고 하는 것은 숙명적인 과정이어서 분개해보았자 소용없는 일이다. 오히려 보들레르는 어떤 의미에서 취미를 선취하는 자로서, 외면적인

---

10 James Laver, *Dandies*(London, 1968).

그림 13. 들라크루아. 슈비테르 남작의 초상.

의미에서도 역시 당디였다고 말하고자 할 때의 증거로 될 것이다. 현대 남자의 새까만 복장에는, "보편적 평등"이라는 "정치적인 아름다움"이 있다고 빈정거림을 섞어 주창한 보들레르에게 있어서, 검은 "제복"의 평등성 안에 자기를 매몰시켜버리는 것은, 한편으로는 안이한 개성의 표출수단을 배제하고 몰개성적인 제한 하에서의 개성의 표출에 승부를 거는, 영국적 당디슴의 역설이었다. 그러면서도 다른 한편에서는 또한, 말하자면 일종의 자살로서 앙티-당디슴의 화신이 됨으로써, 자기의 생활태도와 예술상의 주장(쿠르베의 '레알리슴'에 이어지는 주장)을 일치시키는 행위였다고도 말할 수 없는 것은 아니다. 그 어느 쪽이든, 역사적 동기서의 의의를 가질 수 있는 행위였던 것은 아닐까.

그러나 들라크루아나 보들레르에 있어서의 "당디슴"의 진수는 그런 것에 있지 않았다.

> 당디슴이란, 그다지 사려깊지 못한 많은 사람들이 그렇다고 생각하고 있는 것과 같은, 단정한 옷차림이나 물질적인 우아함에 대한 무절제한 기호도 아니다. 그러한 것들은, 완벽한 당디에게는 그의 정신의 귀족적 우월성의 한 가지 상징에 지나지 않는다.
>
> —《현대생활의 화가》, 1863년.

그러면 그러한 외면적인 당디슴에 의해 "상징"되는 "정신의 귀족적 우월성"이란 무엇인가 하면, 바르베 도르비이가 〈당디슴과 조지 프란멜에 관하여〉(1845년)에서, 또 보들레르가 《나심》 등에서도 정의하려고 한 정신적 당디슴에 다름 아니다.[11] 그리고, 이야기를 진척시키기 위해서 정신적 당디슴이란 자기규율이며 자기통제라고 요약해본다면, 여기에서도 또한, 들라크루아야말로 당디의 모범이며, 보들레르에게 있어서 스토아적 의미에서의 당디슴이란 결국 하나의 이상밖에는 아니었다고까지 극언할 수 있는

11 사이토 이소오齊藤磯雄 씨의 《보들레르 연구》(三笠書房, 1950 ; 東京創元社, 1971)에서는, 내면적 당디슴의 기술과 분석에 많은 페이지가 할애되어 있다.

것은 아닐까.

정열적이고 격하기 쉬운 영혼을 내면에 감추면서, 어떠한 경우에도 결코 절도를 잃지 않고, "놀라울 정도로 자유자재한 행동거지"에 더하여, "그 이상 없이 정이 두터운 우직함으로부터, 비난의 여지가 조금도 없는 오만불손에 이르기까지의 온갖 뉘앙스를 하나의 프리즘처럼 포함하는 예의"를 몸에 익힌 사교계 인사 들라크루아. 이에 비하여 보들레르는, 그의 분노와 불쾌감을 담은 '역설'이 당디슴이 허용하는 귀족적인 불손의 경계를 넘어서 히스테릭한 반응을 보이는 일도 종종 있어서, 자기의 행실을 살피러 온 후견인 앙셀을 두들겨 패주어야 한다고 제정신을 잃고 어머니에게 떼를 쓰기에 이르러서는, 자기통제도 아무 것도 없었던 것이다.[12] 당디슴—자기규율—일에 대한 집중이라는 보들레르적 공식에 비추어보면, 병든 몸을 채찍질하며 지칠 줄 모르고 제작에 힘쓰고 막대한 양의 작품·습작·데생을 남긴 들라크루아야말로 "영웅"이며, 일에 집중하겠다고 사람들에게 약속하고 자신에게 훈계하고는 그때마다 지연, 변명과 후회를 반복하면서 20여 년을 보내버린 것 같은 보들레르의 문필생활은, 도저히 그러한 의미에서의 "당디슴"의 모범이 될 수는 없었다. 바로 그렇기 때문에 보들레르는, 자기에게는 도달 불가능한 목표로서의 당디슴을 체현하는 사람 들라크루아를 계속 존

12 사르트르, 《보들레르》(人文書院, 1956), 23-27쪽 참조.

경하고, 동경의 대상으로 삼은 것이라고 한다면 거의 틀리지 않을 것이다. 그와 같은 이상화 작업에서, 자기 자신이 품은 이상 쪽으로 대상을 끌어당겨, 현실의 모습과는 일치하지 않는 이상상理想像을 묘사해버리는 것은 드물지 않은 일이지만, 보들레르의 경우 그것은, 들라크루아를 일종의 여성 혐오자로 만들어버린 것에서 나타나고 있다.

> 감상적이고 젠체하는 여자들은, 경우에 따라, 이 사실을 알면 기분이 상할지도 모르겠습니다. 미켈란젤로와 마찬가지로(그의 소네트 한 편의 마지막에서, "조각이여! 신성한 조각이여, 그대야 말로 나의 유일한 연인!"이라고 한 말을 기억하기를), 들라크루아는 '회화'를 자신의 유일한 미신美神, 유일한 애인, 단 하나의, 그리고 충분한 일락으로 삼았다는 것을 알면 말입니다.
> —〈외젠 들라크루아의 생애와 작품〉, 1863년.

들라크루아는 자기를 열심히 지지하는 비평가들과도 거리를 두고 사귀며, 자기가 보여도 좋다고 생각하는 면밖에 보여주지 않았던 것 같다. 보들레르도 때로는 자기의 열렬한 칭송을 귀찮아할지도 모르는 거장의 냉담함을 한탄하는 일이 있었다고 친구가 전해주지만, 그 언저리에도, "상아탑"의 인간 들라크루아의, 말 그대로 당디슴의 체면이 있었다. 여성에 관한 한결같은 "동방적인 관념"을 표출하고, "여자라는 것을 일개 미술품, 〔…〕 만약 심정의 문턱을 넘어가게 해주면, 말도 듣지 않고 마음을 어지럽히는 미술품, 그리고 시간과 힘을 게걸스럽게 먹어치우는 것으로 간주하고" 있는 것이라고 생각하도록 놔둔 것, 그것도 또한 당디슴이 아니고 무엇일까.

들라크루아에게 있어서 연애는 두 얼굴을 하고 있었는데, 어느 쪽도 보들레르에게 있어서의 연애와는 질이 달랐던 것으로 생각된다. 그 하나는 단순히 육체적인 충족, 대상은 때로 하녀이기도 하고 때로는 파리의 환락가에 출몰하는 논다니였던 것 같지만, 24, 5세 무렵의 일기를 펴서 읽는 우리는, 모델들과의 관계가 (이탈리아어를 섞어서 쓰고 있기는 하여도) 노골적으로 기록되어 있는 것에 놀라게 된다. 대작 〈키오스섬의 학살〉(루브르 미술관)을 준비 중인 들라크루아는, 모델의 포즈를 한두 번쯤 중단시키고 행하는 성행위chiavatura[13]가 정력을 소모시켜 제작에 방해되는 것을 염려하지 않는 것은 아니지만 아주 가벼운 마음으로 "달콤했다"라는 식으로 쓰고, 그때마다 여자에게 준 금액을 기록하고 있다.

그것에 관해서도 생각나는 것은, 보들레르의 친구로서 초창기의 대大사진가 나다르가 그의 회상록에서, 젊은 날의 보들레르의 여자관계(오히려 여자관계의 없음)를 이야기하는 대목이다. 피모당관 시인의 아파트에 한 번도 여자의 그림자가 비치지 않는 것을 이상하게 생각한 나다르가, 예술가

13 〔역주〕 저자 아베 요시오는 이 단어를 번역어 없이 쓰고 있다. '성행위'로 옮긴 'chiavatura'의 원뜻은 '여성의 문', '자연의 문', '자물쇠' 등인데, 전용되어 속어로 사용된다.

동료 누구에게나 친근하게 상대해주며 모델 등을 생업으로 하는 아가씨들에게, 보들레르와는 어떠냐고 물어보면 "당치도 않아요, 그 사람은 단 한 번도!"라고 이구동성으로 대답했다고 한다. 나다르가 말하는 보들레르의 동정설童貞說은 의심스러운 것이기는 해도, 육욕을 유흥적으로 처리할 수 있는 기질이 아니었음은 확실한 듯하다.[14] 바로 그렇기 때문에, 남양여행 이전의 이른바 방탕시대에 '사팔뜨기 사라'와 관계했을 때도, 후기 낭만파풍의 그로테스크 취미·노악취미露惡趣味〔자신의 결점을 드러내는 악취미 —역자〕로써 이 스쳐 지나치는 관계에 일종의 신화화 작업을 가하지 않을 수 없다.

> 그보다 더 심각한 결함은, 그녀 머리의 가발.
> 아름다운 검은 머리는 남김없이 하얀 목덜미를 떠나버렸다.
> 그것이 그다지, 문둥이보다 더 털빠진 그 이마에,
> 사랑의 입맞춤이 비오듯하는 것을 방해하진 않지만.
>
> 〔…〕
>
> 또 그녀는, 살갗을 문지르고 어깨에 향유를 바르려 해도,
> 동전 한 닢도 없을 때가 흔히 있지만,
> 내가 말없이 그녀를 구석구석 핥아주는 그 열렬함은,
> 주님의 두 발에 뜨거운 입맞춤을 쏟아낸 막달라의 마리아보다도 더하다.

---

14 Nadar, *Charles Baudelaire intime : Le Poète vierge*(Paris, 1911).

21세에 알게 된 잔 뒤발, 불르바르boulevard의 소극장 단역 배우 잔과의 관계 역시, 만약 이것이 들라크루아였다면 기껏해야 몇 개월 정도 지속될 수 있었을 것임에 틀림없는 단순한 정사情事로 끝났을 것이라고 상상하기는 쉬운 일이다. 그것이 보들레르에게 있어서는, 〈보석〉에 노래된 것과 같은 순수하게 관능적인 경지에서, 서로 괴롭히면서도 애정이 깊어가는 부부관계 같은 것으로 되어 20여 년이나 지속되는 것에서, 당디답지 않은 시인의 서투름이 간파되지는 않는가.

여성을 대하는 들라크루아가 앙시앵 레짐의 인간이었다고 생각되는 것은, 가벼운 마음으로 육욕을 충족시키는 것과 평행하여 재색을 겸비한 뛰어난 상류부인들과의 갈랑트리galanterie와 우정이 그의 일생을 줄곧 장식했다는 점이다.

> 인생의 최고의 타격, 그것은 심정이 빠져들지 않을 수 없는 이 고독이다. 자기와 대등한 힘을 가진 아내야말로 최대의 보배다. 그러한 것을 가질 수 있다면 모든 점에서 나보다 우월한 존재로 있어 주는 편이 그 반대보다도 바람직하다고 생각한다.

26세 때 이렇게 일기에 적어둔 들라크루아가 후년 보들레르를 상대로 토로한 여성 모멸의 말투, 그것을 환멸의 표현이라고 보기보다는 오히려, 자기의 마음에 소중한 것을 보이지 않게 감추는 수치심의 당디적 표현이라고 나는 받아들이고 싶다. 설령 "모든 점에서 자기보다 우월한" 여성과는 만날 수 없는 운명이었다 해도, 앞에 말한 포르셰 남작부인을 비롯하여, 연애, 그리고 우정에 값하는 몇 명의 부인들이 그의 생애를 스쳐갔기 때문이다.

프랑스적인 의미에서 연애, 그리고 우정에 값하는 여성이란, 우아하고 대화의 상대로도 될 수 있는 여성이라고 정의한 다음, 이 조건을 만족시키는 여성이 보들레르의 주변에 있었을까를 따져보면, 그것은 단 한 사람, 어머니 오피크 부인이라는 데 생각이 미친다. 카롤린 아르샹보-뒤파이스는 가난했다고는 해도 혁명 전 육군사관의 딸이며, 첫 남편(시인의 아버지)은 원로원의 사무국에서 근무해서 노후를 파리에서 안온하게 보낼 만큼의 재산은 충분히 남겨준 인물, 두 번째 남편 오피크 장군은 콘스탄티노플이나 마드리드 주재 대사로도 근무하고 원로원 의원도 되었다. 어떻든 오피크 부인이 보들레르에게, 구체제라고까지는 아닐지언정, 좋았던 옛 시대의 우아함을 그리워 할 연고가 될 수 있을 만큼의 내력과 사회적 지위를 가진 여성이었던 것은 분명해서, 보들레르의 감정생활에 (특히 편지 왕래의 상대로서) 어머니가 그 정도 커다란 위치를 차지한 것을 단순한 오이디푸스 콤플렉스나 돈을 뜯어낼 필요로만 설명할 수는 없을 것이다.

여자들에 대한 조숙한 기호嗜好. 나는 모피 냄새를 여자 냄새와 혼동하고 있었다. 생각난다……나는 어머니를 그 우아함 때문에 사랑하고 있었던 것이다. 요컨대 나는 조숙한 당디였다.

—《화전火箭*Fusées*》.

우아함을 좋아하는 당디의 사랑의 대상으로서 어울리는 여성을 끝내 만나지 못했던 가련한 보들레르. 플라토닉한 연서戀書와 시를 바친 상대 아폴로니 사바티에라고 해도, 여배우를 지망했던 고급 창녀에 마음씨는 좋으나 어지간히 속악한 여자였다고 공쿠르 형제 등은 업신여길 정도이지만, 틀림없이 들라크루아였다면 몇 번의 정사 상대로밖에 되지 않았을 것이다. 이 여성이 모처럼 호의에 답해 주었을 때는 완전한 실패로 끝났던 듯한 보들레르. 그리고 부유한 유대인 은행가의 첩으로서, 고티에며 플로베르며, 문인·예술가를 살롱에 모아 '여의장女議長Présidente' 솜씨를 발휘하는 그녀의 화려한 겉모습 뒤에 숨겨진 쓸쓸한 기분을, 한 편의 시로 써 둔 보들레르.

아름다운 여자라고 하는 것은, 고된 직업,
　　그것은 기계적인 미소를 짓고
넋을 잃는, 들떠 있고 냉담한 무용수의
　　진부한 일과도 같은 것.

—〈고백〉.

여성관계를 들추어내면 들추어낼수록, 보들레르는 당디가 아니라 오히려 진심을 가진 인간으로 불릴 만했다고 생각하게 된다. 모처럼 주역급의 여배우 마리 도브룅과 친한 사이가 되어 그녀를 위해 여러 가지로 분주하지만, 자기보다 두 살 젊은 테오도르 드 방빌과 둘이서 니스로 도망쳐 버려, 질투의 염을 담아 사디크한sadique 시 〈어느 마돈나에게〉를 지어내는 것 따위도 그다지 산뜻한 이야기는 아니다.

4. "행복의 약속"으로서의 미

그래서, 보들레르 시에 묘사된 여성상과 들라크루아 그림의 여성을 비교하여, 두 사람의 인생에서 여성에 대한 태도가 각각 어떻게 반영되어 있을까 물어보고 싶어진다. 물론 그러한 비교는 원래 무리라고 할까 피상성을 면할 수 없다는 것은 양해하도록 하고, 어떻든 머리에 떠오르는 인상을 말해보자면, 들라크루아의 여자들이라는 말이 환기시키는 것은, 밝고 풍만하며, 강력한 형상이다. 그것은 특히, 바이런의 시에서 착상을 얻은 초기의 걸작 〈사르다나팔로스의 죽음〉(루브르 미술관)의 미녀들, 보들레르의 표현을 빌리면, "밝고, 빛나고, 장밋빛의, 몹시 아름다운 여자들"이다. 골격이 억세고 풍만하며, 건강한 동물성으로 넘치고 있다는 점에서는, 이 미녀들과, 3년 후의 추녀醜女 〈자유의 여신〉과의 사이에 공통된 것이 있다고도 말할 수 있으리라. 전경前景 오른쪽의 나부裸婦가 목에 단검이 꽂히려는 순간, 그 억센 몸을 뒤로 홱 젖힌 동작의 강력함은, 왼쪽 끝, 흑인 노예에게 강제로 끌려가는 준마의 앞다리를 박차고 일어서서 미친 듯이 날뛰는 기세에 팽팽히 맞서는 것이 있다. 그리고 그림 왼 쪽 후경後景, 호사스러운 침대에서 한 쪽 팔꿈치를 괴고 드러누워, 태연하게 죽음을 기다리는 사르다나팔로스왕, 성城의 함락을 앞두고, 자신이 소유한 미희나 명마를 모조리 눈앞에서 참살시키는 왕의 단정한 옆모습에서는 조금의 흐트러짐도 보이지 않는, 이야말로 당디슴의 극치라고 말할 수 있을까. 그리고 이 당디는, 지금 없어지려 하고 있는 온갖 보배—이 미녀들이기도 하고, 자기 자신의 목숨이기도 한—에 이제 와서 어떤 미련도 남기지 않는다고 한다면, 그것은 단적으로 말해서, 그가 그것들을 완전하게 소유했기 때문이다.

행복한 소수의 대상이었던 미녀들을 태연하게 관조하는 사르다나팔로스왕—거기에서 나는, 당디로서 또한 예술가로서의 들라크루아 자신의 '소유'형식의 알레고리를 보고 싶은 유혹에 사로잡힌다. 보들레르는, 들라크루아의 작품에서는 "모든 것이 황폐, 학살, 화재에 다름 아니며, 모든 것이, 인간의 영원하고 고질적인 야만에 대한 증언"이었다고 썼다. 그러나 〈사르다나팔로스의 죽음〉—들라크루아 자신이, 3년 전의 〈키오스섬의 학살〉에 이어 "학살 제2호"라고 부른 이 작품은, "숙명과 치유될 수 없는 고통에 경의를 표하여 작곡된 무시무시한 찬가"와 같은 것이 아니라, 거꾸로, 파괴와 살육을 통해서까지도 그치지 않고 자신을 관철시키는 동물적인 생명감이라고 해야 할 것의 발로이며, 그것이 불러일으키는 감정은 환희에 가까운 것은 아니었을까. 선명한 색채가 서로 어울리는 효과와, 인물이나 말의 동작, 시선의 교차, 그리고 복잡하게 뒤얽힌 선의 아라베스크가 자아내는 역동적인 구도가, 어느 예술적인 청춘—들라크루아 개인의 것이기도 하며, 어느 한 시대의 것이기도 했던 예술적인 청춘의 환희를 전해주는 것이어서, 1861년 마르티네 화랑의 전람회에서 이 그림을 다시 보게 된 보들레르는 "〈사르다나팔로스〉와의 재회, 그것은 다시 찾아낸 청춘이다. 〔…〕 드베리아, 그로, 들라크루아, 불랑제, 보닝턴 등과 같은 예술가들이, 위대한 낭만파가, 아름다운 것, 어여쁜 것, 매력적인 것, 숭고한 것이 공동으로 군림하고 있던 경이적인 시대"라고 쓰지 않을 수 없었다.

그러나 나는 여기에서, 들라크루아와 보들레르의, 여성에 대한 예술적인 소유의 차이를 조금 강조해두고 싶다. 보들레르는 1855년 만국박람회의 미술부문을 논한 글 속에서 들라크루아가 묘사하는 여자들을 두 가지로 분류하고 있는데, 그 첫 번째 부류는, 〈사르다나팔로스의 죽음〉의 미녀들로 대표되는, 골격이 억세고 풍만하며, 투명하다고 말하고 싶을 정도로 밝은 육체를 가진 건강한 미녀들이다. 두 번째 부류는, "그 창백함이 내면의 투쟁을 드러내고 있"기나 하듯이, "마음 혹은 정신을 앓고 있는" 여자들, "눈 속에는 열병의 납빛 또는 그녀들 고통의 이상하고 기이한 미광을, 시선 안에는 초자연주의의 강렬함을 갖고 있는" 여자들로, 시인은 그녀들을 "내면성의 여자"라고 이름 붙인다. 그리고 그녀들이 그림의 화면에서는 성처녀라고 불리거나 막달라의 마리아라고 불리거나, 아니면 마르가레테, 오필리어, 데스데모나 등 문학작품 속의 인물의 이름을 빌리고 있다 해도, 이 "마음속 깊이 숨겨서 파묻어버리기 불가능한, 비통한 비밀을 눈 속에 담고 있는" 여자들이야말로 "현대의 여성"이며, "지옥의 의미든, 신적인 의미든, 영웅적인 자태를 취하고 나타나는 현대의 여성"을 표현할 수 있었던 것에 바로 거장의 현대성이 있었다고 시인은 말하고 싶은 것이다. 보들레르가 계속해서 "이 여자들은 더욱이, 현대적인 외모의 미, 꿈꾸는 듯한 모습까지도 갖고 있는데, 풍만한 유방, 약간 좁은 가슴, 넉넉한 엉덩이, 게다가 매혹적인 팔다리를 하고 있다"고 쓰는 것을 읽을 때, 우리는 1846년에 씌어진 견해 —들라크루아에게 있어서는 "거의 모든 여자들은 병을 앓고 있고, 일종의 내면적인 아름다움으로 빛을 발한다" 운운—이 얼마간 수정된 것을 알아채고, 아마 이 언저리에서, 고전적·조각적인 규범과 반드시 일치하는 것만은 아닌 말 그대로 현대적인 심미적-관능적esthptique-érotique인 발견이 의식된 것은 아닐까 하고 생각해보기도 한다. 그러나 그렇다고 해도 보들레르는, 전체로서, 들라크루아의 여자들을 자기가 좋아하는 쪽으로, 한 마디로 병적인 것 쪽으로 지나치게 끌어들인다고 말할 수도 있다.

우리에게 들라크루아의 여성의 매력이란, 바로 거장이 즐겨 묘사한 말이나 호랑이 등의 매력과 통하는 동물적인 우아함과 건강에 있는 것은 아닐까. 〈오필리어의 죽음〉(1859년, 루브르 미술관) 역시, 억센 야성미가 있는 시골 처녀의 느낌으로, 예를 들어 몇 해 전에 영국의 '라파엘 전파前派'15 밀레이스가 그린 유명한 〈오필리어〉(런던, 테이트 갤러리)의, 도기陶器 인형 같은 모습, 그 표정의 뭔가 퇴폐적인 육감과 비교한다면, 들라크루아가 여기에서 묘사한 것은 역시 고대의 물의 요정 내지는 숲의 요정의 후예는 아닐까 하는 생각이 든다. 〈로미오와 줄리에트〉(1846년, 스위스, 개인소장)의 줄리에트의 표정에서 우리는 낭만파적인 "황홀과 불안"을 알아채기는 하지만, 그 풍만한 육체의 몸짓에 불건강함은 조금도 없고, 한창 포옹 중일 때 목을 뒤로 젖힌 자세는, 애무받는 것이 즐거운 개나 고양이와 유사한 극히 자연스러운 것이라고 말하는 보들레르의 지적은 아무리 봐도 탁견이라고 생각된다.

다비드파의, 근육을 강조하는 조각적인 조형에 익숙해진 사람들의 눈에 들라크루아의 인체 조형이 말 그대로 파격적인 것으로 보였던 그 점을 1846년의 보들레르는, "그의 그림에서 힘을 표현할 때는 근육의 두께로써가 아니라 신경의 긴장으로써 한다"는 말로 설득하려고 했다. 하지만 오늘날의 우리가 들라크루아의 여성상에서 느끼는 건강함 · 강력함, 그것은 전통에 근거를 둔 조형이 가진 건강함 · 강력함이라고 생각하는 것 또한 자연스럽

15 〔역주〕 1848년 런던에서 결성된 젊은 예술가 그룹으로, 이탈리아 르네상스의 화가 라파엘로 이전의 소박하고 참신한 화풍으로 되돌아갈 것을 주장했다.

지 않을까. 여기에서 내가 말하는 것은, 〈단테와 베르길리우스〉 오른쪽 전경의 죽은 것으로 보이는 여자라든가, 〈키오스섬의 학살〉에서 볼 수 있는 나체의 조각적 조형이라든가, 그러한 것만은 아니다. 〈여자와 앵무새〉 등 풍부한 관능성을 가진 초기의 나체화, 그리고 무엇보다도, 기량이 원숙한 거장이 후기의 작품 안에 묘사해낸, 신화·전설 혹은 문학 속의 미녀들—디아나, 안드로메다, 에우리디케, 레베카—, 우아하고 관능적이며 뭐라고 말할 수 없는 매력과 강력함을 겸비한 이 미녀들은 위대한 몽상, 상상력의 소산이라고 말하는 것만으로는 부족하고, 여성의 미에 대한 믿음, 그러한 미의 소유를 가능케 해주는 하나의 전통에 소속되어 있는 것을 우리들은 부러워하는 것이며, 보들레르도 부러워하고 있었음에 틀림없다고 생각된다.

보들레르도 또한 시에서, 이와 유사한 여성상의 조형을 몇 차례인가 시도했다. 〈가면〉에 묘사된 미녀—"피렌체풍의 우아함"으로 가득 찬, "근육질 육체의 물결치는 모습 안에, …… 우아함과 힘이 넘치고, 성스럽게도 강건하고, 반할 만큼 호리호리하여", "고승高僧이나 군주의 따분함을 달래기 위해" 만들어진 이 미녀는 크리스토프의 조상으로, 움직임이 없기 때문에 들라크루아적이라고 말할 수는 없으나, 지금 인용한 대목에 관한 한, 전통에 기인하는 것이 육체적 건강과 관능성을 포함하는 조형을 가능케 해주는 예증이다.

그것이 〈아름다운 배船〉에 이르면 이미 들라크루아적이라고 말해도 무방할 텐데, 움직임이 표현되어 있기 때문만이 아니라 확실히 여기에서는, 시인이 즐겨 인용하는 스탕달의 정의—"미란 행복의 약속이다"라는 정의가 꼭 들어맞는 듯한 모습으로 여자의 아름다움이 묘사되어 있기 때문이다.

넉넉하고 둥글둥글한 목덜미 위에, 살집 좋은 어깨 위에,
그대의 머리는, 기묘한 우아함으로 화려하게 펼쳐진다.
　　　평온하고도 자신감에 넘쳐,
쉼없이 나아가는 그대, 위엄 있고도 천진한 여인이여.

〔…〕

조숙한 장사壯士들을 마음대로 다룰 그대의 팔은,
반들거리는 왕뱀들의 건장한 호적수,
　　　집요하게 죄어들어,
연인을 그대 가슴 속에 자국 내려는 팔.

여자의 미가 행복의 약속을 의미하는 경지를 노래한 시라면, 그것은 역시 잔 뒤발과의 관계가 처음 시작될 무렵의 관능적인 기쁨이 표현되어 있는 아름다운 작품, 〈보석〉이 단연 으뜸일 것이다.

더할 나위 없이 사랑스러운 그녀는 알몸이었다, 내 마음을 알기에,
낭랑하게 울리는 보석밖에는 남겨놓지 않았으니까,

그림 14. 들라크루아. 여자와 앵무새 습작.

그 차림새의 풍요함은, 사라센의 노예 여자들이
만족스러운 나날에 보여주는 우쭐대는 모습도 이럴까 할 정도.

〔…〕

새로운 구상으로, 애송이 소년의 가슴에
안티오페의 엉덩이를 이어놓은 것을 보며 생각하니,
참으로 그녀 몸매는 골반을 두드러지게 하고 있었다.
황갈색 그 얼굴빛 위에 산뜻하게 빛나는 볼연지!

이 시야말로 온전한 의미에서 들라크루아적이라는 수식어에 값한다고 할 때, 이것이 과연 〈여자와 앵무새〉(1827년, 리옹 미술관)에서 착상을 얻어 씌어졌을까 아닐까라고 하는, 어차피 불확실한 출처에 천착할 필요는 없다. 오달리스크풍으로 제작된 이국취미도, 안티오페를 끌어내온 신화적

고안도 그것만으로는 특히 들라크루아적이라고 할 이유는 안 되며, 당시의 회화에서 상투수단이었던 것의 전용轉用에 지나지 않는다고 말해버릴 수 있다면 어쩔 수 없다. 그러나 적어도 유행이나 전통에 속하는 것에 순순히 자신을 맡김으로써 건강한 미의 소유를 보증받는 화가들의 특전을 웬만큼은 향수하고 있는 젊은 날의 행복한 보들레르의 모습을 거기에서 보는 것이 가능하다. 들라크루아의 여자들의 "현대적 외모의 미"와 닮은 아름다움의 여유 있는 향수, 그리고 색채를 나타내는 말의 효과적 사용, 그 어느 쪽에서 보더라도 이것은 들라크루아적인 시다.

보들레르의 연애시를 회색 일색으로 뒤덮어버릴 수도 없고 또한 거기에 묘사된 여성과의 관계는 오로지 불행한 관계나 건전한 소유로부터의 소외라고 말할 수도 없다. 행복이 현재에 놓여 있든 과거에 놓여 있든, 그 어떤 행복이 주제로 되어 있는 연애시를 보들레르는 몇 편씩이나 썼으며, 그 시들의 '색깔'에 관해서라면, 푸른색이나 석양의 주홍색, 오후 햇살의 부드러운 황색을 떠올릴 수도 있으리라. 하지만 조금 전에 인용한 〈고백〉 안에서 보들레르가 교묘하게 말한 "마음의 고해실", 그 음침한 어둑함, 그리고 회색이라기보다는 검은 색에 가까운 색조에 대응하는 암울한 심리의 해부, 그것이 보들레르 연애시가 갖는 현대성의 중요한 일면임은 틀림없을 것이다.

〈스스로 자기 몸을 벌하는 자〉나 〈슬픈 마드리갈〉의 사디슴, 〈흡혈귀〉나 〈라 베아트리스〉의 마조히즘—색채를 빼앗기고 행복으로의 출구가 닫혀 숨이 막힐 듯한 공간에서 전개되는 이 시들의 신경증적 갈등은 무릇 들라크루아의 세계와 대척적인 것이라고 하는 것과 같은 단언은, 조형예술과 언어예술의 근본적인 차이를 애초부터 무시한 난폭한 비교 위에서 이루어지고 있다고 하는, 단지 그 이유만으로 반드시 일소에 붙여져도 좋은 것만은 아니리라. 시인 자신이, 문학에 있어서는 빅토르 위고나 테오필 고티에, 회화에서는 들라크루아나 보닝턴의 재능이 눈부시게 피어나기 시작한 1820년대를, 자기가 알 수 없었던 행복한 청춘, "색채의 폭발"로서 그리워하는 글을 쓰는 한편, 그들 낭만파의 화려한 존재들의 그늘에서 비참한 "자신"을 하나의 실험실로 만들어 "분석적인 애가"를 만들어낸 이류 시인 조제프 들로름인 생트-뵈브의 계보에 자기를 위치시키고 있다. 들라크루아와의 그러한 대비는, 적어도 그의 세대적 의식과 무관한 것은 아니었다.

폭발과도 같이 아침인사를 우리에게 던지면서,
온전한 신선함으로 떠오를 때, 태양은 얼마나 아름다운가!
—행복하도다, 꿈보다도 찬란하게 가라앉는 태양에게
애정어린 경례를 보낼 수 있는 자는!

생각난다!… 나는 보았다, 꽃, 샘, 밭고랑, 모두가,
태양의 눈길 아래, 팔딱이는 심장처럼 황홀해 하는 것을…
—지평선으로 달려가자, 시간이 없다, 빨리 달리자,

하다못해 비스듬히 비치는 한줄기 햇살이라도 붙잡으려면!

그러나 물러가는 신을 좇는 나의 소행은 헛되다.
저항할 수 없는 밤, 캄캄하고, 축축하고, 불길하고,
전율로 가득 찬 밤이, 그 위력을 펼친다.

무덤의 냄새가 어둠 속을 감돌고,
겁내는 내 발이, 늪가에서 밟는 건,
예기치 못한 두꺼비와 선뜩한 달팽이.
—〈낭만주의의 황혼〉.

낭만파 최후 세대에 속하는 시인에게는 당디슴 역시 빛나는 1820년대, 30년대의 잔영이며, 들라크루아는 도달하기 어려운 하나의 이상의 화신으로서 우러러볼 만한 인간일 수 있었다. 적어도 여성관계에 있어서 당디일 수 없었기 때문에, 잔 뒤발과의 관계는 보호자 관계가 되고, 거기에서 생기는 갈등과 고민을 스스로 떠맡아서 끝까지 규명해간 점에 전인미답前人未踏의 심층 심리에 파고드는 분석적인 '인식의 시'도 생겨나며, 증오 끝에 거의 종교적인 자애의 경지에도 도달할 수 있었다. 아니, 당디일 수 없었던 것이 아니라 당디인 것을 거부한 것이라고 말해야 할지도 모른다. 1851년 〈이교파〉를 비판하는 글에서, 좁은 의미에서의 '미', 물질적인 '미'만을 숭배하고,

친구들을, 혹은 아내를 사랑한다고 해도 "오로지 그들의 형태 때문에만" 그러할 문인들에게 결별사를 썼을 때, 확실히 하나의 선택이 거기에서 이루어졌던 것이기 때문이다.

5. 당디슴 · 하나의 상징

들라크루아는 1834년 가을, 투르빌에서 조르주 상드 앞으로 보낸 편지 안에서, 의사로부터 무력증이라고 진단받았는데 이것은 긴장, "원기元氣"의 결여를 의미하는 것이기는 해도 "기품"의 결여를 의미하는 것은 아니며, "나 정도의 힘을 가진 당디는 기품이라면 충분히 갖추고 있기 때문"이라고 쓰고 있다. 보들레르의 경우는, 농담으로라도 자기를 당디라고 외치고 있는 문장이란 좀처럼 생각해낼 수 없다. "당디란 〔…〕"이라고 언제나 3인칭으로 이야기하며, 거기에서 정의되는 "당디" 안에 자기도 포함되는지 아닌지 하는 점에 언제나 애매함이 남아 있는데, 들라크루아의 경우는 보다 자연스럽게 자기를 당디로 생각할 수 있었던 것 같다.

그리고 르네 위그 등도 들라크루아의 인생관 · 예술관을 일관하는 기본적인 태도로서 (몹시 확장 해석된) "'프랑스적' 당디슴"이라는 것을 설정해 놓고 어떠한 의심도 없기나 하는 듯이 보인다.16 이에 비하여, 앵글로 색슨계의 학자 · 비평가는 19세기 프랑스의 문인 · 예술가들의 자칭 "당디슴"을

16 René Huyghe, 앞의 책, 제5장.

그다지 사실로 받아들이지 않는 경향이 있는 것처럼 느껴진다. 보들레르의 "당디슴"에 이의를 제기하는 영국인이 있다는 것은 이미 소개한 바와 같으며, 또한 〈프랑스에 있어서의 당디슴(1817-1839)〉이라는 논문에서는, 귀족이나 부호의 당디, "대大당디" 아래쪽에는 "모방자 무리"가 있는데, 그것은 문인 · 예술가 · 저널리스트 등으로, 이름을 열거하자면 예를 들어 발자크나 들라크루아가 있고, 그들은 "가문도 재산도 없으면서, 부호나 당디의 매너만이라도 몸에 익히려고 했다"는 것이며, 그로 인해 빚 때문에 꼼짝 못하고 있는 자가 많았다라고 심히 실례되는 구절들이 나타나고 있다.[17]

이것은 말할 필요도 없이 "당디"의 정의에 관련되는 것이다. 발자크 자신이 1830년 《유행*La Mode*》지에 발표한 〈우아한 생활 제요〉 등의 정의를 취한다면, 물론 발자크는 "당디"의 범주에 들어가지는 않으며 본인도 또한 그 무리에 들어갈 생각을 하고 있지는 않다. 발자크는 이 글에서 인간을 세 종류의 부류로 나눈다.

"노동하는 인간,
생각하는 인간,
아무것도 하지 않는 인간."

그리고 이 세 종류의 인간에 대응하는 세 종류의 생활은 다음과 같다고

17 John C. Provost, *Le Dandysme en France : 1817-1839*(Genève, 1957).

그림 15. 마네. 튈르리의 음악회를 위한 습작

단호하게 결론짓는다.

"일에 쫓기는 생활,

예술가 생활,

우아한 생활."

발자크에 의하면 "당디슴이란 우아한 생활의 이단이다". 결국 당디란 복장의 유행을 따르는 일밖에는 안중에 없고, 그 결과 "귀부인의 거실에 있는 가구, 말이나 긴 의자에 놓을 수 있는 마네킹 인형"이 되어버린 남자다. 이에 비하여, 참된 "우아한 생활"을 보내는 여유 있는 남자는, 만사에 태깔을 부린다든가 젠체하는 일이 없고, 복장에 얽매어 남의 눈에 띄는 일도 하지 않는다…….

이 "우아한 생활"이야말로 참된 당디슴이라고 부를 만하다고 생각할 수도 있으며, 나중에 보게 되겠지만 보들레르의 당디슴관에는 발자크의 "우아한 생활"관이 섞여 있는데, 그 방향으로 파고들면 비상구가 없어진다. 만사에 있어서 완전무결한 취미를 가지고, 취미가 명하는 것을 모조리 당장 실현하기에 충분한 막대한 재산을 가진 남자에게서밖에는 찾을 방도가 없어져버린다. 그 정도의 재산도 없지만, 그렇다고 해서 "일에 쫓기는 생활", "생각"할 여가도 "우아"한 생각을 할 여가도 없는 생활에 파묻히는 것을 떳떳하게 여기지 않는 긍지 높은 인간은 어찌해야 좋을 것인가.

발자크가 생각한 비상구, "예외"로서의 "예술가 생활"은 하나의 낙관주의를 반영하고 있는 것처럼 보인다.

> 예술가의 무위는 일종의 작업이며, 그의 작업은 휴식이다. 그는 때로는 우아해지기도 하고 때로는 칠칠치 못하게 되기도 한다. 자기가 좋아하는 대로, 농부의 작업복을 걸쳐볼까 하고 생각하는가 하면, 유행인사의 연미복 스타일을 고르기도 한다. 법칙에 따르는 것이 아니라, 법칙을 부과하는 것이다.

예술가가 모처럼 고안한 것을 돈 있는 인간이 차용하여 일반화시키고, 게다가 "상업화"해버리기까지 하는 통탄해 마지않을 현상을 발자크의 낙관주의로써 해석한다면, "예술가는 항상 뭔가 위대한 사고의 표현이어서 사회

그림 16. 드가. 바르베 도르비이.

를 좌지우지한다"는 것으로 된다. 그리고 풍족하지 않은 귀족문인 샤토브리앙의 떡갈나무로 만든 간소한 가구를 보고 영국의 억만장자 장관 피트〔William Pitt, 1708-1778—역자〕가, 자기 나라에 넘쳐나는 번쩍거리는 가구를 수치스럽게 생각했다고 하는 일화를 자랑스럽게 인용하는 발자크. 돈이 없는 것과는 상관없이, 자기의 힘이 닿는 범위에서 좋은 취미, 특히 간소한 취미를 발휘하고 있으면 반드시 그것이 세계를 압도한다고 하는, 건전한 자신감이 거기에는 있다.

그것에 비하여, 15년 후에, 역시나 자부심만 강하고 재산이 없는 바르베 도르비이가 제창한 비상구—복장에 얽매인다는 의미에서의 당디슴을, 말하자면 약간 호화주의적인 비상구로서 채용하는 방식은 뭔가 궁지에 몰린

자의 반응이라고 말할 수는 없을까. 즉, 자기가 고안하는 것으로써 "사회를 좌지우지할" 만큼의 자신이 없기 때문에, 악취미로도 기발함으로도 볼 수 있는 상태—바르베 도르비이의 표현에 의하면 "색다름과 독창성의 중간에" 위치하는 하나의 "교차점"—에 틀어박혀서, 짐짓 도전적인 포즈를 취한다. 생각대로 된다면 그것이야말로 누구도 흉내낼 수 없을 터이다라는 것은 스스로 "법칙을 부과할" 힘이 없음을 미리 깨닫고 불모의 '탁월함distinction' 안으로 도망치는 것은 아닐까. 그렇기 때문에 보들레르는, 예로부터 "꾀까다로운 사람raffinés, 젠체하는 사람incroyables, 멋쟁이beaux, 유행아lions, 또는 당디" 등 가지각색으로 불려온 남자들은 "모두가, 반대와 반역의 성격을 띠고 있다"고 말하는 것인데, 그 시각은 "당디"를 장식물이나 마네킹으로 취급한 발자크로부터는 한참 먼 곳에 있다.

마침내 여기에 이르러, "당디슴"은 하나의 상징으로 화한 것이다.

> 사물을 그 비소한 측면에서밖에는 보지 않는 사람들은, 당디슴이란 무엇보다 복장의 재주이며, 단정한 차림이나 외면적인 우아함에 관하여 대담하고 멋진 독재를 휘두르는 것이라고 상상했다. 과연 확실히 그러한 것이기도 하다. 그러나 한층 그 이상의 것이 있다. 당디슴이란 하나의 완전한 상태이고, 인간은 물질적으로 눈에 보이는 측면에서만 존재하지는 않는다.

바르베 도르비이의 이 정의를 거의 베낀 것 같은 보들레르의 정의를, 나는 이미 인용한 바 있다. 이 두 개의 정의에 의해 성립된 거대한 상징으로서의 당디슴, 그것을 '상징하는 것'(외면적 · 물질적인 요소)과 '상징되는 것'(정신적인 "상태", "정신의 귀족적인 우월성")이라는 두 항의 관계로 봄으로써 당디슴 인식의 혼란을 조금이라도 정리할 수가 있을 것이다.

우선, 상징되는 것signifié이 바로 당디슴의 진수라고 생각한다면, 발자크가 업신여긴 것과 같은 "마네킹 인형" 같은 당디슴은 가짜라는 것이 되며, 상징하는 것signifiant 쪽에 무게를 두면, 보들레르는 물론 들라크루아마저도 참된 당디일 수는 없었다는 게 된다. 전자는 오늘날의 당디슴관으로써 과거를 재단한다는 점에서, 후자는 "철학적 당디슴"도 100년의 역사를 가진 하나의 현상이라는 것을 잊고 있다는 점에서, 둘 다 역사적인 견지에서는 오류라고 말하지 않을 수 없다. 주로 물질적인 "현상"으로서의 당디슴이 먼저 존재했던 것이며, 거기에 정신적인 의미를 부여한(적어도, 그것이 잠재적으로 갖고 있던 정신적인 의미를 완전히 끌어낸) 점에, 바르베 도르비이나 보들레르의 결단, 선택이 있었다고 생각하면 되는 것이다.

그렇다면, 그들에게 상징되는 것마저 관철된다면 상징하는 것은 아무래도 상관없었던 것일까라고 말한다면 그렇지는 않다. 따라서 당디슴의 "외면적"인 면과 너무나도 인연이 먼 생활을 보내고 있는 우리는 이 부분에서 잘못을 범하기 쉽다. 조금 전에 인용한 정의 안에서 바르베는, 당디슴이란 "복장의 재주"임과 동시에 그 이상의 것이라고 말하기도 했으며, 당디 자신

의 복장에 얽매이는 방식이 또한 당디 각자의 일대기 안에 그 이름을 남기고 있을 정도다.[18]

〔당디슴이라는 일종의 정신주의〕의 사제이자 희생자인 사람들에게, 자기 몸에 부과하는 복잡한 물질적인 조건이라는 것은, 하루의 어느 시각에도 항상 나무랄 데 없는 몸단장으로부터, 스포츠의 가장 위험한 묘기에 이르기까지, 모든 것이 의지를 강화하고 혼에 규율을 과하기에 알맞은 체조일 뿐이다.

보들레르가 여기에서, 상징하는 것과 상징되는 것을 불가분이라고 생각하고 있는 것은 분명하다. 들라크루아도 바르베 도르비이도 보들레르도, 과연 당디일 수 있는 만큼의 물질적 조건을 '어디까지' 갖추고 있었을까 하는 물음이 우문이 아닌 이유가 거기에 있다. 보들레르가 다음과 같이 3인칭으로 당디를 정의하는 것을 읽을 때, 보들레르는 자기가 과연 그러한 당디의 자격을 어느 정도 갖추고 있다고 생각하고 있었을까를 '양적으로' 평가해보고 싶은 것도 바로 19세기의 사회에서는 수입의 액수에 따라 차별이 잔혹할 정도로 엄연히 존재했던 것을 우리도 (발자크 등을 통해서) 알고 있기 때문이다.[19]

---

18 Jacques Boulanger, *Sous Louis-Philippe : Les Dandys*(Paris, 1932).

> 부유하고 한가하며, 무감각해져 있을 때도 행복의 발자취를 바짝 따라가는 것 말고는 다른 일을 갖지 않는 인간, 〔…〕 요컨대 우아함 이외에는 직업이 없는 인간.

그리고 "당디는 아무 일도 하지 않는다"(《나심》)고 한다면, 그와 같은 무위의 생활이, 생각하는 자이며 창조하는 자인 문인·예술가의 생활과는 모순된다고 현명한 보들레르가 의식하는 것은 당연하고, 거기에서 "부유한데도 일을 좋아하는 것"과 같은 절충적 해결안도 나오며, 다음과 같은 말이 고의로 역설의 형태를 취하여 토로된 까닭도, 이 모순을 의식한 것의 산물로서 읽으면 저절로 밝혀진다.

> E. 들라크루아는 천재적인 인간이었음에도 불구하고, 아니 오히려 완전히 천재적인 인간이었기 때문에, 대단히 당디의 면모를 보이고 있었던 것입니다.

제라르 드 네르발도 에드가 포도, 그들 나름의 방식으로 근면하고 열심히 일하며, 문인으로서 "활력을 가지고 자신의 직분을 다하는 인간이었다"고 치하하는 보들레르. "현대생활의 화가" 콩스탕탱 기스를 애써 "당디"라고

---

19 보들레르의 금전적인 측면에서의 생활에 관해서는, Charles Mauron, *Le dernier Baudelaire*(Paris, 1966) 및 Jean Ziegler, "La Fortune de Baudelaire", in Baudelaire, *Correspondance*, t. I(Paris, 1973) 참조.

부르면서, "당디란 무감동의 경지를 희구하는 자"라는 것에 생각이 미쳐, "이 점에서 말하면, 만족을 모르는 정열, 보는 것과 느끼는 것의 정열에 지배받는 G. 씨는, 당디슴으로부터 심히 동떨어져 있다"고 덧붙여 쓰지 않을 수 없는 보들레르. "아무 일도 하지 않"기는커녕 "근면"을 미덕으로 삼고, 사치와 쾌락의 습관 때문에 "무감각해져"버리기는커녕, 어린아이같이 "소박"한 감수성을 기적적으로 계속 보유할 수 있는 자야말로 예술가라고 설명하는 보들레르의 면모가 여기에 있다.

> 군주제의 마지막 시기를 떠올려보자. 루이 필리프 치하의 젊은이들의 감정이나 갖가지 교양이나 외적 생활, 내면 생활, 유행이나 풍속을 공평한 한 권의 책을 가지고 이야기해본다면 얼마나 재미있을 것인가! 정신만 과도하게 흥분되어 있었고, 심정은 조금도 움직임에 참여하지 않았다. 〔…〕 루이 필리프 치하에서 청춘의 역사라는 것은, 방탕의 장소와 레스토랑의 역사이다.
>
> —피에르 뒤퐁의 《노래와 가요》에 대한 서문, 1851년.

사람들의 심정이 완전히 닳고 닳아버린 것으로 보이는 1840년대에, 뜻밖에 울리기 시작한 "몇 개의 맑고 신선한 노래"—노동시인 피에르 뒤퐁에게 진정한 마음으로 박수를 보내는 보들레르. 7월왕정(1830-48)이라고 하면 말 그대로 당디슴의 황금시대, 그러한 "방탕의 장소와 레스토랑"에 발호跋扈

'정신주의'를 표방하는 가톨릭화가들 가운데서 가장 높이 평가된 셰페르의 당시 찬탄의 대상이 되었던 작품. 보들레르의 혹평 대상이 되었다.

그림 17. 아리 셰페르. 성 아우구스티누스와 성녀 모니카.

한 대당디와 소당디 사이에 명확히 그리고 결연히 선을 그으려고 한 보들레르라는 인물이 1848년 전후에는 분명히 있었던 것이다.

그렇다면 왜 당디슴을 하나의 상징으로서 채용할 필요가 있었을까를 생각해보아야 한다. 사회적인 견지에서 말하면 문인·예술가의 경우, 변화에 대처하는 하나의 자위수단이라는 것이 되리라. 18세기 내지 19세기 초엽까지는, 문인·예술가의 사회적 지위가 반드시 높지는 않았던 대신, 비호자 혹은 '공중' 소수자와의 사이에 직접적인 결속이 (때로는 굴욕적인 것이었기는 해도) 어떻든 존재했다. 문학·예술이 공중을 상대하는 정도가 커감에 따라, 생산자와 향수자의 관계가 추상적이 되는 것은 필연이다. 이 사정은 예를 들어, 부유한 대귀족 등에 고용되어 (마부나 댄스교사와 마찬가지로) 생활을 보증받으면서 개인적인 요구에 응하여 그림을 그리는 경우와, 화상畫商의 주문에 응하여 누가 살지 모르는 그림을 그리는 경우를 비교해보면 분명해진다. 문학에서는 특히, 1830년대에, 광고를 게재함으로써 구독료를 인하시켜 그 이전보다는 훨씬 광범위한 독자를 상대하는 현대적 신문이 생기고, 학예란(소설과 비평)이 인기 코너로 자리 잡게 됨과 동시에 저널리즘화-상업화가 급속하게 진행되었다. 대략적으로 말해, 어느 시대의 취미를 결정하는 소수자의 계층에 소속 내지 부속되어 그 내부에서 문학·예술 작품을 제작하는 상태로부터, 불특정 다수인 공중의 바깥쪽에서, 원리적으로는 자기의 개인적 책임으로 개개의 경우의 취미를 결정해가면서 제작한다는 상태로의 변화. 그것을 문인·예술가의 해방이라고 부를 수도 있었지만, 반면 '공중'이라고 불리는 막연한 존재와의 사이에 합의가 성립되기가 곤란해지거나 불가능해진 것이 낭만파 이후의 문인·예술가에게 심각한 문제가 되었던 것은 새삼스럽게 말할 필요도 없다.

그러한 사회적 독립의 상태를 의식한 문인·예술가는, 귀속감을 원하여 과거로까지 거슬러 올라가는 동료들 간의 동족 내지 결사적 연대감을 만들어내려고 한다.[20] 자기 자신을 "당디"라고 규정하는 것도, 거꾸로 "천민paria"

20 이 점에 관해서는 앞에 말한 사르트르의 책에 비판적 기술이 있다.

이라고 규정하는 것[21]도, 확고했던 사회적 신분의 상실 후에 뭔가 대신할 만한 것을 가져오려는 시도라고 풀이할 수 있다.

보들레르의 당디슴에는, 자기를 직업적 문인이 아닌 자, 말하자면 풋내기로서 규정하고 싶은 기분이 작용하고 있다는 것을 놓치면 안 된다.

> 내가 성장한 것은, 부분적으로는, 한가함에 의해서다.
>
> 많은 손해를 입기도 했다, 왜냐하면 한가함은, 재산이 없을 경우 부채와, 부채에서 오는 굴욕을 증가시키니까.
>
> 하지만 커다란 득도 있었다, 감수성이나 명상, 당디슴 및 딜레탕티슴의 능력에 관해서는.
>
> 다른 문인들은 대부분, 몹시 무지한, 야비하게 들이파는 작자다.
>
> —《나심裸心》.

보들레르에게는, 조금 전에 본 바와 같이, "방탕한 영감靈感의 어머니"식으로 방임하는 것을 특징으로 하는 낭만파 문학청년적인 풋내기 방식을 비판하여 직업적 양심을 강조하는 면과, 저널리즘에 부지런히 원고를 공급하는 기계가 되어 자기의 생활을 갖지 못하는 "들이파는 작자" 문인으로 영락하고 싶지 않다고 생각하는 면이 동시에 있다. 그것은 자기가 하고 싶은

---

21 〔역주〕 보들레르는 《악의 꽃》과 《내면일기》에서 '시인-배우-천민'으로 자신의 정체성을 내비치는 일이 있다

일만을 공들여 한다는 것이라고 말해버리면 논리적으로 사리에 맞고, 두 가지 면 사이에 모순은 없어지지만, 그렇다고 말해서는 말끔히 해결되지 않는 것이 있는 듯하다. "아무 일도 하지 않는" 당디라는 의식과, 성실하게 "문인의 직분을 다하는" 인간이라는 의식 사이에는 균열이 있는데, 그 균열은 역시 '공중'에 대한 관계의 불안정에서 발생하는 것이리라.

> 매일 저녁 먹을 빵을 벌기 위해서는 하는 수 없이,
> 그대도, 성가대의 아이처럼 향로를 흔들고,
> 마음에도 없는 〈테 데움〉을 부르지 않을 수 없지,
>
> 아니면, 뱃속이 텅 빈 어릿광대처럼, 그대가 미태媚態를 드러내,
> 남몰래 흐르는 눈물에 젖은 억지웃음을 뿌리면,
> 속된 무리는 배를 쥐고 웃어대지.
> —〈돈에 팔리는 뮤즈〉.

당디인 자기는 자신을 위해, 그리고 "행복한 소수자"를 위해 글을 쓰고 있는 것이지, 직업문인으로서 "속된 공중들"의 비위를 맞추기 위해 쓰고 있는 것은 아니다. 긍지가 있으며 성공 여부에 민감한 인간이라면, 그러한 당디슴-비직업의식에 꼼짝없이 갇히지 않을 수 없는 심정이 되는 일이 있는데, 그것은 공중과의 합의성립이 곤란하고 불확실한 것으로 의식된 위상

에 조응한다. 발자크의 "예술가 생활"관의 낙천주의—자기들의 고안을 사회에 "부과하는" 것이 가능하다는 신념과 비교할 때, 바르베 도르비이의 "당디슴"이 자신감 상실자의 허세처럼 보이는 것은 이미 말한 바 있다.

그런데 보들레르의 당디슴-비직업의식이 단순한 거부의 자세일까. 그렇지는 않다. 오히려 반대방향도 거기에는 포함되어 있었다. 바로 그 점에, 통상적인 수준에서는 다루기 어려운 그의 사상의 복잡함, 유연함이 있다. 또한 바르베 도르비이의 문학이 일부 호사가가 애호하는 정도에 지나지 않는 것에 비하여, 보들레르의 문학이 이 정도의 보편성을 획득한 것에 대해서는 근본에 있어서 두 시인의 자세가 달랐던 것을 고려해야 한다. —《런던 화보》지에 시사 데생을 발표하는 화가 콩스탕탱 기스와 알게 된 보들레르는, 기스를 형용할 때 'homme du monde'라는 표현을 쓰며, 이 말의 관용적인 의미('사교계 인사')에 낱말 그대로의 의미('세계의 인간')를 중첩시킨다.

> 세계인, 즉 세계 전체의 인간이라는 뜻이며, 세계를 이해하고 세계의 모든 관습이 갖고 있는 신비하고 정당한 이치를 이해하는 인간이다. 예술가란, 즉 전문가, 경작지에 매인 노예처럼 자기의 팔레트에 매인 자란 뜻이다. 〔…〕 예술가라는 것은, 도덕적, 정치적 세계에서는 아주 조금밖에, 아니, 전혀 생활하지 못할지도 모른다. 〔…〕 거명할 필요도 없는 두셋을 제외한다면, 대부분의 예술가들은 매우 능란한 불한당들이며, 그저 날품팔이들, 마을의 지혜꾼들이며 부락의 두뇌들이라고 말하지 않을 수 없다. 매우 좁은

그림 18. 조지 캐틀린. 인디언 전사 '작은 늑대'의 초상(좌) ; 물소 등의 지방脂肪의 초상.

"베로네제의 색채는 평온하고 쾌활하다. 들라크루아의 색채는 자주 탄식하는 듯하고, 캐틀린 씨의 색채는 종종 무시무시하다"
—보들레르, 《1846년 살롱》.

> 범위에 한정될 수밖에 없는 그들의 대화가 세계인, 세계의 정신적인 시민에게는 이내 견딜 수 없는 것이 되어버린다.

도식적으로 말하면, 구체제적인 의미에서의 "몽드monde"에 귀속 내지 부속됨으로써 하나의 좁은 범위 내에서의 연대와 보편성을 보증받던 상황이 더 이상 존재하지 않는 이상, "몽드"에 그 원래의 넓은 의미를 부여하여, "세계의 정신적 시민"끼리의 새로운 연대·보편성을 만들어내자고 하는 것이다. 낡은 "몽드"로부터 새로운 "몽드"로 이행하는 도중에 빠져들기 쉬운 함정, 그것은 "전문가"로서의 "예술가"의 특수세계이며, 그와 같은 특수성에 있어서의 연대連帶는, 당디로 자처하는 자가 취할 바는 아니다. 보들레르에게는, 20세기에 있어서의 예술가의 이상상을 선취한 듯한 이 "세계인" 상이, 예술가에 있어서의 풋내기성-"소박함"의 칭찬과 더불어, 좋은 의미에서의 코스모폴리타니슴—서구 중심주의의 극복—과 결부되어 있었다. "당디슴"은 이른바 "야만인" 사이에도 존재한다든가, 일견 기묘한 중국 미술품도 실은 "보편적인 미의 하나의 표본"이라든가 하는 생각은 모두, 넓은 "세계monde"를 향한 돌파구를 만들고 있다. 북아메리카 인디언을 묘사하는 풋내기 화가 조지 캐틀린에게서 보들레르는, 이 의미에서의 하나의 전형적인 "세계인"을 본 것인데, 거기에는 분명히 폴 고갱의 여행길을 예고하는 것이 있었다.

보들레르에게 있어서 들라크루아가 "거명할 필요도 없는 두셋의 예외"의 으뜸가는 사람이었다는 것은 말할 필요도 없다. "그 대부분은 유명 무명의 엉터리 화가, 노소를 불문하고 하찮은 전문가밖에 되지 못하는 다른 현대 예술가들"과는 정반대의 존재라서, 폭넓은 교양을 몸에 익힌 거장과의 대화가 얼마나 기분 좋은 것이었던가를 시인은 역설하고 있다. 그러나 "그는 사교계를 경멸하지 않기에는 너무나 사교계 인사였다"고 시인이 쓰지 않을 수 없었던 것처럼, 들라크루아로서는 원래 의미에서의 "몽드"가 확연히 존재했다. 그리고 그와 같은 "몽드"에 소속된 인간으로서 자기는 단순한 전문가-예술가와는 다르다고 하는 의식이 들라크루아의 당디슴을 지탱하고 있었던 것이라고 다시 한 번 다짐해두는 일이 무의미하지는 않을 것이다. 들라크루아에게 당디슴의 허구성은 보다 낮고, 귀속해야 할 새로운 모체로서의 "세계"를 만들어낼 필요는 없었다고 생각된다.

그것은 단순히 세대나 출신의 문제가 아니라, 들라크루아의 본령인 '역사화'—기념비적인 대규모의 회화—라는 장르에 관련된 문제이기도 하다. "대회화"를 자기의 저택에 장식하는 왕후 귀족이 없어진 19세기에는, 고객이 국가밖에는 있을 수 없었다. 왕정복고 시대 말기와 제2제정기에 미술 행정당국과 좋지 않은 사이로 수년간을 보내기도 했던 들라크루아에게, 앞에서도 말한 바와 같이 상류 인사로서의 연고관계 덕분도 있어서, 그의 대작을 정부에서 사들이거나 공공 건축물 장식화의 주문을 받는다거나 하는 일도 드물지는 않았다. 그러한 제도로서의 성격을 가진 '역사화'라는 장르 안에서, 게다가 혁명적인 작업을 한 19세기 대화가들의 의식의 복잡함이라는 것은 그것만으로 하나의 논고의 대상이 될 수다. 그러나 들라크루아에 이어 쿠르베나 마네도, 자기들이 만들어내는 새로운 기념비적 대회화를 받아들일 장소가 있을 수 있다고 일시적이나마 믿었다는 점에서, 제도에 대한 집착이, 보들레르 등의 문인—처음부터 탈제도적으로 불특정 다수를 상대로 하는 것이 가능한 문인들보다 강했던 것은 분명하다. 적어도 이쯤에서, 보들레르가 "현대생활의 화가"로서 저널리스트적 풋내기 화가 콩스탕탱 기스를 고른 이유의 하나를 찾아낼 수 있다.[22]

6. 전통과 낭만주의

들라크루아의 당디슴은 넓은 의미에서의 "몽드"에 대한 귀속의식임과 동시에, 예술적 전통에 대한 귀속의식이기도 했다. 그 점에서 출발하여, 보들레르의 예술관과 들라크루아의 예술관의 차이를 논하려고 할 때 하나의 실마리가 되는 것은, 보들레르가 번역한 포의 단편집 《이상한 이야기》를 증정받고 관심있게 읽은 들라크루아가 일기에 써둔 감상이다. 이와 같이 "환상적인 것의 매력"을 만들어내고, "자연 밖의 또는 자연과 동떨어진" 것을 묘사하는 재능은, "진실된 것을 묘사하는 재능보다도 열등한 범주에 속한다고 생각한다"고 거장은 단정짓는다.

> 소름이 끼칠 듯한 것이나, 개연성을 부여받기 불가능한 일 안에 이런 식으로 계속 머물러 있는 것은 우리의 눈으로 보면 정신의 결함이다. 이러한 작가 쪽이, 사물을 있는 그대로 묘사하는 것에 만족하는 작가보다도 많은 상상력을 가지고 있다고는 생각하지 않는다. 그리고 이 방법으로 경이적인 상황을 만들어내는 편이, 모든 시대의 머리 좋은 사람들에 의해 다져진 길을 통하여 그렇게 하는 것보다 용이하다는 것은 확실하다.
>
> —1856년 4월 6일.

---

22 보들레르에게 있어서 들라크루아와 기스에 대한 경도가 서로 결코 모순되지는 않았다는 것에 관해서는, 미야가와 아쓰시, 〈보들레르 재독再讀—"현대생활의 화가"를 둘러싸고〉(전기前記 《미술사와 그 언설》)을 참조.

여기에 표명되어 있는 것은 말 그대로 고전주의적인 예술관이다. 나는 여기에서 들라크루아의 낭만주의를 부정하려고 하는 것은 아니고, 단지 우리는 너무나 보들레르적인 시각에서 들라크루아를 보고 있지는 않은지 반성해볼 필요가 있다고 하는 것이다. 아니 우리는 보들레르 자신마저 지나치게 보들레르적으로 보고 있다. 최근에 프랑스의 어느 학자는, 보들레르가 말하는 "상상력"이란, 17세기풍으로 말하면 "고안invention", 즉 신화화神話畵 같이 실제로 볼 수 없는 소재를 묘사하는 경우에는 자기가 이것저것 생각해 내야 한다는 발상을 끝까지 파고든 것으로 간주하면 어떨까 하고 제의하고 있다.[23] 확실히 우리는, 보들레르에게 끌려다녔다고는 해도, 상상력 이론의 기원을 찾아 영국·독일 낭만주의의 좁은 길에서 너무 헤맨 듯하다. "자연이란 하나의 사전에 불과하다"라는, 보들레르가 자주 인용하는 들라크루아의 말도 반사실주의적인 슬로건이기에 앞서, 고전주의적인 "자연의 모방" 이론의 정식定式의 하나는 아니었을까를 물어보아야 하지는 않을까.

역사를 현대에 도달하기 위한 첫걸음으로 간주하기 쉬운 진화론·합목적론적 사고에 속아서 우리는, 들라크루아의 근대적인 면을 보들레르가 잘 이해했다는 점에만 주목하기 쉽다. 개인의 "기질", "꿈"의 표현으로서의 회화라든가, "화제畵題"와 관계없이 색채에 의해서만 매력적인 회화 등. 그러

23 René Démoris, "Hiérarchie et dualisme dans la critique picturale chez Baudelaire", *Nottingham French Studies*, vol. VIII, n° 2, 1969.

나 들라크루아의 영광이란, 후에 오게 되는 화가들의 "선구자"였다는 점이 전부는 아니라는 당연한 사실을 지금 한 번 헤아려보면 어떨까. 1820년대의 전반에 여전히 화단을 지배하는 다비드파 신고전주의 회화와의 결정적인 단절이었던 들라크루아의 업적을, 근대회화를 향한 제1보로 간주할 뿐 아니라, 독일의 어느 학자가 제안하고 있는 견해, 즉 그것은 바로크 회화 전통의 재생이며, 보들레르는 바로 디드로를 거쳐 받아들인 로제 드 필[24]의 바로크 회화 이론을 통해서 들라크루아를 이해한 것이라는 견해는 많은 시사를 내포하고 있다.[25]

> 전적으로 현대적이며 전적으로 새로운, 이 특질〔몸짓에 의한 표현〕 때문에 바로 들라크루아는 예술에 있어서 진보의 마지막 표현인 것이다. 위대한 전통의, 즉 구도에 있어서의 대규모, 고귀함, 그리고 화려함의 상속인이며, 옛 거장들의 훌륭한 후계자인 들라크루아는, 그들에게 없는 것, 즉 고통을 다스리는 힘과, 정열과, 몸짓을 가지고 있다! 바로 거기에 진실로 그의 위대함이 중요한 이유가 있다. —확실히, 과거 명장들 중 한 사람의 업적이 없어진다고 가정해보라, 거의 틀림없이 그와 유사한 화가가 나타나서, 그 잃어

24 〔역주〕 Roger de Piles(1635-1709). 18세기 프랑스의 고전주의 전성시대에 루벤스를 옹호한 미술사가. 들라크루아 회화를 네오바로크로 해석하는 W. 드로스트는 보들레르를 '19세기의 로제 드 필'이라고 부른다.

25 Wolfgang Drost, "Baudelaire et le néo-baroque", in *Gazette des Beaux-Arts*, juillet-septembre 1950(numéro paru en 1959).

버린 업적을 설명하기도 하고, 역사가의 사고에 그것을 추측하게 만들기도 할 것이다. 들라크루아를 제거해보라, 역사의 위대한 사슬은 끊어져 바닥에 굴러떨어질 것이다.

—《1846년 살롱》.

예술에 관한 진보관과 전통주의가 기묘하게 뒤얽히고 있다. 그러한 뒤얽힘이 모순 없는 하나의 주장으로 성립된다고 한다면, 그것은 잠재하는 종말관 때문은 아닐까. 같은 장章에서, 서구 회화 전통의 중추를 이루는 장식화의 여러 문제, 당시의 화가들로서 거의 해결 불능의 문제가 되어 있는 그 문제들에 대하여, 들라크루아가 부르봉궁이나 뤽상부르궁의 도서관에서 새로운 해결을 주었다고 하는 실적을 (살롱의 안내·해설이라는 임무를 일탈하면서까지) 힘줘 말하는 보들레르. 1863년의 추도문에서도 첫머리의 "들라크루아란 과연 무엇인가?"라는 물음에, "플랑드르는 루벤스를 갖고, 이탈리아는 라파엘로와 베로네세를, 프랑스는 르브룅, 다비드, 그리고 들라크루아를 갖는다"고 답한다. 이어서 이들 거장 세 사람의 이름을 나란히 쓰고 있는 것을 기이하게 생각하기도 할 사람들을 상대로 하는 설명으로, 그들의 친근성은 "위대한 것, 국민적인 것, 광대한 것, 보편적인 것에 대한 그들의 사랑, 이른바 장식적 회화, 혹은 '거창한 그림' 안에 언제나 표현되어 온 사랑"에 있다고 명기하는 보들레르. 결국, 들라크루아 예술의 단절이 아니라 계승을 강조한 점에 비평가 보들레르의 영광이 있다고 말하는 것조차 반드시 역설이 아니고도 성립된다. 그러나 그 계승이 즉 현대성이라는 등식은, 이 경우 단순히 시간론적인 자명성을 의미하지는 않는다. 들라크루아를 제거하면 역사의 커다란 사슬은 끊어져 바닥에 굴러 떨어진다고 한다면, 그것은 들라크루아라는 고리 대신 끼워야 할 고리가 동시대의 화가 가운데 찾을 수 없기 때문이라고, 말 그대로 읽어치우기를 허용하지 않을 것을 이 암유는 갖고 있다. 들라크루아야말로 역사라는 사슬을 마감하는 결정적인 최후의 고리라고 읽을 것을 우리는 거의 강요받는다.

《1846년 살롱》의 마지막에서 두 번째 장 〈유파와 직인들에 관하여〉는, 대전통의 종말을 고하는 혼돈의 절절한 묘사이다. 1869년에 보들레르의 미술비평을 논평한 아르튀르 랑크는, "오늘날의 회화의 상태는 아무리 힘이 약한 자라고 해도 그 개인을 찬미하고, 단체 즉 유파를 소홀히 하는 무정부주의적인 자유의 결과인 것이다"라는 대목을 인용하면서, 이것은 여타의 곳곳에서 탐구자, 기질의 소유자, 개성의 소유자 나오라고 큰 소리로 외치고 있다는 것, 요컨대 보들레르의 낭만주의와 모순되는 점을 지적했다. 그것은 확실히 모순이어서, 1846년의 보들레르는 제1장 〈비평이란 어떤 쓸모가 있을까〉 결론 부분에서, 자신의 비평원리와 제도로서의 회화의 현상태에 대한 관찰과의 접점에, 이 모순을 말하자면 하나의 역동적인 원리로서 자리매김할 취지를 선언하고 있었던 것이다.

> 보다 넓은 하나의 관점이란, 올바르게 이해된 개인주의일 것이다. 예술가에게, 소박함과, 자신의 기질의 성실한 표현, 자신의 기교가 제공하는 모든 수단에 도움받는 표현을 요구하는 것. 기질을 갖지 못한 자는 작품을 제작할 자격이 없으며, 그러한 인간은,—우리는 모방자들이라면, 그중에서도 절충주의자들이라면 지긋지긋하니까—기질을 가진 화가에게 봉사하여 직인으로 일해야 한다. 이것은 마지막 부분의 한 장에서 내가 증명하게 될 문제다.

마지막 부분의 한 장이 바로 '유파와 직인들에 관하여'인데, 거기에서 읽게 되는 많은 단언, 그중에서도 "강자는 흔치 않아서, 오늘날 힘을 소모시키는 불모의 자유의 혼란 안에서 떠오르고 두드러지기 위해서는 들라크루아 또는 앵그르가 있어야 한다"는 단언은 모순이라고도 생각될 만큼 역동적인 인식의 훌륭한 표현이다. 마지막 장 〈현대생활의 영웅성에 관하여〉는, 이 장의 다음에 놓인 대단원의 장으로서 처음부터 종말관의 각인을 찍고 있다. "위대한 전통은 사라져버렸고, 새로운 전통은 아직 생기지 않았다는 것은 사실이다"라고 보들레르가 쓸 때, "새로운 전통"을 말하자면 음화적인(네거티브한) 것으로서밖에는 예측할 수 없다고까지 생각하게 된다.

시인 보들레르와 "전통"과의 관련이 매우 복잡하게 굴절되어 있다는 것은 차치하고라도, 정형시라는 전통적인 장르로 씌어진 《악의 꽃》에서 볼 수 있는 강렬한 아이러니와 패러디화 작업은, 반어적으로밖에 전통을 소유

"'리옹파'의 이 박식한 화가가 르네상스의 전통을 그대로 현대에 소생시키려는 노력은 보들레르가 혹독하게 비판하는 바가 되었다."—〈철학적 예술〉.

그림 19. 폴 슈나바르, 로물루스와 레무스

할 수 없다고 간파한 명석한 정신의 작업으로서 파악될 수 있다.[26] 그리고 여기에서는 당디슴이 전통에 대한 행복한 귀속의식과는 거리가 멀고, 퇴폐를 의식하는 시대에서 살아남는 "악마적인" 정신의 실상으로서 작용하고 있다. 거기에서, "전통"과의 힘겨운 싸움으로부터 해방되어 자유롭게 현대 도시의 공기를 호흡하는 "세계의 정신적 시민"의 모습을 볼 수는 없을까.

그러나 해방은 또한 실추도 의미할 수 있는 것을 시인은 이해하고 있었다.

---

26 스기모토 히데타로杉本秀太郎 씨의 '〈독자에게〉 주석'(《유리이카》 전기 보들레르 특집호, 또는 《보들레르의 세계》) 및 졸역 《악의 꽃》(中央公論社, 시집 · 세계의 문학 8, 1970 ; 筑摩書房판 《보들레르 전집》 I, 1983)의 주해를 참조.

죽기 2년 전인 1865년 5월, 브뤼셀에서 손아래 친구인 마네에게 써보낸 편지를 그러한 문맥에서 읽을 수 있다. 세상에 받아들여지지 못하는 것을 한탄하는 33세의 마네에게 보들레르는, "당신은 샤토브리앙보다, 바그너보다 더 많은 천재성을 갖고 있기라도 합니까"라고 호되게 꾸짖는다.

> 그런데 그들도 가차없이 조롱당하지 않았습니까? 그들은 그 일로 죽지는 않았습니다. 그리고 당신에게 지나치게 자만심을 불어넣지 않기 위해 말하고 싶은 것은, 이 사람들은 각자 자기의 장르에서, 게다가 매우 풍부한 하나의 세계 안에서 귀감인데, 이에 비해 당신은 **당신 예술의 노쇠 안에서의 제1 인자**에 지나지 않습니다.

산문시인으로서의 자신을 보들레르가 "자기 예술의 노쇠 안에서의 제1 인자"로 생각하고 있었다고 해도 이상하지는 않다.

III. 나르시스와 民衆

귀스타브 쿠르베

1. 나르시시슴 · 자기인식

쿠르베의 작품으로 오늘날 전해지는 최초의 것은 14세의 소년 귀스타브가 나무 아래 앉아 있는 그림(파리, 카르나발레 미술관)으로, 초기 작품의 축이 되는 두 개의 주제—자화상과 풍경—가 우선 제시되어 있다. 여기에서 초기의 쿠르베라는 것은 1849년의 살롱에서 〈오르낭의 식후〉(릴 미술관)가 상을 받아 정부에서 매입하게 되었을 뿐 아니라, 앵그르나 들라크루아의 주의를 끌어 일약 유명해지지 이전, 요컨대 30세까지를 말하는데, 그 사이에 구약성서에서 착상을 얻은 〈로토와 처녀들〉(일본, 개인 소장)이라든가, 출생지 쥐라 지방의 교회 장식을 위해 그린 성 니콜라 등과 같은 작품이 없는 것은 아니다. 그러나 고향의 산하를 그린 풍경화나 자기를 또는 연인과 자기를 모델로 한 초상화가 화업 가운데 특별한 의미를 갖는 것은, 그것이 주문에 의한 것도 또한 처음부터 살롱을 목표로 만든 것도 아니고 자기 자신에게 가장 관심 있는 모티프를 추구하는 태도가 거기에 나타나고 있기 때문이다. 그중에서도 특히 자화상은 쿠르베 자신이 말하는 것처럼 몇 개의 연작séries을 이루고 있고, 그 각각의 시리즈가 하나로 된 주제 탐구

그림 20. 쿠르베. 전원의 연인들—청춘의 감정.

를 이룬다고 생각된다.

첫 시리즈는, 1844년에 살롱에서 첫 입선작이 된 풍경 속의 자화상—이른바 〈검은 개를 데리고 온 쿠르베〉(파리, 프티 팔레 미술관), 그리고 또 한 장의 검은 개를 안고 있는 그림(퐁탈리에 시市 미술관) 등, 아마 어느 것이나 1840년 상경하기 직전에 그리기 시작한 것으로,[1] 젊은 날의 쿠르베에 대하

1 쿠르베 자화상의 전람회는, 1973년 봄, 루브르 미술관에서 개최되었다. 이하 자화상에 관한 기본적 테마 및 분석은, 그 전람회를 계기로 간행된 Marie-Thérèse de Forges, *Autoportraits de Courbet*, Les dossiers du département de peintures, 6(Paris, 1973)에 의함.

그림 21. 쿠르베. 첼로 연주자.

여 종종 상상하게 되는 것과 같은 시골농부 정도가 아니라, 자기의 용모를 의식하여 우아한 장식으로 그 용모를 돋보이게 하는 데 익숙한 당디였음을 웅변한다. 근심 어린 표정에 달콤함을 드러내는 낭만파 문학청년적인 나르시시슴이 전통에 기인한 견고한 조형에 뒷받침되어 있는 점, 남자로서 또한 예술가로서 끝없는 자신감을 오해할 여지도 없다.

제2시리즈는, 〈전원의 연인들—청춘의 감정〉(파리, 프티 팔레 미술관) 등, 득의양양한 '아시리아인의 옆모습'을 보여주고 낭만파적 연애극의 주인공 역할을 하고, 1844, 45년의 작품부터이며, 조르주 상드의 《렐리아》를 애독한 젊은 날의 쿠르베의 면모를 보여준다. 제3시리즈는 가장假裝을 공통 주제로 하여, 기타 치는 사람이나 조각가, 첼로 연주자로 분장한 낭만파 예술가의 초상 안에, 혹은 〈공포로 정신이 나간 남자〉(오슬로 내셔널 갤러리), 〈절망한 남자〉(개인 소장)의 극적인 표정 안에, 자신의 내면에 잠재된 가지각색의 요소를 형상화한다.

1846년의 살롱에 입선한 유명한 〈가죽 벨트를 맨 남자〉(오르세 미술관)는, 루브르에 있는 티치아노의 초상화 〈흰 장갑의 남자〉를 말 그대로 본뜨고 있는데, 화가의 부속 표징물attribut로서 가죽 표지의 판화책, 석고상, 분필을 그려 넣은 점에, 몇 년 후의 문인 보들레르 상을 예고하는 것이 있다. 하지만 중점은 역시 아직, 남자로서의 우아함 혹은 힘의 표징으로서의 가죽 벨트, 자기도취적인 표정과 포즈이며, 이 모든 것들이 제1·제2·제3시리즈로부터 제4시리즈로 가는 과도적인 위상을 갖는다는 점이라고 할 수 있다.

〈부상당한 남자〉(오르세 미술관)는, 그 복잡한 제작과정 안에 가지각색의 과도적 위상의 작품인데, 1844년이라고 써 넣고 있는 연도를 신뢰하든 않든 이 그림의 제작 연대에 관해서는 여러 가지 의견이 제기되어 왔지만, 최근의 정밀한 연구에 의해, 같은 캔버스에 나무그늘에서 연인을 안고 졸고 있는 쿠르베의 모습이 그려져 있는 것으로 밝혀졌다. 1851년 무렵 연인이 두 사람 사이에서 태어난 네 살 된 아들을 데리고 가출했다는 사건 후에, 자신의 정신상태를 결투에서 부상당한 젊은이—여기에 그려진 쿠르베의

그림 22. 쿠르베. 절망한 남자.

용모는 1848년경의 그것이다—의 모습을 빌려 그린 것이리라고 추측된다. 그렇다면 우선 연인들이 그려져 있었다고 하는 점에서 제2시리즈를 출발점으로 하여, 가장이라는 점에서는 제3시리즈에 속하지만, 결정적으로는 완성한 시기(1851-55)와, 그리고 자기가 현재 놓여있는 상태의 인식-표현이라는 동기가 전면에 치솟고 있는 점에서도 제4시리즈를 여는 것이라고 말해야 할 것이다.

그림 23. 쿠르베. 미역 감는 여자들.

친애하는 벗이여,

나의 초상이 어제 프랑크푸르트에서 도착했습니다. 나는 대단히 기쁩니다. 그것은 나의 초상화일 뿐만 아니라, 당신의 초상화이기도 합니다. 나는 이것을 보고 강한 인상을 받았습니다. 이것은 우리가 해결해야 할 무시무시한 하나의 요소입니다. 그것은 열광적인 남자의 초상, 심미가의 초상입니다 ―자기 자신의 교육에 도움이 되었던 온갖 어리석은 짓으로부터 눈이 뜨여, 자기의 원리 안에서 차분해지려고 노력하고 있는 사람입니다. 나는 지금까지의 생애에서, 상황과 정신이 변함에 따라 많은 자화상을 그려왔습니다.

말하자면 자서전을 써왔던 것입니다. 마지막 작품에서부터 세어 세 번째 초상은, 빈사의 상태에서 허덕이는 사람의 초상이었습니다. 마지막에서 두 번째는, 괴테나 조르주 상드와 같은 방식으로 이상과 절대적인 사랑 안에서 사는 남자의 초상이었습니다. 그리고 마침내 이번 초상이 나타났습니다. 아직 한 장 더 그려야 할 초상이 남아 있는데, 그것은 자신의 원리에 확신을 가진 남자, 자유로운 남자의 초상입니다. 나는 실베스트르의 역사[2] 사진 초상을 잊고 있었습니다. 그런데 그것은 나의 생애의 기묘한 하나의 국면인 〈미역 감는 여자들〉이라는 작품과 잘 어울리는 것, 그것은 아이러니, 그것은 풍향에도 조수潮水의 흐름에도 거슬러 끝까지 해내는 남자입니다.

이것은 1854년 5월에 쿠르베가 알프레드 브뤼아스Alfred Bruyas에게 써보낸 편지의 전반부다. 브뤼아스는 남프랑스 몽펠리에의 은행가의 집안에서 태어나, 낭만파 회화애호가로서 이미 들라크루아로부터 초상을 그려 받기도 했는데, 1853년의 살롱에서 물의를 빚은 쿠르베의 〈미역 감는 여자들〉 앞에서 "이것이야말로 내 그림이다!"라고 감격하여 매입하고(현재 몽펠리에 파브르 미술관), 그 이래 쿠르베의 친한 벗, 후원자가 되었다. 이 편지 안에 이미 그려진 것으로 되어 있는 석 장의 자화상 가운데, "마지막에서부터 세어 세 번째"는 〈부상당한 남자〉, 마지막에서 두 번째는 〈전원의 연인들〉, "그리고 마침내 나타난" 자화상은 1854년에 브뤼아스가 사들인,

---

2 Théophile Silvestre, *Histoires des artistes vivants*(Paris, 1856)이 당시 준비 중이었다.

이른바 〈파이프를 문 남자〉(파브르 미술관)라고 추정된다. (〈부상당한 남자〉에 관하여 조금 전에 인용한 최근의 연대 추정을 받아들인다면 〈전원의 연인들〉과의 전후관계가 맞지 않게 되지만, 여기에서는 보다 진전된 추론의 자료도 없는 상태이고 보면, 쿠르베는 자기가 써 넣은 연도를 믿고 있다, 혹은 믿는 척 하고 있다고 생각하는 수밖에 없다.) 그리고, 이때부터 아직 그려야 할 "자유로운 남자"의 초상이라는 것은 이른바 〈줄무늬 셔츠를 입은 쿠르베〉(파브르 미술관)다. 이 그림은 1854년에 브뤼아스와의 해후를 기념하여 그려진 〈만남〉(파브르 미술관)과 똑같이 옆모습을 보이고 있을 뿐만 아니라, 이듬해 1855년의 대작 〈화가의 아틀리에〉(오르세 미술관)에도, 브뤼아스로부터 빌렸는지 얻었는지 바로 그 줄무늬 셔츠의 깃이 보이는 그대로의 모습으로 들어가 있는 것은 주목할 만하다. "자기의 원리에 확신을 가진 남자, 자유로운 남자"가, 그 확신과 자유에 관하여 브뤼아스의 이해심 많은 원조를 입고 있는 바가 어느 정도로 큰 것인지가 이 셔츠에 나타나 있다.

마찬가지로 1854년에 몽펠리에 체재 중에 이루어진 것으로, 지중해 앞에서 오른 손을 들어 올린 쿠르베를 그려서, 그야말로 "풍향에도 조수의 흐름에도 거슬러 끝까지 해내는 남자"의 자신감을 유치하다고도 할 수 있는 구도에 표현한 한 장(파브르 미술관)의 그림을 거론하는 것으로 제4시리즈―자기인식·자기확립의 시리즈를 마감하기로 하자.

1853년 보들레르는 쿠르베와 공동의 친구인 샹플뢰리에게 보낸 편지에

그림 24. 쿠르베. 만남. (혹은 '안녕하십니까, 쿠르베 씨', '천재에게 경례하는 재산')

서, "이른바 사실파Ecole dite *Réalistes*"라는 것은 "고전주의적 광기와 낭만주의적 광기를, 자연의 연구와 자기의 연구로써 대신하려고 하는" 파라고 정의했다.

—아 ! 주여 ! 나의 마음과 나의 육체를
혐오하지 않고 바라볼 힘과 용기를 나에게 주소서 !
—〈시테르 여행〉.

보들레르에게 있어서 "자기의 연구"가 이 두 행에 요약되어 있는 것과 같은 피학적 태도를 가지고 수행되는 것에 비하여, 쿠르베의 자기인식이 항상 긍정적인 것은 물론 두 사람의 기질의 차이에서 유래한다. 쿠르베의 지칠 줄 모르는 자기주장은 때로 역겹게 느껴져 친구들을 멀어지게 하는 원인이 되기도 했음에 틀림없다. 그러나 쿠르베에게 있어서 예술창조란 밀실에서 혼을 영위하는 것이 아니라, 권력이나 부, 이데올로기가 뒤얽히는 자리로서의 회화, 제도로서의 회화를 있는 힘을 다해 변혁하는 작업이었기 때문에 남다른 자신감이 필요하게 되고, 쿠르베의 나르시시즘이라고 불리는 것도 그러한 자신감을 뒷받침한다는 의의가 있었다. 아무리 자기의 예술이 신문상에서 공격의 대상이 되어도, 자기의 모습까지 만화의 소재가 되고 희화되어도, 현실의 자기가 건강하고 아름다운 수컷으로서 거기에 있다고 하는 객관적 사실은 끝까지 남으며, 후에 랭보가 "약해서든, 강해서든, 네가 거기에 그렇게 있는, 그것이 힘이다"라고 정의하는 것과 같은 아슬아슬한 점이, 조금 더 여유를 갖고 반발의 지렛목이 충분히 될 정도의 것을 부가하여 주었다.

만약 2월혁명의 유토피아가 실현되었더라면 하나의 완전히 새로운 예술가의 직능이, 거기에서 비로소 자리를 얻었을 것이라고 생각만이라도 할 수 있다. 교양이나 권위에서 해방된 민주주의적인 기호체계code를 사용하여, 1855년의 쿠르베가 말하는 바와 같이 "자기의 개성과 자기가 살아가고 있는 사회를 표현하는 자"라는 직능. 혁명 좌절 후의 사회 안에서 그러한 직능을 가진 자로서 자기를 확립하려는 것은 돈키호테적인 자기 과신 없이는 생각할 수 없는 기도企圖였다.

2. 시인의 초상

보들레르의 초상은 아마도,—시인 자신은 자진해서 거기에서 자신의 모습을 알아보려 하지 않았다고는 해도—그의 초상으로서 존재하는 것 가운데 가장 아름다운 것이며, 동시에, 앵그르가 그린 몇 개의 초상과 마찬가지로, 바야흐로 가까운 미래의 방향이 거기에 결정되어 있는 유형의, 희귀한 작품의 하나다.

이 그림은, 초상의 현대적 미학의 초석의 하나임과 동시에, 앞서는 제 세기의 정신에 편승하는 초상화 장르에 있어서 최후의 걸작의 하나이기도 하다. 양감이 터치에 의해 표현되어 있다는 것, 비스듬한 구도—드가의 르피크 자작子爵 상을 예고하는 것—라는 것, 단색조인데다가, 전통적 공간에 비하여 평형의 어긋남을 보여주는 배경—마네의 〈피리부는 소년〉에 연결되는 것—이라는 것, 그림의 만듦새, 특히 레이아웃layout에 있어서 모든 것이 정확하게, 인상파 세대가 사용하는 수단들을 예고하고 있으며, 그 세대로서도 초상이라는 장르는 최종적으로 배제되기에 이르기까지 중대한 문제를 끊임없이 제기할 것이다. 세잔의 〈트럼프놀이 하는 사람들〉이나 쇠라의 인물상은 잠재적으로 쿠르베 안에 내포되어 있다—쿠르베의 노력이 앵그르의 노력과 마찬가지로, 개인의 자태의 직접적인 재현으로부터 벗어나, 둘러싸고 있는 것 안에 인간을 위치시키는 문제로 향할 때부터가 그러하다.[3]

보들레르의 가장 아름다운 초상은 쿠르베가 그린 것(몽펠리에, 파브르 미술관)이라고 하는 견해에는 아마도 오늘날에 있어서 쿠르베의 가장 열렬한 지지자이며 위대한 계승자인 발튀스도 동의하는 바이기는 하지만,[4] 반드시 일반적이지는 않다. 쿠르베가 보들레르를 너무나 지식인으로 만들어 버린 것이 유감이라고 하는 뜻을 현대 프랑스의 고명한 미술사가가 내비친 일이 생각나는데, 그 정도가 이 초상에 대한 대부분의 불만을 요약한다고 할 수 있을 것이다. 당디의 우아함도 악마파적인 시인의 으스스함도 감돌고 있지는 않은 이 질실 강건하게까지 보이는 지식인상을 좋아하거나 좋아하지 않거나 하는 것은 취향의 문제이며, 다만 이 초상이 보들레르 입장에서도 쿠르베 입장에서도, 자기규정의 한 가지 위상에 대응하는 것이라는 점은 확인해둘 필요가 있다.

시인 측에서는, 1847년 초에 간행된 자전적 중편소설 《라 팡파를로》가,

---

3 G. et P. Franscastel, *Le Portrait*(Paris, 1969), p. 184. 프랑스카스텔, 《인물화론》(白水社, 1987).

4 발튀스Balthus의 쿠르베관 및 두 화가의 회화가 갖는 친근성에 관해서는, 앞에서 말한 졸저 《서구와의 대화》 제7장 참조. 또한 1968년, 런던에서의 발튀스전 카탈로그에는, 존 러셀John Russel에 의한 구체적인 예의 비교검토를 볼 수 있다. 또한 졸론 〈발튀스와 쿠르베〉(《이미지의 매혹》, 小澤書店, 1990)을 볼 것.

그림 25. 쿠르베. 보들레르의 초상.

젊은 날의 낭만파 문학청년의 초상이라고도 부를 수 있는 것에 조응하는 초상화는, 그 무리 가운데서 '당디' 동료였던 에밀 드루아가 1844년경에 그린 몹시 신경질적인 청년시인상(베르사유 미술관)이다. 이에 비하여 쿠르베가 아마도 1848년 혹은 1849년경에 그린 보들레르는 방랑 예술가bohème 생활에 투신한 보들레르다. 법정후견인으로부터 매달 정해진 생활비를 받아 살아가는 준금치산의 몸이 된 지 어언 5년, 문필 생업도 그다지 순조롭지는 않았다. 1848년 무렵은 거처가 일정하지 않다고 할 수 있는 상태로, 쿠르베의 아틀리에에서 묵은 적도 종종 있었던 듯하다. 문제의 초상화에서도 편안하게 가운을 걸쳐 입은 모습은, 모델에게 오랫동안 포즈를 취하게 하곤 했던 쿠르베가, 자기가 사는 곳에 묵으러 온 보들레르를 이거 잘됐다 하고 며칠이나 걸려서 그린 것이라고 상상된다. 영국의 어느 연구자는 고개를 숙이고 독서에 여념이 없는 이 모습에서 〈풍경〉이라는 제목의 시 제1절을 떠올린다.[5]

> 폭동도, 내 방 유리창에 헛되이 윙윙거릴 뿐,
> 나의 이마를 책상에서 쳐들게는 못하리라,
> 왜냐하면 나는, 내 의지로 봄을 불러내고,
> 내 심장에서 하나의 태양을 끌어내어, 불타는
> 내 생각들로 포근한 분위기를 만들어내는,
> 저 일락 속에 잠기고 말테니까.

이 비교는 꽤 재치 있는 발상이라고 할 만하지만, 그렇다 해도 우리가, 짧은 머리에 수염도 깎아 없앤 이 보들레르에게서 1848년 전후의 행동적인 보들레르, 당장이라도 움직일 것만 같은 보들레르를 보는 데에는 전혀 문제가 없다. 그것은 이를테면, 1848년 2월 22일 저녁때 샹젤리제에서, 무기도

---

5 T. J. Clark, *The Image of the People : Gustave Courbet and the 1848 Revolution*(London, 1973), p. 75.

갖지 않은 한 "폭도"를 경찰대원 두 사람이 넘어뜨려 가슴에 총검을 찌른 사건—어쩌면 2월혁명이 시작되고 최초의 유혈사태의 하나—을 목격하자마자 쿠르베와 함께 《라 프레스》지의 주간 에밀 드 지라르댕에게 보고하러 가는 보들레르이며, 같은 해 10월에 아마도 돈에 쪼들려, 앵드르 현 샤트르의 보수계 신문의 주필 자리를 받아들여 길을 나서기도 하는, 한마디로 말하면 가벼운 마음으로 몸을 일으키는 보들레르다. 조금 전에는 질실 강건이라고 말했다. 그런데 참으로 소박한 느낌의 이 모습에는, 머지않아 민중시인 피에르 뒤퐁의 성공을 기뻐하며 "예술을 위한 예술"을 호되게 비판하면서 "예술은 바야흐로 도덕 및 유용성과 분리할 수 없는 것이 되었다"고 단언하고, 말하자면 문화혁명적인 기운機運을 적극적으로 지지하는 시인의 면모가 나타나고 있는 것은 아닐까.6

쿠르베 쪽으로 시점을 이동시키자면, 친한 벗 보들레르의 초상이 자화상의 제3시리즈(가장)에서, 제4시리즈(자기인식)로 이행하는 요로要路라고도 할 만한 지점에 위치한다고 말할 수 있는 것은, 단순히 연대의 문제, 또는 〈가죽 벨트를 맨 남자〉와의 약간의 도상적 유사성에 의한 것만은 아니다. 낭만파적인 모델의 이상화, 정서화로부터의 탈각, 그리고

6 〔역주〕 1851년에 나온 피에르 뒤퐁Pierre Dupont의 시가집 《노래와 가요》 서문 역할을 한 뒤퐁론을 말한다. 이 글에서 보들레르는 낭만주의 쇠퇴 후, 문단의 주류가 되어 있는 테오필 고티에 중심의 '예술을 위한 예술'파를 비판하면서 민중시인의 등장을 감동적인 필치로 환영하고 있다.

"둘러싸고 있는 것 안에 인간을 위치시키는 문제"에 정면으로 대전한 점에서 이 초상은 쿠르베의 화업 안에서 획기적인 위치를 차지한다. 이것과 병행하여, 구성을 중시하는 화가로서의 쿠르베는 이 무렵 샹플뢰리에 의하여 "재발견"된 17세기의 사실화가 르 냉 형제[7]를 본보기로 한 〈오르낭의 식후〉를 1849년 살롱에 출품하고, 드디어 자신이 나아가야 할 길을 명백히 한 것이라는 사실을 생각하면, 이 시기에 하나의 결정적인 전기가 있었던 것은 분명하다. 1855년의 〈화가의 아틀리에〉(오르세 미술관)의 중앙에는 1854년의 자화상이, 오른쪽 끝에는 이 보들레르상이 놓인 것은 쿠르베 자기 인식의 총괄로서, '나의 예술생활 7년에 걸친 하나의 위상을 확정하는 현실적 우의화allégorie'라는 부제를 가진 이 대구도 안에서 쿠르베의 화업은 진정한 제자리를 얻은 것이었다.

레알리슴이라는 것이 자연의 사물의 충실한 재현을 목표로 하는 것이라고 한다면, 원래 서구회화의 전통 안에 존재하는 요소에 다름 아니었다. 그에 비하여 쿠르베의 '레알리슴'은 어떤 점에서 독자성을 주장할 수 있을까 하는 식으로 물음을 던질 때 비로소 우리에게 참된 문제가 제기된다. 그 답은, 클라우스 버저에 의하면, 화면에 재현되는 대상이 컴포지션상의 중요도에

---

7 〔역주〕 Antoine, Louis, Mathieu Le Nain. 1600년에서 1610년 사이에 태어난 3형제 화가. 쿠르베의 〈오르낭의 식후〉와 르 냉 형제의 1642년작 〈농민의 식사〉의 주제가 비슷하다.

따라 차별을 받는 것이 아니라, 각각 고유의 물질성에 동일하게 강조된다는 것이다.[8] 예를 들어 보들레르의 초상에서는 "얼굴뿐만 아니라, 깃도 넥타이도, 책도 잉크병도, 제각각 자율적인 단위unit를 이루고 있"어 구도의 패턴에 종속되지 않고, 각각의 "바탕texture"을 주장하고 있으며, 쿠르베 자신이 "화필로 데생한다"고 말한 것의 중요성이 여기에 잘 나타나 있다고 하는 견해다. 이 그림 속의 어느 물체를 고전적인 의미에서의 부속 표징물이라고 인지하고, 그것이 구도 안에서 상대적인 기능을 할당받고 있는 것을 인식해도, 개개의 물체로 향하는 우리의 주의主意는 거기에 수렴되는 것으로 끝나지 않고, 다시 물체 자체의, 말하자면 조야한sauvage 물질성으로 되돌아간다.

왼쪽의 책상을 예로 들어보면, 그 뾰족한 모서리가 이 그림의 중앙 조금 왼쪽에서 구도상 중요한 위치를 차지하고 있는 것은 두말할 필요도 없다. 잉크병, 서류철, 그 위의 공책과 책, 그리고 시인이 읽고 있는 책과 함께 일하는 사람으로서의 시인의 표징물이 되어 있는 책상인데, 이 그림을 응시할 때 우리의 주의를 차츰 강하게 끌어당기는 것은 책상의 질감이며, 물체로서의 견고한 존재감이다.

"아무튼 보들레르는 시시각각 표정이 변하기 때문에 그리기 힘들고 방법이 없다"고 쿠르베는 불평했다지만, 불안정한 것을 불안정한 그대로 표현하

8 K. Berger, "Courbet in his Century", in *Gazette des Beaux-Arts*, vol. XXIV, 1943.

그림 26. 쿠르베. 아스터 꽃다발.

는 것에 만족하는 화가는 아니며, 책의 한 페이지에 한순간 집중하여 고정시키기나 한 것처럼 보이는 시인의 시선과, 쿠션 위에 놓인 신경질적인 왼손이 다음 순간에는 움직이기 시작할지라도 책상은 거기에 끄떡없이 있으니까 안심이다라는 말이라도 하고 싶어지는, 조형적인 차원보다 아무쪼록 눈앞의 사물적인 차원에서의 안정성을 이 책상을 빌려 표현했을 것이다. 이러한 참나무로 만든 단순 소박한 책상은, 당시에는 오로지 예술가들만이 애호하는 것이었는데, 머지않아 그러한 검소하고 우아한 취미가 부르주아 사이에 보급되고, 시골에서 뒤져내어져 도회지의 객실에 놓이게 되었다고, 샹플뢰리와 보들레르의 친구로 후에 생트 뵈브의 비서가 된 쥘 트루바가 이 초상에 관한 회상적인 문장 안에서 쓰고 있다.[9]

나는 여기에서, 1859년 옹플뢰르에서의 극적인 재회 후, 쿠르베가 "내 친구 보들레르에게"라는 헌사를 써넣은 〈아스터 꽃다발〉(바젤 시 미술관)에 깊이 생각이 미치지 않을 수 없다.[10] 화가가 시인을 위해 그린 그림이 왜 〈아스터 꽃다발〉이 아니면 안 되었을까. 이 'aster'라는 단어는 보들레르의 시에 한 번도 나오지 않는데다, 미술비평가 보들레르는, 꽃 그림이라든가 무릇 정물이라는 것에는 거의 관심을 보이고 있지는 않다. 친구에게 꼭 한 장의 그림을 그려주려고 마음먹었을 때, 때마침 바로 곁에 있던 소재였다고 생각해두는 것이 좋을 것 같다. 의미 있어 보이는 것은 꽃이 아니라 꽃이 놓여 있는 탁자다.

손잡이가 달린 설구운 듯한 단지에 꽃을 꽂아, 평범한 접시에 올려놓고, 그것이 탁자 위, 화면 중심에서 왼쪽 절반에 치우쳐 놓여 있다. 따라서 화면의 오른쪽 절반이 허술해지는 것을, 꽃이나 봉오리나 잎 달린 줄기 세 개만 오른쪽에 길게 늘여놓고, 게다가 탁자 위에도 꽃송이가 큰 아스터 하나를

9 Jules Troubat, *Plume et Pinceau, Etudes de littérature et d'art*(Paris, 1878), p. 280.
10 헌사는 원래 캔버스 뒤에 씌어 있던 것을, 화포를 바꾸어 옮길 때 복원하는 사람이 표면 왼쪽으로 전사한 것으로 보인다.

중심으로 몇 송이 꽃을 흩뜨려서 균형을 잡고 있다. 탁자는 그러한 공간처리에 도움을 주고 있는 것만은 아니다. 화면 아래쪽 4분의 1을 차지하는 이 탁자는, 앞쪽에 보이는 두터운 녹색으로 말해도 몹시 탄탄한 짜임새이고, 그 질감의 표현은 말할 나위도 없이 쿠르베의 특기로서, 그것이 상하로 늘이기보다는 수평으로 펴진 꽃다발을 아래에서부터 받쳐주어 자그마한 꽃 그림에 독특한 양감과 견고함을 주고 있다.

물론, 1848-49년의 초상화에 나오는 책상과 1859년의 〈꽃다발〉의 탁자가 같은 것이라고는 생각할 수 없다. 그러나 쿠르베가 생애를 통하여 보들레르에게 헌정한 두 장의 그림에 공통된 이 요소는, 조형적으로 유사한 기능을 해내고 있을 뿐만 아니라, 그 물질적인 존재 자체에 의하여 두 사람에게 하나의 감정적인 표징일 수 있었을지도 모른다. 쥘 트루바는, 이 그림의 "수수한sobre(다만 음울한sombre 구석은 어디에도 없는) 소도구"를 하나하나 묘사하면서, "기질상으로는 그렇게도 다른 시인과 화가의 취향이 하나가 되어, 이 소도구들의 선택과 배치에 나타나 있"다는 것을 지적하고 있다. 쿠르베의 아틀리에에 있던 책상은, 예술가가 아닌 부자의 취미에는 아직 받아들여지지 않았기 때문에 틀림없이 싼값으로 살 수 있었으리라는 점에서, 규모는 다르지만 영국의 재상을 놀라게 한 샤토브리앙의 가구와도 닮았고, 유행을 선취하는 자에게만 허락되는 조촐한 사치의 하나, 전위적인 심미관의 표징일 수 있었다.

3. '민중예술'과 새로운 '대회화大繪畵'

1848년 2월혁명에 즈음하여, 보들레르, 샹플뢰리, 그리고 쿠르베의 동향인 샤를 투뱅, 세 사람이 집필, 발행하여, 노동자풍의 겉옷을 입고 거리에서 팔았던 《공공복지*Salut Public*》라는 신문은 2호밖에 발행되지 못했지만, 그것을 읽으면, 반세기를 지나 되살아난 프랑스 공화국에 거는 그들의 기대가 정치적이라기보다는 도덕적이라는 점에서 20대 청년다운 유토피아를 느끼게 한다. 1789년에는 "사회가 이성주의적이고 물질주의적"이었던 반면, 1848년의 사회는 "마음속으로부터 정신주의적이며, 기독교를 믿고 있다"고 단언하고, 품성과 도덕의 향상을 목표로 내세우는데, 그들의 그러한 도덕적 요청이 우리의 흥미를 끄는 것은 다름 아니라, 그것이 하나의 심미관에 결부되어 있기 때문이다.

아마도 보들레르가 썼을 〈민중의 아름다움〉이라는 제목의 글 : "3일 전부터 파리 주민에게는 육체의 아름다움에 감탄할 만한 것이 있다. 계속되는 철야와 피로가 신체를 약화시킨다. 그러나 제 권리를 다시 획득했다는 감정이 신체를 바로세우고, 머리를 높이 치켜들게 만든다. 〔…〕 그들, 파렴치한 패거리는, 부르주아 계급을 자기들과 닮도록—온통 밥통으로, 온통 배로—만들고자 한 것이다, 민중이 굶주림으로 신음하고 있는 사이에. 민중과 부르주아계급은 프랑스의 신체로부터, 부패와 부도덕의 벼룩이나 이를 털어내버렸다! 아름다운 남자들, 6척의 남자들을 보고 싶은 자는 프랑

그림 27. 《공공복지》 제2호 권두그림. 판화(원화—쿠르베).

스에 오라! 한 사람의 자유로운 남자는, 그가 누구일지라도 대리석상보다 아름답다."

7월왕정 시대 지배계급의 도덕적-육체적 추악함에 대한 청년다운 혐오, 그것이 여기에서는 신시대의 예술에 대한 프로그램을 품고 있다. "부자가 되라"는 모토를 실행하여, 불룩 튀어나온 배를 갖게 된 패거리는 희화에 맡겨두자. 이제야말로 희망으로 가득 차 소생한 "공화국"의 주인공들이 새로운 예술의 주인공으로서 등장해야 할 때가 왔다. "공화국"이 필요로 하는 것은 그 영웅적 정신을 고무하고 기념하는 "대예술grand art"이다. 반세기 전 대大화가 루이 다비드는, 대혁명의 이상과 미덕을 표현하는 데에 고대 로마의 영웅이나 열녀의 모습을 빌려왔지만, 우리는 오늘날의 아름다운 민중을 그대로 그려보지 않으련가. "한 사람의 자유로운 남자는, 그가 누구일지라도, 대리석상보다 아름답다."

2년 전에 보들레르가 전개한 "현대생활의 영웅성"의 주장—고대의 나체나 순백의 관의官衣, 르네상스의 호화찬란한 의상과는 전혀 다르고, 음침하고 그림이 될 것 같지도 않은 새까만 연미복에도 그 나름의 아름다움이 있지는 않을까 하는 주장에 모순이라고 해서는 부적절하다면, 일견 상반되는 두 개의 방향성이 포함되어 있었다.

> 그렇지만, 그토록 놀림감이 되어온 이 연미복도 나름의 아름다움과 고유의 매력을 갖고 있지는 않을까? 그것은 우리들의 고민하는 시대, 검고 야윈 어깨 위에마저 언제나 변함없는 애도의 상징을 짊어지고 있는 시대에 필요한 의복은 아닌 걸까? 검은 연미복이나 프록코트는 보편적인 평등의 표현이라는 정치적인 아름다움을 가질 뿐만 아니라, 공적인 영혼의 표현이라는 시적인 아름다움도 갖고 있다는 것에 충분히 유의하기 바란다. —장의인부葬儀人夫의 끝도 없는 행렬, 정치의 장의인부, 사랑의 장의인부, 부르주아 장의인부. 우리는 모두 뭔가의 매장을 거행하고 있는 것이다.
>
> 비탄을 나타내는 획일적인 제복은 평등의 증거다.

《1846년 살롱》에서 "현대생활의 영웅성"을 체현하는 인물의 표본으로서 제시되어 있던 것은, 대도시의 지하에서 꿈틀거리는 범죄자든, 야당의 가차없는 추궁에 긍지 높은 모멸로써 응수하는 장관[11]이든, 아니면 발자크의 작중인물 혹은 발자크 자신이든, 군중 안에서 그 어떤 형태로든 출중한 개인에 다름 아니었다. 그러나 현대생활의 "제복"인 검은 연미복이, 그들의 영웅적인 개성의 역설적인 표현일 수 있다고 하는 바로 그 역설 안에 영국풍 당디슴의 진수가 존재하는 한편, 역시 그것이 기본적으로는 현대 군중의 무명성의 표현인 것을 시인은 놓치지 않으며, 바로 그것 때문에 "보편적인 평등의 표현이라는 정치적인 아름다움"을 운운한 것이다.

달리 말하면 거기에는, 들라크루아의 방향과 쿠르베의 방향이 포함되어 있던 것인데, 후자에게 지금의 "민중의 아름다움"을 중첩시키면, 민중을 주역으로 한 서사적인 예술이라는 프로그램이 표면으로 떠오른다. 이 문장이 실린 것은 《공공복지》지 제1호이며, 쿠르베는 제2호를 위해 바리케이드 위에서 총이나 깃발을 들고 서 있는 사람들을 영웅적으로 묘사한 민중판화풍 석판 권두화를 제작한다. 이듬해 1849년에는, 비참한 복장의 〈돌깨는 인부〉(드레스덴 시 미술관, 전화戰禍로 소실) 두 사람이 묵묵히 일하는 뒷모습에다 조각적인 강력함, 기념비적 성질을 부여한다.

원래 "민중예술art populaire"적인 지향은, 2월혁명 발발과 함께 갑자기 싹튼 것이 아니라 7월왕정 하의 예술적 전위를 특징짓는 것이었다는 사실을

---

11 〔역주〕 7월왕정 하에서 장관을 지낸 프랑수아 기조François Guizot. 1844년 1월 26일 의회에서 기조의 과거 행적—왕정복고 직후, 나폴레옹의 '백일천하' 기간 중에 벨기에의 항구도시 강Gand에 유배되어 있던 루이 18세와 만난 일—에 관한 언쟁에서 야당 의원들에게, 그곳에 간 것은 헌장에 명기되어 있는 자유를 존중하라고 루이 18세에게 촉구하기 위한 것이었다고 반박했다.

상기할 필요가 있다. 어떤 경우—가장 현저한 예로서 인기가요 〈목우牧牛〉나 〈노동자의 노래〉의 작사·작곡자 피에르 뒤퐁의 경우에는, 그것이 공화주의적 또는 사회주의적인 방향성의 강력한 요소로서 작용하기까지 했다.[12] 정치와 직접적인 관련은 없는 영역으로 이야기를 옮겨보자. 고전비극을 싫어하는 보들레르가 즐겨 다닌 소극장은 명피에로 배우 드뷔로가 활약하는 '퓌낭뷜Funambule'였고, 샹플뢰리는 소설가로서 이름을 내기 전에 무언극작가로서 성공하여 '퓌낭뷜의 코르네유'라는 별명이 붙었으며, 보들레르 자신은 1840년대에 발상된 〈웃음의 본질에 관하여〉라는 논문에서 팬터마임의 미학을 전개하고 있다. 샹플뢰리는 민요 수집가이기도 했는데, 후년 《프랑스 여러 지방의 민요집》이라는 책을 써서 보들레르에게 헌정한다. 1851년에 당시 인기 절정인 피에르 뒤퐁의 가요전집 해설을 위탁받은 무명시인 보들레르가 열광적인 찬사로 일관하고 있는 것은, 단순한 동료칭찬 혹은 정치적인 의도에서가 아니라, 격식을 내세우지 않는 가요라는 장르 안에서 서정시에 새로운 생명을 불어넣을 만한 하나의 원천을 찾아냈기 때문이다.

> 내 아이여, 내 누이여,
> 생각해보렴, 그 감미로움을,

12 Cf. Maurice Agulhon, *1848 ou l'apprentissage de la République*(Paris, 1973), pp. 108-110.

저기 가서 살며, 둘이서 지내는 날의.

　　마음껏 사랑하고,

　　사랑하다 죽을 일을

그대를 닮은 나라에서.

—〈여행에의 권유〉.

여기에서 뒤퐁의 로망스 〈물위의 산책〉의 영향을 볼 수 있다고 하는 설[13]은 수긍하기 어려운 점이 있기는 하다. 그러나 너무나 유명한 이 시를 담담한 마음으로 읽으면, 소박한 감정이나 생각을 꾸밈없고 솔직하게 내세우는 점에서 피에르 뒤퐁의 가요라고 말하는 것으로는 쉽게 이해되지 않는다면, 오페라극장 단골시인이 곡에 맞추어 알기 쉽도록 열심히 써낸 것과 같은 부류의 평범한 아리아의 문구와 대동소이한 것임에 생각이 미친다.

아내는 죽어버렸다, 나는 자유다!

그러니까 마음껏 마실 수 있다.

땡전 한 푼 없이 돌아올 때면,

아내의 고함소리가 가슴을 쥐어뜯기는 했어도.

---

13 D. Grojnowski, "Baudelaire et Pierre Dupont : La source d'inspiration de *l'Invitation au voyage*", in *Europe*, avril-mai 1967.

19세기 프랑스 서정시와 가요의 관계 전반에 관해서는, 역시 D. Grojnowski, "Poésie et chanson, de Béranger à Verlaine", in *Critique*, nos 243-244, 1967.

소박한 민중판화에 1848년의 환상이 나타나 있다. 공화주의와 기독교정신의 융화라는 유토피아…

그림 28. '자유의 나무' 식수.

샹송으로 만들어진 보들레르의 시로서는 그 밖에도 〈오후의 노래〉가 있지만, 특히 이 〈살인자의 포도주〉는, 샹플뢰리의 민요집성에도 수록되어 있는 리무쟁 지방의 민요 〈널빤지 만드는 톱쟁이〉를 원천으로 하고 있다. 이 시로부터 〈주정뱅이〉라는 제목의 "하층민적 드라마"를 지어내려는 시도에 있어서 보들레르는, 주인공의 직업을 널빤지 만드는 톱쟁이로 만들 생각을 하고 무대에서 그 민요를 부르게 할 것을 제안하고 있다.

노래하라, 인어여, 노래하라,
퐁프뤼—캉크뤼—롱—라—라이라—

노래하라, 인어여, 노래하라,
네가 노래하는 건 지당한 일,

너는 바다를 마실 수 있으니,
퐁프뤼—캉크뤼—롱—라—라이라—
너는 바다를 마실 수 있으니,
내 여자를 먹을 수 있으니

게으름뱅이 주인공이 "얌전함과, 인내와, '양식良識'의 본보기"이며 미인이기까지 한 아내를 우물에 빠뜨린 처지에 이 민요를 부르게 하면, "무시무시하고 애조를 띤"데다가 "그 거칠음이 독특한 맛을 가진" 이 노래는 눈부신 효과를 갖게 될 것이며, 이 연극에서는 《오셀로》의 〈버들의 노래〉와 같은 것이 될 것이라고, 시인은 이 기획을 팔아넘길 상대인 배우 티스랑 앞으로 보내는 편지 안에서 이야기하고 있다. 〈널빤지 만드는 톱쟁이〉는 샹플뢰리의 민요집성에 수록되어 있었을 뿐 아니라, 쿠르베의 원화에 의한 석판 삽화가 첨부되어 있는 것을 보면, 아무래도 민요 특유의 소박하고 시니컬한 잔혹함이 나타나는 이 노래에 보들레르와 친구들이 대단한 관심을 기울이고 있었던 증거이다.

〈살인자의 포도주〉에서와 같이, 토착성의 솔직한 발상-표현을 심층적인 것에 대한 탐침探針-표현의 계기와 재료에 쓰든, 〈여행에의 권

그림 29. 마을의 부르주아가 방랑하는 유대인에게 말을 걸다.

유〉의 경우와 같이, 기수각(5음절, 7음절)의 사용으로 대표되는 경묘한 음악성을 도입시키려 하든, 가요·민요와의 접촉에 의한 서정시 혁신의 시도가 보들레르 혼자만의 기도는 아니다. 빅토르 위고를 중심으로 하여, 제라르 드 네르발, 테오도르 드 방빌에서부터, 베를렌, 랭보 그리고 라포르그에 이르는 다양한 시도는 프랑스 19세기의 시를 관통하는 커다란 창조성의 축이다.

회화의 영역에서 이것에 대응하는 작업을 시도한 것이 바로 쿠르베였다. 〈오르낭의 매장〉(오르세 미술관)의 착상 내지 구도가, 프랑스 동부 보주 산중의 촌읍 에피날 등에서 인쇄되어 행상인의 손으로 전국 방방곡곡에 운반되는 민중판화에 힘입은 바 크다는 것이, 1940년대 초 메이어 샤피로에 의해 밝혀진 것은 레알리슴 연구사상 획기적인 사건이다.[14] 쿠르베가 그리는 인물이나 동물의 목각 인형 같은 소박함, 선량함도 민중판화와 관계가 없지 않으며, 동시대인의 눈에는 조야하거나 졸렬한 것으로 보여 만화의 소재가 되기도 쉬웠다. 아카데믹한 예술이 성에 차지 않는 예술가가, 민중예술이든 라파엘로 이전의 예술이든 미개인의 예술이든, "소박"한 것과의 접촉에서 새로운 예술의 원점을 찾아낸다고 하는 하나의 도식이 여기에 전형적으로 보이고 있다. 거기에서는, "민중예술"로부터 퍼올린 것을 중심으로 하여 만인에게 이해 가능한 새로운 기호체계를 만들어내려는 시도가 보인다는 것을 잊어서는 안 된다. 〈오르낭의 매장〉뿐만이 아니라, 브뤼아스와의 대면을 그린 〈만남—안녕하십니까, 쿠르베 씨〉는 '유랑하는 유대인'의 민중판화를 바탕으로 하고 있으며 〈돌 깨는 인부〉나 〈신부의 화장化粧〉(노샘턴, 스미스 컬리지 미술관)은 민요에 근거를 두고 있다.[15] 종교나 고전적인 교양의 기반을 민중적·토착적인 것의 기반에 옮겨 놓으려고 한 점에서도, 쿠르베의 레알리슴은 혁명적이라고 간주되어 마땅하다.

1840-50년대의 예술운동으로서의 레알리슴을, 이 견지에서 문학까지도

---

14 Meyer Schapiro, "Courbet and Popular Imagery : An Essay on Realism and Naïveté", in *Journal of the Warburg and Courtauld Institutes*, vol. VI, nos 3-4, April-June 1941. 후타미 시로二見史郎 역, 《모던 아트》(미스즈쇼보, 1983)에 수록.

15 Jean Seznec, "'La Mariée' en voyage : Smithe's Courbet abroad", in *Smith College Museum of Art Bulletin*, nos. 35-36, 1954-55, 단 〈신부의 화장〉은 처음에 〈죽은 여자의 화장〉으로 그려진 것이라는 사실이 나중에 밝혀졌다. 졸저 《회화가 위대했던 시대》(小澤書店, 1980), 253-254쪽 참조.

포함하여 종합적으로 재파악하는 일은 아직 남아 있지만,[16] 그러한 기운 안에서 보들레르가 새로운 시대의 "참된 화가"로서의 쿠르베에게 커다란 기대를 일시적으로나마 걸고 있었음에 틀림없다. 1849년에는, 국영 복권상품으로 배부되는 회화 가운데 쿠르베의 작품을 포함시키려는 대필 청원서를 쓰기도 하고, 해설이 첨부된 작품 목록을 만들어주기도 한다.[17] 시인이 죽은 이듬해 《예술가》지에 실은 다음의 가십도, 거의 이 무렵의 일로 보아도 좋을 것이다 —어느 날 저녁 쿠르베의 아틀리에를 찾아온 보들레르는 그림을 보고 있는 사이에 감흥이 일어, 요란한 기사를 한번 써줄까라고 말했다. 기뻐한 화가는 병풍을 치고 시인을 위해 장소를 마련하여, 포도주, 리큐르, 여송연 등속을 주고 자기는 잤다. 이따금 잠이 깨어 "기사는 진척되고 있나"하고 말을 걸면, "자료를 참고하고 있는 중이야"라고 대답한다. 날이 밝아 일어난 쿠르베가 엿보니, 보들레르는 마실 것을 모두 마셔버리고는 새근새근 잠들어 있고, 기사는 꿈이 되어 멀리 도망가버렸다. 쿠르베는 지금도, "그것이 나에 관한 가장 좋은 기사다, 나에게 생각나는 유일한 기사다"라고 말하고 있다, 운운.

---

16 Lind Nochlin, *Realism*(Penguin Books, 1971)는, 미술사의 각도에서의, 그러한 시도로서, 매우 뛰어난 것이다. 문학사의 각도에서 그와 같은 시도가 이루어져야 한다.

17 Claude Pichois, "Baudelaire, Courbet, Emerson", in *Etudes baudelairiennes*, II(Neuchâtel, 1971).

쿠르베는 쿠르베대로 그 나름으로 강하게 보들레르의 감화를 받고 있었다. 1850년의 미완의 대작 〈화재 현장으로 달려가는 소방수들의 출발〉(파리, 프티 팔레 미술관)은, 현대생활—그것도, 도시생활—의 영웅성의 표현에 기념비적인 차원을 부여하려고 하는 독립된 시도다. 1850년 말부터 1851년까지의 살롱에 출품되어 레알리슴 논쟁의 발화점이 된 〈오르낭의 매장〉의 제작 동기로는 여러 가지 요소를 헤아릴 수 있지만, 보들레르의 주장에 응하여 현대의 "추한" 의복에도 영웅적인 아름다움이 나타날 수 있음을 증명하려는 의도가 있었다는 것에 관해서는 샹플뢰리의 증언을 믿어도 좋을 듯하다.[18]

> 위대한 색채가들은, 검은 연미복과, 흰 넥타이, 회색 배경을 가지고, 능히 색채효과를 만들어내는 것이다.

보들레르가 1846년에 별 생각 없이 단언한 것처럼 보이는 것이 실은, 당시의 화가나 미술비평가 일반의 상식을 근본부터 뒤엎는 주장이어서, 실행으로 옮기기에는 대단한 용기가 필요했을 터이다.

생각했던 대로 〈오르낭의 매장〉에 대한 비평 가운데에는, 검정 일색의 남녀투성이로 얼마나 추한가, 그중에서도 오른쪽 절반의 인물은 검은 의복

18 Cf. Y. Abé, "〈Un enterrement à Ornan〉 et *l'habit noir* baudelrien", in *Etudes de Langue et Littérature Françaises*, no. 1, Tokyo, 1962. 주 15에서 언급한 《회화가 위대했던 시대》에 일본어 번역 수록.

때문에 마냥 겹쳐 있는 것처럼 보이고 원근이 불분명하지 않은가 하는 식의 공격이 있었다. 그리고 특히, 이와 같은 좋게 보이지 않는 시골읍의 부르주아라는 것도, (플랑드르파의 화가처럼) 작은 규모의 그림으로 조심스럽게 제출하는 것이라면 허용할 수 있겠지만, 위용을 갖춘 왕후귀족 혹은 이상화된 과거의 영웅이나 성인 등과 동등하게 실물크기로 그린다는 것은 당치 않다고 하는 점에 비난이 집중되었다. 쿠르베의 입장에서 말하면, 화살이 과녁에 맞은 격이다. 그는 이 그림에 짐짓 〈오르낭에서의 어느 매장의 역사화〉라는 제목을 붙였다. 현대의, 고작 무명인의 매장을 그린 작품을 "역사화"라고 이름붙인 점에 회화에 있어서의 계층서열에 대한 결연한 침범의 의지가 있었다. "검은 연미복"도 초상화라면 문제가 안 될뿐더러, "풍속화"의 테두리 안에 머무는 한 아무리 사실적인 내용을 끌어들여도 상관없지만, "역사화" 즉 "대회화"에 관한 한 어떠한 타협도 허락될 수 없다고 하는 사상이, 1851년 당시 여전히 십중팔구의 비평가를 지배하고 있었다는 것은 놀랄 만한 일이다. 그런 만큼 이 침범행위에는 우선 이론적인 뒷받침이 필요했던 것이다.

4. 정치와 예술

1850년부터 55년까지 쿠르베가 왜 그 정도로 심한 비난의 표적이 되었는가에 관해서는 여러 가지 각도에서 생각해볼 필요가 있다. 〈오르낭의 식후〉가 호평을 받으며 입상까지 했는데, 이듬해의 〈매장〉이 되면 돌변하여 철저하게 조롱당했다는 것은 어찌된 일일까. 풍속화의 테두리를 넘어 역사화의 영역에 침입했기 때문이라는 것은 이미 말했지만, 또 하나, 이번에는 농민이 아니라 부르주아를 그렸다는 점에 스캔들이 있었다고 보이는 것은 역설도 아무 것도 아니다. 공업화 · 도시화의 진행에 따르는 전통적인 생활양식의 파괴, 더 나아가서는 전통적인 도덕의 파괴가 우려의 대상이 되고 있었던 19세기 중엽에 있어서 농민이란, 사라져가는 (혹은 재건되어야 할) 하나의 조화로운 생활과 그것을 지탱하는 덕목(소박한 신앙, 복종, 인내, 등등)을 맡겨야 할 존재였다. 밀레는 아직 그렇지 않다 해도 쥘 브르통 등의 농민화에 이르러서는, "이상화"가 한층 뚜렷하다. 복장에서 보아도 농민의 옷차림을 "지방색" 풍부하게 그리면 "피토레스크"로서의 가치를 가질 수 있다. 이에 비하여 쿠르베가 그린 시골읍의 부르주아들은, 복장에서 파리의 부르주아와 다른 점이 없기 때문에 피토레스크한 혹은 이국적인 매력에 의해 구제될 것도 없고, 어떠한 이상, 어떠한 동경의 구실도 될 수 없는 산문적 존재로서, 만화에서 희극화되는 것 이상으로는 취급할 가치가 없었다. 이 부르주아들의 추한 용모에서는 악덕이 배어나온다고 할 정도의 비난에 대하여 샹플뢰리가, 쿠르베 씨는 악덕을 좋아해서 그렇게 그린 것은 아니다, 시골의 부르주아를 있는 그대로의 모습으로 그리다 보니 이렇게 된 것이라고, 발자크의 주장을 채용하면서 반론한 것 등도 동시대인들에게는 조금

그림 30. 밀레. 젖소에게 풀을 먹이는 여자.

도 설득력을 갖지 못했을 뿐만 아니라, 도전적인 언사로 받아들여졌음에 틀림없다.

이 시대 레알리슴의 대표자로서 쿠르베와 견주어 일컬어지기도 하는 밀레는, 확실히 경제적으로는 불우했다 해도, 1850년대의 비평을 조금 신중히 읽어가다 보면 알게 되듯이, 일찍부터 이해 가능한 것으로 평가되고 있었다. 그것은 그의 작품이 뭔가를 '의미'하려고 했기 때문인데, 이는 쿠르베의 그림이 '무의미' 때문에 비판받았던 것과 대조적이다. 밀레 스스로 "비근한 것으로 숭고함을 표현한다"고 말로 나타낸 그 의도는 오히려 이해시키기 쉬우며, 역으로 그것은 보들레르 등에서 보면, "단순하게 자신의 화제畫題의 자연스러운 시를 추출하는 대신, 밀레 씨는 어떻게 해서든지 거기에 무엇인가를 덧붙이고 싶어합니다. 그들의 단조로운 추醜 안에, 이들 천민들은 모두, 철학적이고 우수에 잠겨 있으며 라파엘로적인 우쭐함을 갖고 있습니다"(《1859년 살롱》)라고 비판의 대상이 될 수 있었다. 그 2년 전에 생트-뵈브가 《보바리 부인》에는 작가 측에서의 도덕적 판단이 없다고 비판한 것에 대하여 보들레르가, 도덕적 결론은 독자 각자가 끌어낼 수 있다면 된다고 반론한 것을 관련지어 생각해도 좋으리라.

1853년의 살롱에서 쿠르베의 〈미역 감는 여자들〉이 이해되지 않는다고 하여 조롱의 대상이 된 것은, 동시대인들이 그 그림 해석의 습관에 따라, 두 여자의 동작에서 우선 뭔가 의미를 알아내려고 했기 때문은 아닐까. 오늘날의 우리는, 등을 돌리고 있는 나부가 오른손을 내뻗고 있는 것은 아틀리에에서 오랜 포즈를 취하는 동안 몸을 지탱하기 위해서가 아니었을까, 어떻든 그러한 자세를 취하고 있는 여자를 쿠르베가 보고 그린 것을 우리도 보는 것이라고, 시각적 차원에서 처리하는 습관을 갖고 있다. 그러나 19세기의 공중으로서는 화가가 본 것을 그대로 보려고 하지는 않을 정도로, 이러한 형태로 들이대는 일에는 충격이 이만저만이 아니었을 터이다. 무려 4 평방미터의 대화면에, 아름다운 여신도 아니고 우아한 샘의 요정도 아닌, 여자 씨름꾼처럼 생긴 부르주아 여자의 알몸이 버젓이 그려져 있는 것의 스캔들—10여 년 후에 쿠르베의 변호를 떠맡고 나선 프루동이 거기에서 부르주아 계급의 퇴폐한 육체적 표현을 보려고 한 것에 관해서는, 그 엉뚱함을 비웃기보다는 알레고리적 그림 해석의 뿌리 깊은 습관, 그리고 시각적인 것의 충격을 의미 부여로써 완화시키려는 반응을 보아야 할 것이다.

장년의 쿠르베의 육체적·정신적 패기와 늠름함이 들씌워지기나 한 듯한 〈미역 감는 여자들〉은, 나체상에 의한 보편적인 사념의 표출을 기초로 하는 전통적 알레고리 예술의 성채에 가해진 강력한 파성추의 일격이었다. 중요한 것은, 알기 쉬운 차원에서의 정치적 프로파간다와는 무관한 1850년대 전반 쿠르베의 예술이, 더욱 근본적인 점에서 "민주주의적" 예술, 위험한 예술이었다는 것이다. 그 점에 관하여, "민중예술"을 본보기로 한 사실보다도 한층 중대한 것은, 보편적인 것의 보증을 종교·신화·역사·문학 또는 과거의 예술 형상에서 구하는 것을 바야흐로, 특수한 것, 우발적인 것에 그대로 높은 가치를 부여하려고 하는 결의다. 〈오르낭에서의 어느 매장의 역사화〉라는 제목이 가리키는 것처럼, 어느 무엇이라도 좋은 사건이 역사화라는 고귀한 장르의 소재가 될 수 있다는 사고, 그 경우 "아름다움"이라든가 "역사적 의의가 있다"라든가 "교훈적이다"라든가 따위의 보편적인 차원에서의 정당화의 필요는 없다고 하는 사고는 "평등"이라는 위험사상이 예술에 침입하는 것을 의미했다.[19] 보들레르는 빈정거림을 담아, 연미복이나

---

19 L. Nochlin 여사의 박사학위논문 *The Developement and Nature of Realism in the Work of Gustave Courbet ; A Study of the Style*(Ann Arbor : University Microfilms, 1963 ; New York & London : Garland Publishing, Inc., 1976) 참조.

프록코트에는 "보편적인 평등의 표현이라는 정치적인 아름다움"이 있다고 말했지만, 그것은 거의 이미, 미와 추의 계층서열 따위는 존재하지 않는다고 단언하는 것과 마찬가지는 아닐까.

보편이 만인 공인의 가치임에 비하여, 특수가 가치를 갖는다는 주장은 예술가 개인의 책임에 맡겨지는 것임에 다름 아니다. 앵그르의 대작 〈호메로스 예찬〉(루브르 미술관)에서, 화면 중앙에 군림하는 호메로스가 시 혹은 서사시를 의미하는 것에 대해서는 말 그대로 합의가 성립되어 있는 셈이며, 호메로스에게 월계관을 수여하려고 하고 있는 날개 달린 여성은 명성 아니면 승리의 알레고리, 어느 쪽인지는 반드시 알아차릴 수 있기 마련이다. 호메로스 양쪽에 늘어앉은 고금의 천재들이 각각 무엇을 상징하고 있는지 누구라도 분간할 수 있는 것은 교양의 문제로서, 하프를 들고 있는 오른 쪽의 수염이 난 남자는 핀다로스, 즉 서정시라고 알아차리지지 않으면 그것은 그러하지 못하는 인간의 교양부족이다. 그런데 닮은 듯한 구도의 쿠르베의 대작 〈화가의 아틀리에〉에는 "현실적 알레고리"라고 하는 모순된 부제가 딸려 있고, 어떻든 알레고리라는 것이기 때문에 그 의미를 캐보자고 생각해도, 쿠르베의 친구들이나 그가 목격했을 뿐인 인간 등, 공인된 교양과는 관계없이 선정된 인간만 서 있기 때문에, 알아내려 해도 알아낼 방법이 없었을 터이다. 오른쪽 끝에서 독서에 열중하는 보들레르가 시의 상징이라고 하는 것도 오늘날의 우리의 입장에서 볼 때 그러한 것이지, 1855년의 공중에게는 미지의 인물, 고작해야 2류 시인에 지나지 않는다. 한가운데에서 풍경화를 그리고 있는 쿠르베는, 자연을 있는 그대로 보는 방법을 가르침으로써 인류를 구원하는 사실주의 예술가를 의미하고, 그 곁에 서 있는 나부는 진실의 알레고리일 것이다 하는 오늘날의 추측은 쿠르베의 진의를 상당한 정도로 탐지하는 것일지도 모른다. 그러나 동시대의 인간에게 그렇게 설명해주었을 경우, 주관적이고 방자한 강요라고 생각했을 것임에 틀림없다.[20]

대화면의 왼쪽 절반을 채우고 있는 마을의 사제나 익살광대, 옷감장수나 장의인부나 거지여자 같은 인물은, 쿠르베 자신에 의하면 "비참, 빈곤, 부, 착취자, 피착취자" 등을 의미한다고 하는데, 동시대의 비평가라면 십중팔구, 그러한 일반적인 관념은 여기에 모여 있는 것과 같은 예외적인 인물로 대표될 수는 없다고 단정했을 것이다. 현실 속에서 자기 자신의 관찰에 의해 건져올린 인물이나 사물에 자신의 책임으로 의미를 부여한다고 하는, 개인주의적인 상징제조법은 소설에서는 발자크가, 시에서는 보들레르가 시도하여 성공한 것으로, 쿠르베도 여기에서 같은 것을 시도하고 있는 셈이다.

---

20 〈화가의 아틀리에〉 해설의 시도로서 중요한 것은 다음의 세 가지이다.
René Huyghe, Germain Bazin et Hélène Adhémar, *Courbet. L'Atelier*, Paris, 1944.
Werner Hofmann, *Art in the Ninetennth Century*, London, 1961.
Benedict Nicolson, *Courbet : The Studio of the Painter*, London, 1973. (졸역 《쿠르베 화가의 아틀리에》, 미스즈쇼보, 1978) 또 H. 드와상 여사의 매우 참신한 해석(1977)에 관해서는, 이 역서 권말의 요약을 참조.

그러한 기도가 성공할지 어떨지는 처음에는 우선, 한 사람의 예술가에 국한된 관찰범위 안에서 모아진 특수한 요소의 합성물인 작품의 구석구석까지 예술가의 강한 개성의 지배가 미쳐서, 어떻든 여기에는 독자적 존재를 가진 하나의 우주가 있다고 설득할 정도의 힘을 가지고 있는지의 여부에 관계될 것이다. 자기에게는 그 정도의 강력한 개성이 있다고 믿은 점 또한 쿠르베의 나르시시슴의 한 특징이기도 하다. 오늘날의 우리는 이 작품을 볼 때, 보들레르가 말하는 《명부冥府*Limbes*》[21]를 생각나게 하는 절망과 희망이 교차하는 하나의 우주의 존재를 느끼는 것이지만, 1855년 당시는 친구인 샹플뢰리에게조차 실패작으로 취급당했으며, 그림을 사는 사람이 없었던 것은 말할 나위도 없다.

어떻든 1850년대 전반의 쿠르베는, 제도로서의 회화를 근본부터 뒤흔드는 기도로 인하여 질서에 대한 위협이 되어 있었다. 1855년의 파리 만국박람회 때에 쿠르베도, 정부 측의 조건을 받아들여 "포도주에 물을 타는" 일에 동의했더라면 대가 못지않게 하나의 전시실을 할당받았을 것이다. 1853년에 이미, 박람회를 준비하고 있는 뉘베르케르크 백작—"황실 미술관 총장"의 직함으로, 루브르 미술관의 나체상에 포도 잎사귀를 붙였다고 해서 보들레르의 조소를 받은 인물—이 쿠르베를 회유하려고, 두 사람의 "훈장 받은"

21 보들레르가 시집의 제목으로서 생각한 *Les Limbes*가 푸리에주의적인 여운을 갖는 것에 관해서는, 포미에의 앞의 책, 56쪽, 피슈아의 논고(1의 12) 101쪽 참조.

화가를 사이에 세우고 회견을 신청했다. 그때의 상황을 쿠르베가 몸소 브뤼아스에게 써 보낸 편지가 남아 있는데, 털끝만큼의 타협도 떳떳하게 여기지 않는 기개가 넘쳐나 통쾌하고 상쾌한 문장이다. 백작은 쿠르베에게, 나는 당신의 사물에 대한 사고방식, 사물에 대한 견해를 바꾸게 하려고 왔다고 말하고, 부디 박람회를 위해서 전력분투하여 대작을 만들기 바란다, 다만 스케치 단계에서 한 번 보고 싶다, 그리고 그림이 완성되면 양쪽에서 추천한 화가로 구성되는 위원회의 심사에 부친다, 라는 조건을 달았다.

이것에 대하여 쿠르베는, 당신은 정부를 대표한다고 하는데 예술에 관한 한, 나의 눈으로 보면 정부도 그저 한 개인과 같다. 나의 그림이 마음에 들면 사도 좋다, 돈의 힘으로 예술을 좌우하려는 따위는 용서하기 어려운 일, 나의 그림을 심사할 자격이 있는 것은 나 한 사람이다, 라고 가슴을 펴고 말했다 한다.

"나는 보통 화가가 아니라, 우선 하나의 인간이다. 내가 그림을 그리는 것은, 〔…〕 예술을 위한 예술 따위의 의도가 아니라, 나 자신의 지적 자유를 획득하기 위해서다. 〔…〕 현대의 모든 프랑스 화가들 가운데, 나 한 사람만이 독창적인 방식으로 자신의 개성과 자신이 살고 있는 사회를 둘 다 표현하는 역량을 갖고 있다."

"쿠르베 씨, 대단한 자부심을 갖고 계시는군" 하는 백작의 말에, "이제야 그것을 알아차리다니 놀랍습니다. 각하, 나는 프랑스에서 가장 오만한 사람입니다"라고 대답한 것에서, 당시의 쿠르베의 면모가 생생하게 드러나고 있다.

회견은 결렬되고, 제출한 15점 가운데 11점은 심사를 통과했지만, 쿠르베가 자기의 예술상의 주장으로 가장 중요한 표현이라고 생각하여 출품목록의 1번과 2번에 올려놓은 대작—〈오르낭의 매장〉과 신작 〈화가의 아틀리에〉가 거부당한 것은, 골자를 빼어버린 쿠르베를 공중의 관람에 제공하려는 정책에 다름 아니었다. 그래서 쿠르베는, 브뤼아스에게 자금을 청하여 만국박람회장 바로 근처에 텐트를 치고, 두 개의 대작을 주축으로 '38장의 유화와 넉 장의 데생 즉매전'을 열었고, 이것이 무릇 개인전이라는 것의 시초가 되었다. 그 카탈로그에 인쇄된 '레알리슴'이라는 제목의 선언에서, "내가 살고 있는 시대의 풍속이나 관념, 양상을 나 자신의 평가에 따라 표현할 수 있게 되는 것"을 추구하는 목적으로 내세우고 있는 것은, 1846년의 보들레르 이론이 아직 가시지 않고 있다고 말할 수 있다. 이 선언은 샹플뢰리가 대필했다고 전해지는데, 비평가로서의 샹플뢰리는 10년 이래 오로지 보들레르의 창조적인 견해를 계속 부연해온 인물이며, 그야 어떻든 쿠르베는, 〈화가의 아틀리에〉의 오른쪽 절반, 자기와 어떠한 점에서 뜻을 같이 하는 사람들을 그린 부분에, 프루동이나 동향의 벗인 '레알리슴'의 시인 · 예술가 막스 뷔숑 등과 함께, 보들레르와 샹플뢰리를 그려 넣는 일을 잊지 않았다.

쿠르베 씨의 돌깨는 인부
— 하하, 어떻게 이것이 사회주의 그림이라는 거지?
— 음! 풍요한 그림이 아니라 가난한 그림이기 때문이야!…

철학적인 감상
—챙피하지 않을까! … 입을 옷도 없는 주제에 화가의 아틀리에로 가서 초상을 주문하는 사람들이 있다니!

브르타뉴 지방에서 매장을 그리기 위해 장의사 일꾼의 의견을 듣는 쿠르베 씨

그림 31. 샴에 의한 '쿠르베 씨의 캐리커처'.

개인전은 수지맞았다고 쿠르베는 써 남기고 있지만 그것도 아무래도 의심스러우며, 사는 사람도 거의 없었다. 세평으로 말하자면, 내가 조사해본 바로는, 만국박람회를 기회로 펜을 든 미술비평가 30여 명 가운데, 쿠르베를 정면으로 옹호한 것은 샹플뢰리 단 한 사람이라는, 말 그대로 사면초가, 그 대단한 쿠르베도 낙담했음에 틀림없다.[22]

거기에 치명타를 가하기 위해 그해부터 이듬해인 1856년까지, 문학·미술에 있어서의 레알리스트적 경향에 대한 어용 저널리즘의 비방이 점점 심해졌다. 2월혁명의 기억도 아직 생생하고, 경제성장 정책도 아직 열매를 맺기에는 미흡한 1850년대의 제2제정은, 질서 유지를 위하여 이데올로기 면에서 과민해지지 않을 수 없었던 것이다. 플로베르의 소설 《부바르와 페퀴셰》에서 공화주의자 초등학교 교사가 마을의 사제에게 들볶이는 에피소드는 제2공화국 말기의 일로 씌어 있지만, 제정 성립과 함께 가톨리시슴은 질서 획득의 기둥으로서의 성격을 갈수록 노골화한다. 파리의 논단에서는 몽탈랑베르, 루이 뷔요 등의 가톨릭 논객이 "물질주의"의 죄상을 꾸짖는 필진을 펴고, 미술 쪽에서도 교회나 공공건축물을 장식하는 벽화 등의 정부 주문은, 이폴리트 플랑드랭 이하, 스스로 경건한 신도임을 표방하는 고전주의적인 화가들이 독점하여, 앵그르, 들라크루아라는 두 사람의 초超대

22 Cf. Y. Abé, "Baudelaire face aux artistes de son temps", in *Revue de l'Art*, no. 4, Paris, 1969. 일본어역 〈소박함의 미학〉, 주 15에서 언급한 졸저.

가조차도 이 시기에는 냉대받았다고 한다면, 그 반동의 정도가 상상될 것이다.[23]

2월혁명의 부산물이라고도 말할 수 있는 레알리슴이 눈엣가시가 된 것은 당연하다. 보들레르는 1856년에 자기와 레알리슴 사이를 분명히 구별지을 목적으로 쓰기 시작한 '레알리슴이 있으니까'라는 제목의 초고에서, "샹플뢰리는 공포에 떨었다"고 쓰고, 또한 〈화가의 아틀리에〉에 자기의 모습을 그린 것은 명예는커녕 성가실 따름이라고 말하고 싶어하는 면을 보이고 있지만, 정부 방침에 협력한 이 시대 저널리즘의 '레알리슴' 공격에는, 문학상·예술상의 단계에 그치지 않는 위협적인 것이 있었다.[24] 과연, 이듬해 1857년에는 《보바리 부인》의 소송에 이어 《악의 꽃》이 고소의 대상이 되며, 저자 출판자에게 모두 벌금형이 가해지고, 발매 금지는 되지 않았어도 여섯 편을 삭제하라는 선고를 받는 등 고초를 겪었다. 판결문에, "조잡하고 풍기를 해칠 정도의 레알리슴에 의해 기필코 관능을 자극하고야 마는 묘사" 운운하는 것이 있는데, '레알리슴'의 각인이 찍히게 되면, 말 그대로 예삿일로는 끝나지 않았던 것이다.

쿠르베 자신으로 말하자면, 어떤 의미에서는 1855년을 경계로 해서 그

---

23 Cf. Pierre Angland, "L'Etat mécène, période autoritaire du Second Empire (1851-60)", in *Gazette des Beuax Arts*, mai-juin 1968.

24 이 주변의 사정, 특히 연대chronologie 추정에 관해서는, Irene von Reitzenstein 박사로부터 다대한 시사를 얻었음을, 감사의 뜻을 담아 기록한다.

역시 레알리슴을 포기했다고 할 수 있다. 물론, '레알리슴'을, 천사 따위는 그리지 않는다, 그런 것은 본 적이 없기 때문이다라는 유명한 말로 요약되는 제작태도만으로 풀이한다면 이야기는 다르다. 이상 · 관념 · 감정 · 공상이 앞서고 거기에 조형적 표현을 부여하는 것으로서의 회화가 아니라, 자연이 시각에 제공하는 것을 그대로 그리는 회화라고 레알리슴을 정의하게 되면, 쿠르베는 그 후 20년간의 제작활동에 있어서 '레알리스트'이기를 계속할 것이다. 그러나 1850년대 전반의 쿠르베의 활동이 그 정도 백안시되었다고 한다면, 그것은 동시대인에게 '레알리슴'이란 단순히 시각 본위의 예술이라고 해서 결말이 나는 것은 아니었기 때문이다.

5. 상상력과 레알리슴

보들레르는 1855년의 만국박람회에서 거장 앵그르의 작품을 한데 모아 볼 수 있었던 것을 기회로, 앵그르를 이른바 신고전파의 계열에 또다시 위치시키려고 시도하여, 다비드, 게랭, 지로데 등 제정시대 대가들과의 비교에서 부정적인 평가를 내린다. 앵그르에 있어서는, "아카데믹한 체조 안에서 길을 잃고 헤매고 있던 저 거장들을 지탱해주던 상상력, 능력들의 여왕인 상상력이 모습을 감추고 만다"라는 단정이 회화에 관한 보들레르의 상상력 이론의 발단을 이루는 셈인데, 'imagination'라는 하나의 단어에 무엇을 실으려고 하는가를 알기 위해서는 《1859년 살롱》을 기다려야 한다. 그야 어떻든

"이미 상상력은 없고, 따라서 동세가 없다"라는 단정—조금 여유있게 음미해 보면, 반드시 설득력 있는 인과관계를 나타내고 있다고는 생각되지 않는 단정—에서 살펴보면, 여기에서 보들레르가 들라크루아에게는 있고 앵그르에게는 없다고 생각되는 능력을 가리키기 위하여 이 말을 사용하고 있다는 것이 판명된다. 하지만 지금 우리에게 흥미있는 것은 거기에 계속되는 전개 혹은 탈선이다. 즉 앵그르에게 있어서 상상력의 결여란 체념을 의미하는 것이 아니라, 보다 중요하다고 생각되는 여러 가지 능력의 제단에 바치기 위하여 상상력을 절멸시키는 의지적, 영웅적 행위라고 하는 참혹한 비유의 도입에 의해 고전파의 거장과 "야만인" 쿠르베의, 예상외의 비교가 가능해진다.

> 그 점에서 이 역설은 아무튼 당치 않다고 생각될지도 모르지만, 최근 그 주목할 만한 등장이 반란과도 같은 기세로 행해진 한 사람의 젊은 화가에게 그는 근접하는 것이다. 쿠르베 씨도 또한, 한 사람의 강력한 직인이며 하나의 야성적이고 인내심 강한 의지다. 그리고 그가 획득한 성과, 확실히 그의 실증적인 견고함과 에로틱한 표현의 파렴치함 때문에, 어떤 사람들에게는 라파엘로 전통을 따르는 거장의 성과보다도 더 많은 매력을 갖는 성과는, 후자의 성과와 마찬가지로 배타적인 당파정신, 제 능력의 학살자를 현시한다고 하는 특이성을 갖는다. 정치나 문학도 역시, 이러한 완강한 기질의 사람들, 그러한 항의자들, 이러한 반反초자연주의자들을 만들어내는데, 그들을 정

당화하는 유일한 것은 때로는 유익한 반동의 정신이다. 회화에 관계된 일들을 지배하는 섭리는 우세한 반대 이념에 싫증나거나 학대받은 모든 사람들을 공범자로서 그들에게 준다. 다만 차이는, 앵그르 씨가 전통과 라파엘로적인 미의 이념을 명예롭게 하기 위하여 집행하는 영웅적인 희생을, 쿠르베 씨는 실증적이며 직접적인 외적 자연의 이익이 되도록 해치운다는 점에 있다. 상상력에 대한 싸움에서 그들은 다른 동기에 따른다. 그리고 두 개의 전도된 광신이 그들을 같은 살육으로 인도한다.

인쇄된 문장에서 보들레르가 쿠르베의 이름을 거론하는 것은 1840, 50년대에는 이 한 번에 그치며, 대체로 이것은 "초자연주의자" 시인이 상상력의 이름으로 "레알리스트" 쿠르베를 부정해버린 문장이 되고 만다. 그런데 일은 그렇게 간단하지 않다. 조금 전에도 보았듯이, 1855년의 만국박람회 미술부문에 관한 다수의 비평기사 가운데 쿠르베에 대하여 빗발치듯 쏟아진 심한 욕설과 조롱, 혹은 예술의 이념부터 설명하기 시작하는 정면 차단의 수많은 논란과 비교할 때, 보들레르의 평가는 오히려 호의적이라고는 할 수 없어도 이해하는 태도를 보여준다고 말하지 않을 수 없다. 원래 보들레르가 쓴 1855년의 만국박람회 미술부문평이 신문 편집부의 불만을 사 중단되었으며 보다 보수적인 비평가에 의해 뒤이어 씌어졌다고 하는 사정도 있어서, 만약 그 후 몇 개의 기사를 썼더라면 거기에서 쿠르베의 작품을 구체적으로 논하고 그 "반동"이 "정당"하고 "유익"하다는 이유가 전개되었으리라는 것도 상상할 수 있다. 그야 어떻든 여기에서 앵그르와 동렬에 놓고 논하는 것이, 그것만으로 이미 대단히 높은 평가를 보여주고 있다는 것은 리오넬로 벤투리에 의해서도 지적되고 있는 바다.[25]

또 여기에서 "역설"로서 제시되어 있는 앵그르와 쿠르베의 "근접"은, 낭만파의 동적인 형태 파악에 어느새 길들여져 버린 당시의 비평가나 만화가의 눈으로 보면, 고전파 특히 앵그르의 고정적인 조형과 쿠르베의 "민중예술"적인 형태 파악은 모두 종합적synthétique이기 때문에 "유치한" 혹은 "원시적"인 것으로서, 에피날 판화에 견주어지기도 하고 만화로도 표현되는 일이 공통적이라는 점에서 볼 때 반드시 고립된 인식만은 아니다.[26] 후에 보들레르가, 콩스탕탱 기스를 논하면서 "종합적이고 생략적인 시선을 가진 모든 화가"에게서 보이는 "야만성", "불가피한, 종합적이고 어린아이 같은 야만성, 완전한 예술에서 흔히 보이는(멕시코, 이집트, 혹은 니네베의 야만성), 사물을 크게 보려는 욕구, 특히, 그 총체의 효과에서 바라보려는 욕구로부터 나오는 야만성"을 옹호하는 것이 여기에서 어쩔 수 없이 상기된다. 거기에서 시인 특유의 "모순"을 볼 것인가, 아니면 《1845년 살롱》에서 시작된 "소박함"에 대한 주장의 수미일관한 자세를 볼 것인가의 문제는 문제대로,

---

25 Lionello Venturi, "Baudelaire et le renouveau de la critique d'art en France au XIXe siècle", in *Labyrinthe*, n° 6, 15 mars 1945.

26 메이어 샤피로, 앞의 논문 참조.

1855년에 쿠르베론이 조금이라도 더 전개되지 않아 판단자료가 없는 것은 어쩔 도리가 없는 일이다.

존재하는 한도 내의 자료에서 본 보들레르의 쿠르베 평가로 말하자면, 일정 거리를 두고 하나의 정당한 '반동'이라고 평가하고 있었다는 것이 가장 중요한 점으로, 무엇에 대한 'réaction' 〔반동〕이었던가는 나중에 다룰 1862년의 기사에 의해서도 그 일단을 짐작할 수 있지만, 쿠르베의 이름이 한 번도 나오지 않는 《1859년 살롱》—쿠르베는 그해에 출품하지 않았다—에서 레알리슴을 논하는 데에서도 실마리를 찾을 수 있음은 틀림없다. 그것은 우선 '능력들의 여왕'이라고 제목을 붙인 장의 첫머리, 근년 유행하는 "자연을 베끼라"라는 "예술의 적인 교의"를, "상상력 풍부한 인간"의 견지에서 판단하는 대목을 보자. "이렇게 기이하고도 품격을 떨어뜨리는 허튼소리를 내가 이해할 수 있었던 한에서는, 교의는 이러한 의미였습니다, 나는 그것이 이러한 의미였다고 믿는 영예를 거기에다 베푼다는 것입니다"라고 서두를 꺼내는, 마땅히 있어야 할 레알리슴의 정의에 쿠르베 자신도 찬동할 수 있었으리라고 생각한다면 너무나 역설적인 판단일까? 메소니에 유의 사진 같은 자연모사로부터 쿠르베의 레알리슴을 가르는 근거가 되는 것도, 그러한 숫됨—당시의 비평용어로 진솔주의sincérisme라고 불린 적도 있는 것—의 유무였다고 나에게는 생각된다.

그림 32. 쿠르베. 신부의 화장.

예술가, 참된 예술가, 참된 시인은, 자기가 보는 것, 자기가 느끼는 바에 따라서만 묘사해야 한다. 그는 자기 자신의 자연nature〔천성〕에 실제로réellement 충실하지 않으면 안 된다. 아무리 위대한 사람이라 해도 누군가 다른 사람의 눈이나 감정을 빌려오는 일은 죽음을 피하듯 피해야 한다. 왜냐하면, 그런 짓을 하면, 그가 우리에게 줄 산물은 그 자신과의 관련에 있어서, 실제réalité가 아니라, 거짓이 될 것이기 때문이다.

이어서 '상상력에 의한 통치'의 장에서는 더욱이 예술가의 이름에 값하는 예술가를, 상상력 풍부한 인간imaginatif과 "자칭" 레알리스트로 크게 2분하고, "영혼을 묘사하고자 하는" 전자의 방법과, "자연을 표상할 작정으로 있는" 후자의 방법은 정반대이면서, 어느 쪽이나 "종교적인 장면으로부터 가장 조촐한 풍경에 이르기까지의 모든 주제를 위대하게 만들 수도 있고 비소하게 만들 수도 있"다는 점에서 대등하다. 그러면서도 전자는 종교화나 환상화에 적합하고 후자는 풍속화나 풍경화에 적합하다는 말로 전통적인 계층질서에 준한 구분을 짓고 있지만, 양쪽 모두 "예술가"라고 인정하고 있다는 점에서는 공평하다. 그 다음에 "겁많고 순종적인 인간들 〔…〕, 거짓된 존엄성의 규범에 따르는 일을 최대한의 긍지로 삼는" 자들이 있다. 그들은 "인간의 영혼에서 끌어내어진 것이 아니라 그저 유명한 아틀리에의 관행에 의해 주어지는 것에 지나지 않는, 전적으로 자의적인 규칙에 순응하는" 것이다. "사람 수만은 대단히 많지만 관심을 불러일으키는 구석은 전혀 없는 이 계층에는, 고대미술의 사이비 애호가들, 양식style의 사이비 애호가들, 한마디로 말하면, 자신의 불능에 의해 퐁시프27를 양식의 수준까지 승격시켜버린 모든 인간들이 포함된다"고 되어 있는 것을 읽으면, 확실히 쿠르베의 "반란" 혹은 "반동"이 상대하여 싸운 것—"중도파"와 그것에 계속되는

27 〔역주〕 원어로는 poncif. 원래는 "두꺼운 모형종이에 무늬를 도드라지게 만들어 그 위에 색가루주머니ponce를 눌러 무늬를 아래쪽 종이에 찍어내는 방식"을 말하는데, 전용되어 "판에 박힌 모양"의 뜻으로 사용된다.

여러 유파의 상태가 명기되어 있다고 말할 수 있다.

보들레르의 《1859년 살롱》을 논함에 있어서는 상상력론, 반사실주의적 경향을 강조하는 것이 보통이다. 확실히 '현대의 공중과 사진'의 한 장章을 일부러 마련하여, 사진이 예술일 수 없는 까닭을 설명하려 하는 점에서도 명확히 나타나고 있는 것처럼, 회화의 재현 예술로서의 기능에는 가망이 없으므로 포기하고 상상력의 자유로운 구사에서 활로를 찾아내려고 한다는 점에서 이른바 세기말적 예술의 몽상적 혹은 이념적 경향으로의 방향설정이 보이는 것은 부정할 수 없다. 그러나 19세기 중엽의 상황에서 보면, 사진의 위협에 가장 통절하게 당하는 것은 오히려 "퐁시프를 양식의 수준까지 승격시켜버린" 절충파나 중도파의 아카데믹한 자연모방 회화, 그중에서도 초상화였다.[28] 1850년대의 레알리슴의 경우는 쿠르베의 초상화 하나만 보더라도 분명히 알 수 있듯이, 자연의 사진적 재현을 노리는 것이 첫째 목적은 아니었기 때문에 사진술의 발달 보급에 의해 위협받는 정도는 오히려 경미했을 것이다. 다만 그것은, '1850년대 전후의 이념에 충실했다고 하면'이라는 단서가 붙는 것으로, 1860년 이후의 쿠르베에 관해서는 반드시 그렇다고는 단정할 수 없는 부분이 있기 때문이라는 것을 나중에 보게 될 것이다. 1859년의 보들레르의 레알리슴 논의에는, 레알리슴을 다시 한 번 그러한

28 Gisèle Freund, *La photographie en France au XIXe siècle*(Paris, 1936), p. 109 sq.

원점으로 되돌려 재정의하려는 의도가 작용하고 있었다고 생각된다. 그리고 그의 의도는 '종교, 역사, 환상'을 논하는 장의 첫머리에서, 분명하게 레알리슴의 계열에 속하는 두 사람의 무명 신인—알퐁스 르그로 아망 고티에—에 관해 힘줘 말하고, 특히 전자의 〈삼종기도〉(개인 소장)의 원근법 처리가 졸렬하고, 인물이 주위의 장식에 달라붙어 있는 것 같다고 하는 친구의 비판에 대해서, 그것은 "옛 회화의 열렬한 소박함"을 생각나게 하는 점으로 한층 매력을 더한다고 반론한 취지를 쓴 부근에 뚜렷이 나타나고 있다. 거기에는, 종교화든 무엇이든, 현대생활에서 소재를 취하면서 풍속화 장르의 단계에 그치지 않고, "민중예술"적인 소박함 안에서 대회화로서의 박력을 가진 유화의 가능성을 아직도 계속 기대하는 보들레르의 집념이 있었다.

풍경화에 관해서도, 테오도르 루소나 트루아용이 자연의 한 조각을 베껴서 작품이라고 일컫는 것은 사전의 한 페이지를 베껴 시라고 하는 것과 같다고, 전에는 칭찬했던 1830년대의 '자연주의naturaliste' 풍경화가들을 혹평하면서, 도비니나 부댕에게 호의를 보이는 보들레르. 그 보들레르와 쿠르베의, 1859년 초여름의 극적인 재회가 옹플뢰르를 무대로 이루어진 것은 단순한 우연은 아니다. 노르망디 해안의 이 아름다운 항구도시의 바다가 내려다보이는 언덕 위에, 시인의 의붓아버지 오피크 장군이 수년 전에 구입한 작은 별장이 있어서, 2년 전 장군이 죽고 난 이래 오피크 부인이 은거하고 있었다. 한 해 전 가을에 처음으로 이곳을 방문한 보들레르는, 파리의 떠들썩함을 벗어나 안식과 작업의 장소를 찾아, 어머니가 있는 곳에서 가끔씩 체재할 수 있게 되었다. 이 별장에서 100미터 정도 떨어져 있는 곳에 외젠 부댕이 살고 있었는데, 음악가 알렉상드르 샨을 데리고 노르망디 여행 중인 쿠르베를, 오피크 별장에 이웃한 "투탱 아주머니"의 여관에 안내한 것도 부댕이었던 것 같다.

샨이 회상록 안에서 이야기하고 있는 극적인 해후—어느 날 아침 쿠르베와 둘이서 옹플뢰르의 항구를 산책하고 있었는데, 파리 마자린 가의 호텔에서 《악의 꽃》을 재배하고 있는 줄로만 생각하고 있던 보들레르와 뜻밖에 맞닥뜨려서,

> 문법책의 간투사의 항목에 열거되어 있는 온갖 어!와 온갖 아!가 우리 세 사람의 가슴을 움직여 동시에 튀어나왔다

고 하는 것은 아무래도 지어낸 이야기인 것만 같다.[29]

그러나 거짓이라고 해도 이 이야기에는 감동적인 면이 있다. 이제는 화가로서 시인으로서 각각 자신의 역량에 충분한 자신감을 갖는 단계에 이르러, 성숙기의 작품을 순조롭게 만들어내고 있는 두 사람 사이에 옛날 같은 기대와 불안으로 가득 찬 공통의 꿈은 더 이상 없어도, 세간의 악평과 권력의

29 Alexandre Schanne, *Souvenir de Schaunard*(Paris, 1892), pp. 230-232. '쇼나르'는 뮈르제의 소설(II의 주 9 참조) 안에서 샨을 모델로 한 인물의 이름이다.

박해를 견디고 끈질기게 각자의 길을 관철해온 친구간의 경애의 감정이 서로 통했음에 틀림없다.

도회지 사람 보들레르의 당디슴도, 자부심 강한 시골 신사 쿠르베의 나르시시슴도, 처음부터 자기는 보통 사람과는 다른 존재라고 단단히 믿고 마음먹은 대로 해내는 삶의 방식의 정신적·육체적인 지주였다는 점에서는 같은 기능을 완수해왔다. 한쪽 당디는 장년의 궁핍생활로 다소 영락하여 초라해지고, 한쪽 나르시스트는 맥주를 너무 마셔 배가 나온 흠이야 있지만, 두 사람의 만남은 5년 전의 "재산과 천재"—브뤼아스와 쿠르베—의 만남에 못지않은, 한 장의 당당한 작품이었으리라 상상된다.

보들레르의 옹플뢰르 체재는 5월부터 6월까지의 일로, 《1859년 살롱》은 《프랑스 평론》지의 6월 10일, 20일, 7월 10일, 20일의 4회에 걸쳐 연재되었다. 따라서 쿠르베와 만났을 때, 아직 그 일부밖에는 활자화되지 않았다고도 생각되지만, 쿠르베가 이 《살롱》을 읽었다고 해서 반드시 분개할 대목만 많았다고는 생각할 수 없는 것은 앞에서 본 그대로다. 그야 어떻든, 1855년 이래 필시 소원해졌던 두 사람이 여기에서 일시적으로라도 화해했다고 상상한다면, 〈아스터 꽃다발〉은 이 화해를 기념하는 것이었다. 한편 보들레르가 1862년에 《불르바르》지에 발표하는 〈화가들과 부식동판화가들〉이라는 짧은 글은, 결성된 '부식동판화가 협회'를 위한 선전문인데, 그 첫머리에서 부자연스럽게 세 사람의 화가, 쿠르베와 르그로, 마네를 논하고 있는 것은 일종의 동료 칭찬의 느낌이 있다. 확실히 세 사람은 협회에 가입하고 있지만 쿠르베는 그다지 활동적인 회원은 아니어서, 그것은 아무래도 〈아스터 꽃다발〉에 대한 답례, 아니면, 이 기회를 이용하여 10년 이래 이행할 수 없었던 약속의 일부를 이행한 것은 아닐까라고 생각된다.

그러면 거기에서 보들레르는 쿠르베를 어떻게 평가했을까. 낭만파의 미술이 화려하게 개화했던 시대 이래, 프랑스의 회화는 (들라크루아를 유일하게 빛나는 예외로 하고) 빈곤화의 외길을 가고,

> 바로 얼마 전까지 깔끔한 그림이나, 귀여운 것이나, 멍청한 것이나, 비비꼬인 것이나, 〔…〕 거드름 피우는 사이비 대작 따위가, 이의도 받지 않고 군림하고 있었다. 이러한 발상의 빈곤, 표현의 좀스러움, 설상가상으로 누구나 아는 프랑스 회화의 우스꽝스러운 점을 생각하면, 쿠르베의 그림이 나타나자마자 엄청난 인기를 끌어모았던 것에 납득이 간다. 이 반동은, 무릇 반동이라는 것이 그러하듯이 허세를 부린 대소동으로 이루어졌지만, 확실히 필요한 것이었다. 쿠르베가, 단순함이나 솔직함에 대한 기호나, 회화에 대한 무사무욕하고 절대적인 애정을 회복하는 것에 적잖이 공헌한 사실을 인정해야 한다.

쿠르베의 "반동"의 의의를, 당시 프랑스 화단의 상황과의 관련에 있어서 이 정도로 객관적이고 공평하게 헤아린 문장은 여태껏 씌어지지 않았다. 그렇다고는 해도 이 문장은 명백하게 쿠르베의 역할을 과거에 위치시키고

있으며, 그 업적에 종지부를 찍고 있는 듯한 기색이 느껴지는 것은 부정하기 어렵다. 같은 문장 안에서 보들레르가 두 사람의 젊은 화가, 25세의 르그로와 30세의 마네를 논하면서, 이 두 사람의 장래에 커다란 기대를 모으는 것과는 참으로 대조적이다. 그리고 보들레르 자신이야말로, 산문시라는 새로운 장르에서 《1859년 살롱》에서 스스로 정의한 것과 같은 레알리슴의 정의에 꼭 들어맞는 시의 영역을 개척하고 있는 중이었다.

6. 나르시스 실추

1855년을 경계로 쿠르베는 어떤 의미에서 레알리슴을 포기했다고 나는 말했다. 조금 더 정밀하게 말하면, 현대의 현실에서 소재를 취한 우의적 혹은 기념비적인 작품을 제작하여 "역사화"의 아성을 뒤흔드는 야심을 버렸다는 것이다. 당시 관전은 격년으로 개최되었는데, 1857년의 출품작 6점 중의 걸작 〈센 강변의 아가씨들〉(파리, 프티 팔레 미술관)은, 조형적으로는 매우 혁신적인 측면을 보여주면서도, 주제 면에서는 풍속화 외의 아무것도 아니었으며, 1858년부터 59년에 걸쳐서 독일을 여행하고, 1859년의 관전에 출품하지 않았던 사정은 일종의 망명을 생각게 한다. 아마도 1859년 작품이 될 〈신부의 화장〉이, "대회화"로서의 최후 시도가 되겠지만, 사람에 따라서는 쿠르베의 가장 아름다운 작품으로 간주하는 이 그림이 미완으로 끝난 것은 하나의 좌절을 상징하고 있지는 않을까.[30]

1860년 무렵부터, 경제성장 정책의 성공에 자신을 얻은 제2제정의 자유주의화라는 현상이 일어나는데, 특별사면을 받아 망명지 네덜란드에서 귀국한 테오필 토레는, 1861년의 관전에 쿠르베가 출품한 수렵화·풍경화를 보고, 현대의 인간을 그리는 화가 쿠르베는 어디로 가버렸는가 하고 개탄하지 않을 수 없었다.

1860년대의 쿠르베는 기량이 더욱 원숙하여, 나체화, 초상화, 수렵화, 풍경화, 바다풍경화 등에서 많은 걸작을 만들지만, 기념비적인 대회화에나 어울리는 거대한 재능을 이러한 부차적인 장르 안에서 단편적으로 발휘하고 있는 한, 질서와의 사이에서 더 이상 마찰은 일어나지 않는다. 1866년의 관전에 출품된 〈여자와 앵무새〉(뉴욕, 메트로폴리탄 미술관), 〈사슴의 은신처〉(오르세 미술관)는, 그때까지 가장 적대적이었던 사람들조차 마침내 경의를 표하게 만드는 나체화와 풍경화의 대표작으로, 쿠르베 쪽에서 처음부터 이번에야말로 세상에서 환영받는 그림을 그려보자고 하는 의도가 있었다. 제작 중에 아틀리에를 찾아온 친구에게, "그들이 올해도 이걸로 만족하지 않는다면, 그것은 어지간히 심술을 부리는 짓이야. 〔…〕 그들이 좋아하는 예쁜 그림을 두 장, 풍경과 나체화를 내줄 것이니까"라고 말한다. 설마 이 사슴 그림에서 인도주의적인 의도를 간파하는 사람도 없을 테니까 하고

30 다만 그 후 이 작품의 제작연대는 1855년 이전이라고 추정되게 되었다. 주 15 참조.

친구가 맞장구를 치자, "무엇보다 그들이 공화국을 선언하기 위해 숲에 모인 사슴의 비밀결사라는 생각이라도 한다면 별개지만"하고 익살을 부린다. 위험한 우의를 모아 담은 작품은 이미 그리지 않는다는 의식이 있었던 것은 분명하다.[31]

31 이 일화의 출전에 관해서는, 곤도 아키라近藤昭 씨의 《쿠르베》(이와자키 미술사, 1973), 101쪽 참조. 한편 그 책에는, 다음과 같은 기술이 보이는데, 그것은 상당히 중요한 오해를 포함하는 것으로서 수고를 마다 않고 인용·비판할 만한 가치가 있다.

> 그해〔1866〕의 살롱에 있어서의 성공부터라는 것, 쿠르베는 명예를 추구하여 기교로 들어서고, 사람들에게 치켜세워져, 작품의 내용을 심화하는 일을 하지 않게 되었다. 그리고 이와 같은 쿠르베의 교만이, 결국은 후에 보게 되는 것과 같은 파리 코뮌에서의 그의 비극을 초래하게 되었다—라고, 예를 들어 테오도르, 뒤레 등은 이렇게 단정하고 있다.
>
> 게다가 최근 영국이나 미국의 미술사가의 연구에 의하면, 쿠르베의 〈오르낭의 매장〉이나, 그 밖의 풍속화는, 당시의 민중판화(이마주리)를 본보기로 사용한 것이라는 주장도 있어, 이 아르티장 쿠르베, 그리고 또 야심가 쿠르베라는 설은 한층 그럴 듯하게 들린다.

이 문장에는 두 가지의 중대한 오해가 포함되어 있다.

하나는 쿠르베의 작업에 관한 오해로서, 1850년대의 민중판화를 본보기로 사용했다는 것은 아카데믹한 회화와는 다른 새로운 형상을 만들어내려고 하는 좋은 의미에서의 '야심', 1860년대에는 주제·화풍에 있어서 아카데미슴과 타협함으로써 세속적인 성공을 노린 나쁜 의미에서의 '야심'을 가졌다는 것은 본문에서 역설했다.

두 번째는, 'artisan'이라는 말이 일본에서 일반적으로 경멸적으로 쓰여지고 있는 것에 현혹된 오해로서, 이것은 낭만주의적인 또는 '근대적'인 'artiste'의 개념에 대한 무반성한 신앙이 어떤 방법으로 해독을 끼치고 있는지를 이야기해주는 것이

20대, 30대에는 즐겨 자화상을 그리고, 40 고개를 넘어서부터 빈번히 여체를 그려냈다고 하는, 나르시시슴으로부터 에로티슴으로의 전환[32]은 스스로 떠맡았던 구세주적 사명의 포기와 관능 세계에의 탐닉이며, 중년의 쿠르베에 있어서는 꿈이 쾌락으로 바뀌었다고 말할 수 있을지도 모르겠다. 다수의 수렵화 걸작, 자연에 대한 애착의 표현임과 동시에, 예전에는 왕후귀족의 기분전환이었던 수렵을 이제는 자기들이 충분히 즐기고 있다는 상승계급적인 자랑과 기쁨의 표현이었다. 그리고 같은 시기에 여체에 홀리기나 한 듯이 계속 그린 나체화로 말하자면, 그 어떤 것, 〈여자와 앵무새〉 등은, 매입자의 호색한 취미에 교태부린 관전파의 작품과 종이 한 장 차이밖에는 나지 않을 정도까지 타협하고 있다. 〈미역 감는 여자들〉이나 〈화가의 아

다. 이 책의 결론부에서 인용하는 다카다 히로아쓰高田博厚 씨의 글에 잘 나타나 있는 것처럼, 중세나 르네상스의 아르티장의 소박한 정신 · 소박한 조형과의 관련을 생각하지 않고는, 19세기 전위화가들의 작업을 정당하게 이해할 수 없다. 쿠르베는 '오르낭의 대가maître d'Ornan'라고 '호기를 부려' 자칭한 것은 아니다.

물론, 19세기부터 20세기까지의 관전파 화가들의 기교métier 편중주의를 비판하기 위해서 '그들은 아르티장에 지나지 않았다'고 말할 수는 있다. 그러나 그것은, 형해화形骸化한 기교에 대한 고집을 의미하는 것이며, 바로 그러한 정황을 타파하는 시도로서 보들레르의 '소박함'의 미학—본래의 의미로서의 '직인'의 정신을 회복시키려는 미학—도 생겨난 것이다. 고야가 어찌 직인에 '지나지 않았'을까 놀랍다 운운 등의 논의가 횡행하는 현재, 고야의 위대함은 바로 그 '직인'성에 있다고 하는 사고 등도 역설로서밖에는 받아들여질 수 없는 것일까(졸저, 《고야》, 新潮美術文庫 16, 84-85쪽, 또는 《회화가 위대했던 시대》, 30-31쪽 참조).

32 이 사고에 관해서는 작고한 피에르 프랑카스텔 교수 1968-69년도의 강의에 힘입은 바 크다는 것을 애도의 마음을 담아 쓴다.

그림 33. 쿠르베. 하얀 스타킹의 여자.

틀리에〉의 나부裸婦에 있어서는, 아카데믹한 이상화의 철저한 부정이 관전파 예술의 위선성에 대한 비판이 되어 있었다. 고대예술을 모범으로 하는 이상미가 곧 관상자觀賞者의 정욕을 자극하는 수단으로도 작용한다고 하는 위선성에 대한 통렬한 비판. 결국 거기에서는, 회화적인 차원에서의 비판적 의도가 회화 밖의 차원에서의 에로티슴을 배제하고 있었다. 1860년대의 나체화부터는 그러한 엄격함이 사라지고, 거기에서 볼 수 있는 것은 분명히 쾌락의 대상으로서의 여체이며, 다만 가끔씩 춘화와 비슷한 몹시 침범적인 대담함을 보이고 있는 것은 호감이 갈 수 있다고 말할 수 없는 것은 아니다. 그야 어떻든 난봉꾼 터키 대사의 요구에 응하여 레스보스의 여자들〔레즈비언—역자〕을 그리는 일도 있을 수 있었으며, 나체화에 한하지 않고, 이 시기

그림 34. 쿠르베. 설교를 마치고 돌아오는 길.

의 쿠르베는 팔리는 화가가 되어 있었다. 1865년 여름, 유명 피서지 투르빌에 체재했을 때에는 귀부인들로부터 초상 주문이 쇄도하고, 슈아죌 백작의 호화로운 별장에도 초대받았다고 친구에게 보내는 편지에 쓰고 있다.

1860년대에 프루동과 더욱 친해져서 사회주의에의 경도가 심화된 것은 종종 대서특필되지만, 그것은 예술적 창조와는 무관한 차원에서 일어난 일이다. 술 취한 시골사제들의 모습을 추하고 희극적으로 그린 대작 〈설교를 마치고 돌아오는 길〉은, 1863년의 관전에서 거부당하기도 하고 빈축을 사기도 했지만, 성직자 비판anticléricalisme의 극히 알기 쉬운 풍자적 표현이 대화면으로 확대된 것에 지나지 않는다. 1850년대 전반의 대작에서 볼 수 있었던, 정치적 이상과 예술적 표현의 긴장된 상관관계는 여기에서는 사라지고 없다. 1865년 프루동이 죽은 해에 출판된 《예술의 원리와 그 사회적 목적에 관하여》는, 쿠르베 예술의 본질을 공중뿐만 아니라 쿠르베 자신에게도 계시한다고 할 정도의 야심을 가지고 씌어진 책이지만, 〈미역 감는 여자들〉은 기름기 많은 음식을 너무 많이 먹어 추하게 살찐 우매한 부르주아의 풍자이다라는 식의, 억지로 가득 찬 것이었다.

극단적으로 말하면, 1860년대에 있어서 프루동과의 친교의 유일한 수확은, 당시는 야유받았으나 쿠르베 일대의 걸작에 넣어도 괜찮은 프루동상(파리, 프티 팔레 미술관)이다. 특히 거기에 묘사된 어린 딸들의 인형 같은 딱딱함 속에 담긴 무심한, 말하자면 동물적인 생명감의 표출은, "민중예술"과의 접촉에서 오는 "종합적" 형태 파악의 하나의 극치로서, 발튀스 소녀상의 하나의 원형이 되고 있다고도 생각된다.

1871년 파리 코뮌에 참가했다고는 해도 사상과는 무관하게 단지 연루된 것뿐이라고 해버리면 말이 지나치다고 할 것이지만, 1848년과 같은, 예술의 변혁까지도 포함한 유토피아를 거기에 위탁하지 않았다는 것은 확실하다. 파리에 남아 있던 예술가들이 결성한 '예술가 연합'의 회장에 선출된 쿠르베는 루브르를 시작으로 하는 파리의 기념건조물, 미술품의 보호를 위해 헌신적으로 일했다. 코뮌 패배 후 쿠르베 투옥의 이유가 되었던 유명한 방돔 광장 원주를 잡아당겨 넘어뜨린 사건[33]만 해도, 그 혼자 결정한 것이 아니라 그러한 지위에 있었던 것이 불운이었다.

이 경우에도 유일한 수확은 생트-펠라지 감옥 금고 중의 정물화 연작과 자화상이라고 말해야 할 것인가. 1862년부터 1863년까지의 생통주 지방 체재 중에 처음으로 본격적으로 정물화를 직접 다루어 아름다운 꽃 그림을 그린 쿠르베는, 3개월의 옥살이 동안 살아 있는 모델이 허락되지 않은 상태에서 과일을 그렸다. 다만, 옥중 작품으로 되어 있는 수십 장의 정물화 가운데 가장 아름다운 몇 장인가는, 정확히 말하면 1872년 초봄, 금고의 몸으로 뇌이이Neuilly의 뒤발 박사의 병원—덧붙이자면, 보들레르가 죽음에 이르는 1년간을 보낸 병원—에서 요양 중에 그린 것이다. 쿠르베는 그중 한 장에다 굳이 "생트-펠라지"라고 써 넣어 1872년 살롱에 출품했으나, 메소니에를 위원장으로 하는 심사위원회는 "참으로 지각없는 뻔뻔함에 분개하여" 이 정물화를 거부했다고 한다. 쿠르베 최후의 도발행위라고 할 만한데, 그러한 일화를 제외하더라도 오늘날 유럽 도처의 미술관에서 그 일부를 만날 수 있는 이 연작은 쿠르베로서 새로운 경지를 연 것일뿐 아니라, 정물화라는 장르의 역사에서 유례없는 강력함을 보여주는 것이라고 할 수 있지 않을까.

예로서 헤이그의 메스다하 미술관에 소장되어 있는 것을 보더라도, 전경에 있는 과일의, "미켈란젤로적"이라고 평가받기도 하는 우람한 인상은 능

33 〔역주〕 1871년 파리코뮌 당시 코뮌 미술위원장이었던 쿠르베는 그해 5월, 나폴레옹주의의 상징인 방돔광장의 원주를 잡아당겨 파괴하여 코뮌 붕괴 후 그 문책으로 수개월간 생트-펠라지 감옥에 투옥된다.

그림 35. 쿠르베. 정물-사과.

숙한 기교에 의해 물질감이 남김없이 형체로 이루어져 있다고 말하는 것만으로는 설명이 되지 않으며, 자연과의 접촉이 차단된 쿠르베가, 겨우 건네받을 수 있었던 사과나 석류에 자연 전체에 대한 애정을 쏟아넣고, 자연 전체의 힘을 담으려고 했다고도 말하고 싶어지는 그러한 성질의 것이다. 과일의 윤곽에 가볍게 테두리가 입혀진 것은 쿠르베로서는 최초의 시도로서, 아마도 마네, 모네 또는 세잔 등 젊은 화가들로부터 영향을 받았을 것이라고 추측되는데, 그것도 또한 조각적인 조형을 강조하는 역할을 다하고 있다. 왼쪽의 나무, 후경의 하늘은, 고향이 그리워 공상으로 그렸다고 말하는 것으로는 부족하며, 오랫동안 자기가 거기에 동일화되고 자기 속에 품고 있던 자연이, 눈앞의 과일을 기연機緣으로 하여 용솟음친 것이라고밖에 말할 도리가 없다. 보들레르식으로 말하면, 독방이나 병실의 좁은 공간에 갇힌 쿠르베의 정신은, 그 자신의 "무한"을 화면에 있는 하늘의 "유한" 속에다 빼곡히 칠해 넣은 것이다.

〈생트-펠라지 감옥의 쿠르베〉라는 제목으로 전해지고 있는 유명한 자화상(오르낭 쿠르베 미술관)도, 아마도 옥중 작이 아니라 병원에서, 아니면 퇴원 후 수개월간의 오르낭 체재 중, 아니면 1873년 이후의 스위스 망명 중에 그려진 것으로 추정된다. 같은 시기의 여타의 자화상이나 사진과 비교할 때, 이 자화상이 현실의 쿠르베 모습을 충실히 재현하고자 하지 않은 것은 분명하다. 누이 가운데 하나인 쥘리에트에게 증여된 것이라는 점에서 말해도, 기념의 의도를 가지고 그려진 것으로서, 여기에 이르러 쿠르베는 자신이 놓여 있는 상황을 확인하는 수단이었던 초기 자화상 연작의 정신으로 되돌아왔다고 할 수 있다. 프랑카스텔은 여기에서 "실추된 한 인간과 한 사회의 통절한 이미지"를 보고, "개인들이 스스로 야기시킨 온갖 힘에 의해 짓눌리는" 것의 표현을 보고 있다. "약해서든 강해서든, 네가 거기에 그렇게 있는, 그것이 힘이다"라고, 거의 같은 무렵 또 하나의 시골 사람 아르튀르 랭보가 자기를 도형수에 비기어 쓴 문구를 다시 들추어내기에는, 이 쿠르베의 표정은 너무나 명백한 무념 상태가 난처할 지경이다. 젊은 시절의 자화상과는 확연히 달라져, 지나간 시대를 돌이켜보면서 자신이 한 짓의 공허함을 되새기고 있는 듯한 표정.

> 당신이 알고 계시는 쾌활한 이 얼굴masque, 그 안쪽에 나는 고민과, 원한과, 마음에 흡혈귀처럼 달라붙어 있는 슬픔을 감추고 있습니다. 우리들이 살고 있는 사회에서는, 열심히 일을 해도 공허에 부딪히기 때문에 부질없는 일, 실로 바보 같은 작자들만 많아서, 이제 싫어진다고 할까, 생각하는 능력을 지나치게 기르다 보면 절대적인 고독에 빠지는 것은 아닐까 하고 두려워질 정도입니다.

이것은 1854년 혹은 55년 무렵 〈화가의 아틀리에〉 제작 중의 쿠르베가 브뤼아스에게 써 보낸 편지의 일부이다. 천재의 고독이라고 말한다면 진부하지만, 예의 그 뉘베르케르크 백작과의 회견과 거의 때를 같이 하는 것을 생각하면, 오만과 표리일체를 이루는 고독의 깊이가 엿보이지는 않을까. 그것은, 자기가 표현하고자 하는 것, 현대에서 소재를 취한 기념비적인 예술 등이라는 것을 받아들일 자리가 현재의 사회에는 (그리고 아마도 미래의 사회에서도) 없는 것은 아닐까 하고 회의하는 인간의 고독, 그래도 한편, 자기로서 정당한 해결이라고 생각되는 방향으로 한 번은 끝까지 가보려고 결의한 인간의 고독이었다. 세속적인 성공을 거둔 수년 후, 파리 코뮌의 고통스러운 체험을 거쳐, 이 고독은 마침내 "얼굴masque"에까지도 나타나게 된 것이다.

레만 호반의 작은 마을로 망명할 때 쿠르베는 수많은 자작품을 가지고 갔으나, 대작은 두루마리 상태로 여동생이나 친구에게 맡겨지는데, 그것이 많은 사람들에게 보여질 수 있는 날이 하루라도 빨리 오기를 바라는 간절한 소원 때문이었다. 그러나 관전파의 "퐁피에pompier"들[34]의 그림에 아낌없이 예산을 할애하는 제3공화국 미술행정당국은, 쿠르베의 그림에 대해서는 실로 열의를 보이지 않았다. 오늘날 오르세 미술관에서 볼 수 있는 〈화가의 아틀리에〉는 1920년 '루브르 친구 모임'의 모금에 의해 간신히 미술관에 들어가고, 〈화재 현장으로 달려가는 소방수들의 출발〉은 미완성이라는 이유도 있지만, 1882년 쥘리에트로부터 파리 시 미술관(프티 팔레)에 기증되고도 1920년까지 햇빛을 보지 못했다.

34 〔역주〕 19세기의 아카데믹하고 허식적인 양식을 고집하는 화가들.

IV. 現在의 발견

에두아르 마네

1. 튈르리의 음악회—보들레르

파리, 1862년 여름. 나폴레옹 3세 궁전의 측관, 여기 튈르리 공원에서, 군악대의 관현악이 "축제의 노래, 승리의 노래, 또는 일락의 노래를 던지고",[1] 성장盛裝한 사람들이 음악을 들으려고는 않고 왁자하게 떠들고 있는 정경. 1852년의 제2제정 성립 이래 이미 10년, 전제주의적 경향이 강했던 1850년대에 비하여, "자유주의적libéral"인 1860년대는 현대 도시로서의 면모를 갖추기 시작한 파리에 안일과 환락의 시민생활이 새로운 전개를 보이는 시기이기도 하다.

> 옛 파리는 이미 사라졌다(도시의 형태가
> 신속히 변하는 것은, 아! 사람의 마음도 따라가지 못할 정도).[2]

오스만의 도시계획에 따라 모습을 잃어가는 낡은 시가지를 그리워할 뿐 아니라, 새롭게 개통된 대로boulevard가 "재빨리 미완성의 화려함을 자랑스

1 〔역주〕 보들레르의 산문시 〈과부들〉.

2 〔역주〕 보들레르의 《악의 꽃》의 〈백조〉.

러운 듯이 내보이고 있는" 가운데에서도 유난히 환하게 가스등의 빛을 밝히는 금장金裝취미의 새로 생긴 카페를, 산문시 〈가난한 사람들의 눈〉에서 묘사한 보들레르. 1863년 《피가로》지에 발표한 《현대생활의 화가》는, 수채화가 콩스탕탱 기스론을 빌려 색채와 움직임의 무한한 보고寶庫라고도 할 만한 도시생활이 예술가에게 제공해주는 무한한 가능성을 뚜렷하게 계시하여 보여준, 도시예술 원론이라고도 할 만한 에세essai이다. 반세기 후 마르셀 프루스트 문학에서 처음으로 완전한 예술적 표현을 부여받는 "상류생활high life"의 갖가지 정경. 말이나 마차로 불로뉴 숲을 오가는 유한계급의 남녀들. 부유한 계급에 속한다는 것을 한눈에 알 수 있는 아이들의, 공원에서의 놀이 풍경.

그러한 어린아이 둘이서 전경 중앙에 묘사되어 있는 마네 최초의 대화면大畵面 〈튈르리의 음악회〉(런던 내셔널 갤러리 커버 그림)는 필시, 1862년 여름에 제작되었다.[3] 여기에서 《현대생활의 화가》에 담긴 보들레르 주장의, 유화의 영역에 있어서 최초의, 그리고 가장 충실한 현실을 보는 것은 극히 자연스럽다. 왼쪽부터 세어 4, 5번째의 가장 큰 나무기둥 앞에는 시인의 옆모습이 그려져 있고, 테오필 고티에나 샹플뢰리 등 친구 문인들, 마네

3 Nils Gösta Sandblad, *Manet. Three studies in artistic conception*(Lund, 1954), pp. 27-28. 보통은 1860년이라고 하고 있으나, 샌드블래드의 논증은 설득적이다(그 후 1938년 파리에서 개최된 마네전 카탈로그에서는, 그림에 기입되어 있는 것에 기초해서 1862년으로 되어 있다).

그림 36. 마네. 튈르리의 음악회.

와 보들레르가 알게 된 계기를 만들었다고 하는 딜레탕트 르쥔 근위대 소령 부부의 얼굴도 보인다.

> 여자들의 의상은 번쩍거리면서 옷자락이 바닥에 끌린다. 눈길이 서로 오간다. 한가한 사람들은, 아무 일도 하지 않는 것에 싫증나, 느긋하게 음악을 음미하는 체하면서 몸을 가볍게 흔들고 있다. 여기에는 풍요하지 않은 것, 행복하지 않은 것은 아무것도 없다. 무심함과 태평하게 살아가는 쾌락을 감돌게 하지 않는 것, 불러일으키지 않는 것은 아무것도 없다.
> ―〈과부들〉.

보들레르는 "풍요한" 사람들의 부류에도, "행복한" 사람들의 부류에도 포함되지는 않았다고 단언하는 것이 반드시 타당하지는 않다. 중산모에 검은 색 웃옷, 흰 바지에 손질하여 윤을 낸 구두와, 얼마간의 수입이 있는 사람이 나가는 곳에 나갈 수 있을 만큼의 제복 같은 것을 그럭저럭 갖추기까지 한다면, "파리인사tout Paris"의 일원으로 통할 정도의 계급에는 속하고 있었던 것이다.

그러면 이 "군중"은 도대체 어떠한 군중일까 하고 물을 경우, 1846년의 '현대생활의 영웅성'론에 내포되어 있던 두 개의 방향을 적용하여 이 물음에 답할 수 있다. 하나는, 무명성으로의 방향으로, 화면 깊숙이까지 가득 채우는 무수한 중산모는 그 아래 거의 모두가 같은 "제복"을 몸에 걸친 남자들이 서로 뒤바뀔 수도 있는 평등한 존재라는 것을 보여주고 있다. 거기에는, 똑같이 도시의 주민을 묘사해도 한 사람 한 사람에게 개성적인 표현을 부여하는 것을 본령으로 삼는 가바르니나 도미에로부터 마네를 구별하는 까닭이 있었다. 그러한 낭만주의적인 시상視像으로부터 자연주의적인 시상으로의 이행에 관하여 콩스탕탱 기스의 영향을 생각하는 것도 극히 자연스럽다. 《현대생활의 화가》의 제1장에서 다루어진 생토뱅 등 18세기의 풍속화가들이 이 무렵 유행했다고 하는 사정을 더불어 생각하거나, 아니면, 이 무렵 그림이 들어간 잡지를 장식한 파리생활 정경을 표현하는 수많은 석판화를 발상원으로 여길 때,[4] 거기에 묘사된 군중이 말할 것도 없이 무명이라는 사실이 하나의 의미를 지닌다.

다만 자연주의적 방향이라고 말했을 경우, 무명적 · 몰개성적 재현을 의미하는 것만은 아니고, 화면에 포함되는 정보량의 증가라고 정의될 수 있는 경향 또한 문제되지 않을 수는 없다.[5] 후년에 〈오페라 극장의 무도회〉의 모델이 된 친구들이 중산모를 쓸 때의 버릇을 한 사람 한 사람에 대하여 충실하게 재현했다고 하는 에피소드가 있다.[6] 튈르리의 무명이어야 할 군중 속에서, 조금 전에 열거한 것과 같은 이름—왼쪽 끝에 있는 마네 자신도 포함하여 문학과 예술에 있어서 창조의 첨단을 가는 사람들 및 그들을 이해하는 사람들인 엘리트—을 지적하기는 용이하다고 하면, 개인적인 "영웅성"의 표출이라는 제2의 방향도 완전히 말살된 것은 아니다.

친구들의 초상을 모아서 구성한 작품이라는 점에 중점을 두어 생각하면, 쿠르베가 〈화가의 아틀리에〉의 중앙에서 오른쪽 절반 부분에 포함시킨 것과 통하는 선언의 의도가 경미하게나마 담겨있지는 않은지 물어볼 수 없는 것은 아니다. 그러나 결정적인 차이는, 쿠르베가 "아틀리에"라고 칭한 무대적 공간과는 달리, 이것은 어디까지나 파리 사교생활의 현실의 한 장면이

---

4 Anne Coffin Hanson, "Popular Imagery and the work of Edourd Manet", in *French 19th century painting and literature—with special reference to the relevance of literary subject-matter to French painting*, edited by Ulrich Finke(Manchester, 1972).

5 Cf. Pierre Scheneider, *The world of Manet, 1832-83*(New York, 1968), pp. 141-142.

6 Théodore Duret, *Histoire d'Edouard Manet et de son OEuvre*(Paris, 1926), p. 110.

고, 등장인물들은 유일한 사람으로서 자기의 직능이나 운명을 나타내는 부속 표징물attribut을 부여받는 것이 아니라, 단지 부르주아 사회의 일원으로서만 묘사되어 있다고 하는 점에 있다. 쿠르베가 천직을 완수하고 있는 모습으로 자신을 묘사한 것에 비하여, 마네는 부르주아 신사라는 일상적인 모습으로 조촐하게 자기를 묘사한 주변에도, 과장된 사변의 표출과는 무관한, 세련된 도회인 마네의 취향이 자연주의의 철저함이라는 방향에서 작용하고 있는 것이 간파된다.

이 화면이 포함하는 정보를 해독해 보려고 할 때, 제목에 있는 "음악"은 화면 안에서 어떻게 표현되어 있을까라는 물음을 제기할 수 있다. 이 군중은 어떻게 보아도 음악을 귀기울여 듣는 품은 아니며, "음악"은 이 사람들로서도 화가로서도 프리텍스트밖에는 아니라고 정리해도 상관없다. 그러나 이 무렵 파리에서 인기를 얻은 작곡가 자크 오펜바흐의 모습이 그려넣어져 있는 것이 판명된다면 그것도 역시 하나의 정보다. 〈지옥의 오르페〉(1858년)나 〈아름다운 엘렌〉(1864년) 등의 오페레타가 고대 신화를 패러디화하여 보여준 것은, 20여 년 전에 도미에가 고대의 신들이나 영웅을 만화화한 것에 이어 우상파괴 작업, 지금도 여전히 신화적 알레고리 체계를 딴에는 진지하게 사용하고 있는 관전파 화가나 대부분의 시인들에 대한 풍자일 수도 있고, 마네 자신이 머지않아 〈올랭피아〉에서 시도하는 것과 같은 방향에서의 작업이며, 그러한 의미를 담아 오펜바흐가 여기에 있는 것이라는 식의 판단이 전혀 엉뚱하다고 말할 수는 없다. 다만 그것은 그걸로서, 여기에 있는 인간이 누구일까는 상관하지 않고 파리의 전형적인 유락풍경을 묘사한 그림으로서 이 작품은 성립하고 있다. 그리고 거기에 오펜바흐가 있다는 것에 주의가 미쳐도 마침 화가가 아는 사람이기 때문이라든가, 고작해야 이 즐거워 보이는 정경에 어울리는 음악을 작곡한 사람이기 때문에, 정도로 생각해 두는 것이 타당하다. 바로 거기에 알레고리적 표출체계로부터의 탈각이 있다. ―마네는 쿠르베가 아니기 때문에 자기의 그림에 〈현실적 알레고리〉 따위의 부제를 다는 일은 생각할 수조차 없다.

그러한 까닭에 마네의 회화에 그려져 있는 것을 읽어내는 데 있어서, 10년도 차이가 나지 않는 쿠르베의 경우와 비교해도 상당히 사정이 다른 것은, 이 그림 한 장의―어쩌면 예상이 빗나간―해독을 시도한 것만으로도 명백해진다. 여기에서, 역사적이라는 것에 가까운 의미에서의 시간적 정보를 잘라버리는 것을 마네 및 인상파 회화의 특징으로 받아들여보면 어떨까. 쿠르베 〈아틀리에〉의 선언성은, 왼쪽 절반의 많은 사람들은 현재의 "명부冥府"에 잠기고, 그중에서도 1793년 혁명의 용사나 아카데믹한 예술을 상징하는 성 세바스티아누스는 과거를 나타내는 것에 비하여, 중앙의 자신과 오른쪽 절반의 친구들은 인류의 미래를 선취하는 사람들이라는 식으로, 시간적 구조로서도 파악될 수 있다. 이에 비하여 〈튈르리의 음악회〉는 현재밖에는 나타내지 않는다.

동시대 영국의 사실주의 화가에게서, 극히 알기 쉬운 예로서, 윌리엄 홀만 헌트의 유명한 〈눈뜨는 양심〉(1852년, 개인 소장)을 인용할 수 있다. 윤락여성이 돌연 각성하여 더럽혀지지 않은 과거의 나날을 생각하고 미래의 갱생에 대한 결의를 다지는 모습 곁에, 이 회심을 알아채지 못하고 계속 현재의 쾌락에 빠져드는 방탕아의 모습이 묘사되어 있다. 마찬가지로 라파엘 전파 포드 매독스 브라운의 작품 〈당신의 아들을 받아들이시죠!〉(1857년경, 런던 테이트 갤러리)에서는, 발가숭이 아기를 내밀면서 이쪽을 응시하는 서글픈 여자의 표정에서, 그 뒤쪽 거울이 비추는 남자에게 농락당한 그녀의 과거를 알아챌 수 있는 것은 말할 것도 없고, 이 모자母子의 어두운 미래를 미리 구성해보는 일도 어렵지 않다. 이에 비하여, 마네의 〈올랭피아〉(오르세 미술관)가 고급 창부라는 것이 명백해도, 그녀는 수북한 꽃의 화려한 한 순간에 사로잡혀 있어서, 그녀가 "어떠한 지옥에서 나온 것일까" 하는 질문도 거기에는 있을 수 없으며, 동세대의 소설가 졸라가 창조한 전형적 인물 나나의 생애 마지막에 기다리고 있는 응보의 난치병의 참상을 예고하고 있지도 않다.

시간구조에서 도덕구조가 노출된다고 요약할 경우, 과거와 미래를 잘라버린 마네나 인상파의 시간구조는 "비도덕적"이라고 정의하고 싶어질 정도의 것이어서, 동시대의 비난도 종종 그 점에 향했다. 기술의 완벽함을 희생시킨다 해도 표출의 신속함을 으뜸으로 삼아야 한다고 설명하며, 동시대성의

그림 37. 콩스탕탱 기스. 그리제트.

가장 첨단적인 형태로서의 순시성瞬時性을 적극적인 가치로 정립한 보들레르의 《현대생활의 화가》의 주장도 또한, 도덕적인 의미에서 뭔가를 잘라버린 선택은 아니었을까. 순시성의 미학이 성립되는 것을 가능하게 만드는 장場이란, 〈이삭 줍는 여자들〉과 같이 마치 구약성서 시대의 노동에 힘쓰는 장(따라서, 만고불변의 도덕을 우의화하는 것을 가능케 하는 장)으로서의 전원은 아니었다.[7] "거대한 도시 안에서 맺어지는 무한한 관계의 교착"(《파리의 우울》 서문)이야말로 순시성의 장인 것을 보들레르는 의식했을 뿐만 아니라, 도시생활이 무수히 만들어내는 그러한 순간의 미적 쾌락에 표현을

7 노클린, 앞의 책(III의 주 16), 118쪽 전후를 참조.

"어느 시인이 감히, 어떤 미인의 출현으로 비롯된 즐거움을 그려낼 때 그녀와 옷차림을 분리하겠는가?"
—보들레르, 《현대생활의 화가》.

그림 38. 콩스탕탱 기스. 바구니를 든 여자.

부여했는데, 거기에서는, 관계 안에서, 예로부터 가장 중요한 것으로 되어온 어떤 면이 분명히 잘려나가 있다.

> 거리는 내 주위에서 귀가 멍해질 만큼 아우성치고 있었다.
> 키크고 호리호리한, 상복 정장 차림에, 엄숙한 고통을 품고,
> 한 여자가 지나갔다, 호화로운 한 손으로
> 4 꽃줄 장식 치맛단을 들어올리며, 흔들며,
>
> 날렵하고 고상하게, 조각 같은 다리를 하고서.

나는, 넋나간 사람처럼 옭죄인 나는 마시고 있었다,
폭풍우 감도는 납빛 하늘, 그녀 눈 속에서,
8 옴쭉달싹 못하게 하는 감미로움과 목숨을 앗아가는 쾌락을.

한 줄기 섬광…… 그리고는 어둠! —덧없이 사라지는 미인,
그 눈길로 나를 별안간 되살린 여자여……
11 ……그대 달아나는 곳 나는 모르고, 내가 가는 곳 그대 알지 못하니……

〈지나가는 여자〉는—그 흐트러짐 없는 "영웅성"에도 불구하고—말 그대로 무명의 존재이며, 무명의 군중 속에서 나와 무명의 군중 속으로 사라져간다. "무한한 관계의 교착"은, 상호간에 과거 · 미래에 걸치는 관계를 갖지 못함으로써 서로 자신을 밝히지 않는 존재들 사이에서만 성립하는 것이며, 그 관계는 또한, 마네의 그림 한 장을 구실로 지은 유명한 4행시[8] 안에도 암시되어 있다.

도처에서 만날 수 있는 그 많은 미인들 사이에서,
욕망이 뒤흔들리는 것은, 벗들이여, 나도 이해한다.
하지만 보게나, 롤라 드 발랑스에게서 반짝이는,
장밋빛과 검은 보석의 뜻밖의 매혹을.

8 〔역주〕 순회공연차 파리에 온 스페인 무용단의 프리마돈나 롤라 드 발랑스를 그린 마네의 그림을 보고 보들레르가 쓴 제목 없는 4행시.

"도처에서 만날 수 있는 그 많은 미인들"이 우리에게 무명의 존재라고 해도, 그것이 반드시 우리 쪽에서의 무관심을 의미하지는 않는다는 것을 보들레르는 잘 알고 있었다. "지나가는 여자"의 묘사에서 보란듯이 내보인 네 행〔2-5행—역자〕이, 이 부인의 신분, 처지, 복장, 행동거지, 그리고 육체와 정신에 관하여 놀랄 만큼 다량의 정확한 정보를 포함하고 있는 것은, 한순간의 날카로운 관찰과 표리일체를 이루는 강렬한 관심—숙명을 생각나게 하는 듯한 극적 감정에까지 고조된 관심—의 눈금이다. 과거 및 미래에 대한 도덕적인 폭의 결여는 현재 혹은 순간의 비상한 심화의 의해 보상되는 것이다.

2. 색채의 해방

보들레르와 마네가 알게 된 것은, 거의 정설이 되어 있는 연도를 받아들이자면, 시인은 37세로 《악의 꽃》 초판 이듬해, 화가는 26세로, 대작 〈퇴폐기의 로마인들〉(1847년, 오르세 미술관)의 대성공에 의한 명성으로 여전히 쇠할 줄 모르는 스승 토마 쿠튀르Thomas Couture의 아틀리에를 떠난 지 2년째, 미술관에서 과거의 명작 모사에 힘쓰면서 모색 중인 몸이었다.

시인과 알게 된 직후, 잘 아는 사이인 부랑자에게 중산모를 씌우고 검은 망토를 입혀서 그린 〈압생트 마시는 사람〉(코펜하겐 뉘 칼스베리 미술관)은, 《악의 꽃》적인 작품이라고 자주 일컬어진다. 확실히 이 인물은 〈살인

자의 포도주〉의 주인공이라고 해도 이상하지 않은데다 암울한 분위기의 표현을 들먹거리기는 쉽지만, 그러한 문학적 견지에서의 유사성을 내세워 말하는 것은 그다지 의미가 없다. 오히려 마네가, "그런 짓을 하고 있으면 자네는 자네 시대의 도미에밖에는 되지 못할 걸세"라고 말하는 쿠튀르의 경고를 거슬러서, 아틀리에에서 포즈를 취하는 직업모델을 그리지 않고, 거리에서 건져낸 인물을 당당히 모델로 쓴 점에 우선 하나의 적극적인 행위를 인정해야 한다.[9] 같은 방법으로 해서 그려진 〈거리의 여가수〉(보스턴 미술관) 성립의 에피소드를 떠올려도 좋다. 여기에서 여가수로 분扮하고 있는 것은 모델 빅토린 물랭임에 분명하지만, 그것은, 거리에서 눈에 띈 여가수 자신이 포즈 취하기를 거부했다는 사정 때문이다. 그 어느 쪽도, 보들레르가 《악의 꽃》이나 《파리의 우울》에서, 파리의 길모퉁이에서 얼핏 본 노파라든가 넝마주이 등을 노래한 것이, 조르주 블랭이 말하듯이 "시를 예술 쪽으로부터 인생 쪽으로 옮기는" 일이었던 것에 회화 면에서 호응하는 작품이었다.

그리고 또한, "새까맣고 추한 현대의 의복에도 그 나름의 아름다움이 있

9 최근 19세기 관전파 회화의 연구가 진행됨에 따라, 쿠튀르와 마네의 관계 등도 종래와 같은 대립관계로서만 파악하지 않고, 후자가 전자로부터 얻은 것이 무엇이었는지를 탐색해보려는 견해가 채용되게 되었다. 이 관점에서 보면, "자네 시대의 도미에" 운운하는 것도 찬사였는지 모른다. Albert Boime, *The Academy and French Painting in the Nineteenth Century*(London, 1971), p. 69 sq.

마네는 1861년 살롱에서 스페인취미의 이 그림(원화)을 출품하여 입선, 테오필 고티에를 비롯하여 비평가들의 찬사를 얻은 일이 장래에 환상을 품게 만들었는지도 모른다.

그림 39. 마네. 기타레로.

다"고 보들레르가 몇 해 전부터 설파한 지론의 적용을 여기에서 볼 수도 있다. 다만, 아틀리에 시대부터 마네의 치구인 앙토냉 프루스트의 회상[10]에 의하면, 마네는 이전부터 디드로의 《살롱》을 읽고는, "현대의 의상은 우스꽝스럽고 추해서 조각에도 역사화에도 알맞지 않다"고 한 주장을 몹시 어리석은 생각이라고 혹독하게 비난하고 있었다고 추측되기 때문에, 보들레르의 영향이라기보다는 두 사람의 의견일치를 거론해야 할지도 모른다.

10 Antonin Proust, *Edouard Manet*(Paris, 1913). 단 *Revue blanche*에 1897년 2, 3, 4월에 걸쳐서 연재된 것과의 사이에, 상당히 다른 문장들이 있다.

어떻든 〈압생트 마시는 사람〉을 마네의 아틀리에로 일부러 보러 온 쿠튀르 선생은, "이런 미치광이처럼 보이는 작자"를 만들어낸 화가야말로 압생트 마시는 사람이라고 욕설을 퍼부어, 원래 사이가 나빴던 사제 간은 마침내 결렬된다. 마네는 그래도 이 그림을 1859년 관전에 처음으로 출품해보지만 결과가 바람직하게 나올 턱이 없다. 낙선 통지가 마네에게 전달되었을 때 보들레르와 함께 마침 그 자리에 있던 앙토냉 프루스트에 의하면, 마네와 프루스트 사이에서 잠깐 논의가 있은 후, 보들레르는 이렇게 말했다.

"결론은 말이지, 자기 자신이어야 한다는 거예요."

"언제나 저는 당신에게 그렇게 말하지 않았습니까, 보들레르 씨?"라고 마네가 반문한다. "대관절 제가 〈압생트 마시는 사람〉에서 제 자신이 아니기라도 한단 말입니까?"

"흠, 흠" 하는 보들레르.

"아니 이런, 보들레르마저도 나를 깎아내리다니. 모두가 합세해서……"

그래서 마네라는 자, 이윽고 "자기 자신일" 것에 투철하게 길을 선택하지 않을 수 없는 지경에 몰렸다. 〈압생트 마시는 사람〉이 마네의 입장에서는 레알리슴으로 결연하게 한 발을 내디딘 것이었을지 모르지만, 기법상으로는 쿠튀르의 아틀리에에서 버릇이 든 상투적 기교의 흔적을 남기고 있는 것은, 1861년의 관전에 입선한 〈기타레로〉(뉴욕 메트로폴리탄 미술관)와 비교하여 보면 명확해진다고 일컬어진다. 여기에서는, 전통적 화법의 금과

옥조인 반농담半濃淡demi-teinte의 사용을 그만두고—중간색조로부터 이루어지는 색계gamme에 의해 어두운 부분으로부터 밝은 부분으로의 이행이 무리없이 서서히 진행되어, 이 색조들이 (음악에 있어서와 마찬가지로) 주색조dominante에 합쳐지지 않으면 안 된다는 생각을 버리고—각 부분은 제각각 고르게 빛을 받은 색이 펼쳐지는 면적으로서 파악된다.[11] 이것을 하나의 출발점으로 하여 마네는, 전통적 화법 교육의 굴레를 벗어나 "자기 자신"이 되는 길을 걷기 시작한다고 말할 수 있다.

그와 같은 전환의 과정에 있어서, 스페인 회화나 일본 부세회浮世繪의 영향을 빠뜨릴 수 없음은 물론이다.[12] 또한, 마네 자신의 창의나 타고난 감각이라는 것을 우선 중시해야 하며, 보들레르의 영향 운운하는 것에 있어서도 신중해야 한다. 하지만 미술비평가 보들레르 15년간의 주장에는, 채색법에

---

11 Cf. John Richardson, *Manet*(London, 1967), p. 9.

12 마네에 있어서 부세회의 영향에 관해서는, 주 3의 샌드블래드의 책, 주 11의 리차드슨의 책, 사사키 히데야佐佐木英也 씨의 《마네》(集英社, 1971) 및 《마네와 드가》(공저, 中央公論社, 1972)을 참조. 더욱이 이 시대의 문인 · 예술가의 부세회에 관한 반응을 논함에 있어서는 대단히 신중해야 한다. Yvonne Thirion, "Le japonisme en France dans la seconde moitié du XIXe siècle à la faveur de la diffusion de l'estampe japonaise", *Cahiers de l'Association Internationale des Etudes Françaises*, n° 13, 1961 및 이케가미 츄지池上忠治 씨의 일련의 연구를 참조하기 바란다. 이케가미 씨의 연구 이외의 문헌에 관해서는, 고바야시 타이치로小林太市郞 저작집 제2권 《호쿠사이와 드가》(淡交社, 1974)에 이케가미 씨가 첨부한 해설의 주에 서지를 확인할 수 있다.

그림 40. 윌리엄 오술리에. 청춘의 샘.

관하여 그리고 기법 일반에 관하여 전통적인 가치관념을 뿌리부터 뒤엎을 정도의 것이 있어서, 그것이 마네의 자기발견을 도와주는 일에 공헌하지는 않았을까 하는 가설은, 일단은 세워볼 만한 가치가 있다고 생각된다.

1845년의 살롱을 기회로 미술비평가로서 데뷔한 24세의 보들레르가, 무명의 신인 윌리엄 오술리에의, 한마디로 말해서 치졸한 그림 〈청춘의 샘〉(런던, 개인 소장)에 말 그대로 "격렬한 찬사"를 보내고, '역사화'의 장 안에서 들라크루아 다음으로 가장 중요한 취급을 한 것은 동시대인을 경악하게 한 것만은 아니다. 그 후에도 보들레르를 논하는 사람들로서는 수수께끼라기보다는 오히려 회화에 관한 시인의 풋내기적인 판단을 증명하는 예로서 계속되었다. 행방불명으로 여겨지던 이 그림이 모습을 나타내, 1967년부터 68년까지 프티 팔레 미술관에 진열되었다. 그때도 파리의 어느 고명한 비평가 등은, 지금까지 이 환상의 명화에는 몹시 현혹되었었는데 백문이 불여일견이라고, 미혹은 씻은 듯이 사라지고 "동시대의 사람들이 이 그림 앞에서 폭소를 터뜨린 것이 얼마나 잘 이해되는가, 보들레르가 이 그림을 높이 치켜세운 것을 보고 이해하는 데 얼마나 힘이 들었을 것인가"라고 이러쿵저러쿵 썼다.

과거의 비평가의 판단에 대하여 우리가 거기에 또 판단을 내릴 경우, 어떤 작품이 빼어난가 아닌가에 대한 판단을 틀렸다거나 옳았다고 하는 식으로, 초시간적(초역사적)인 가치 범주를 토대로 해서만 일을 처리한다면 작품과 비평의 관계 속에 포함되어 있을지도 모를 창조적(적어도 방향모색적)인 요소를 놓치게 될 수도 있다. 우수한 비평가란, 동시대의 문학이나 미술이 어떻게 해서든 풀어내야 하는 과제라는 것이 있다고 생각하여 그 해결을 위해 스스로 제안을 시도해보든지, 적어도, 시인이나 화가가 모색하여 시행하고 있는 해결의 시도를 이해하고, 세상사람들에게도 이해시키려고 노력하는 비평가가 아닐까. 〈청춘의 샘〉에 관하여 말하자면, 다른 비평가로서는 "기법상의 결함"으로 보인 것이 보들레르의 눈에는 당시 관전파의, 기법의 완벽을 첫째로 삼는 경향으로부터 벗어나는 단서로서의 적극적인 의미를 가졌다. 색채의 "생생함crudité"이 여타의 비평가들이 보기에는 결함이지만, 관점을 달리하면 반농담의 기법, 키아로오스쿠로chiaroscuro 기법(명암법)[13]에 충실한 나머지 색 그 자체의 반짝임을 없애고 전체를 갈색 또는 보라색을 띤 어두운 것으로 만들어버린 듯한 그림이 죽 늘어서 있는 관전 한 가운데서 신선한 광경의 통풍구를 하나 열어놓은 작품이었던 것이다.

> 이 유화에는, 우리가 생각하기에 매우 중요한, 특히 미술관에서 중요한 특질이 있다 —눈에 아주 띄기 쉽다는 것이다. 〔…〕 색채는 무시무시하고, 가차없는 생생함으로 〔…〕 무모하다고까지 말하고 싶은 정도다. 〔…〕 작자는 앞으로 대담솔직한 색채가가 될 가능성도 있다. —또 하나의 거대한 특질 〔…〕 그것은 이 그림이 신념을 갖고 있다는 것이다 —자신의 아름다움에 대한 신념을 가지고 있다, —이것은 절대의 회화, 확신을 갖고 이렇게 외치고 있는 회화다 —나는, 이 나는 아름다워지고 싶다 —내가 생각하고 있는 것처럼 아름다워지고 싶다. 〔…〕 (강조점 원역자)

1968년 가을, 보들레르의 비평대상이 된 작품 몇 장인가가 걸린 프티 팔레 미술관의 한 전시실에서, 〈청춘의 샘〉 색채의 선명함에 말 그대로 주목하게 된 것이 떠오른다. 동행한 친구는 라파엘 전파를 상기시킨다고 말했으나, 그도 그럴 것이, 오슐리에는 당시의 프랑스에서 이탈리아의 프리미티브

13 〔역주〕 이탈리아어 'chiaro'(빛)와 'oscuro'(어둠)을 합성하여 만든 회화용어로서, 회화에서 3차원 세계를 표현하기 위한 명암대비법을 말한다.

화가들로부터 영감을 받은 한 사람이었으며, 그의 색채의 "가차없는 생생함"에는, 나뭇잎의 녹색은 어디까지나 녹색, 꽃의 노란색은 어디까지나 노란색으로, 화면의 조화는 염두에 두지 않고 오로지 하나하나의 색채를 충실하게 재현하려고 한 영국 라파엘 전파의 시도에 호응하는 바가 있다. 1855년 파리 만국 박람회에서, 존 에버렛 밀레이스의 〈오필리어〉를 본 사진작가 나다르가, 그 색채의 "톡 쏘는" 생생함에서, 친구 보들레르가 그토록 격찬한 보람도 없이 어디론가 사라져버린 오술리에를 떠올린다고 쓴 것도 이유가 없지는 않다. 바로 그 만국박람회 미술 부문 비평에 펜을 든 보들레르 자신이, 영국 회화, 특히 라파엘 전파에게 대단히 매력을 느껴서, 별도로 하나의 장을 할당하여 논하기로 약속하지만 집필을 중단하지 않을 수 없었던 일은 아무리 생각해도 애석할 따름이다. 만약 이 장이 씌어졌다고 한다면 시인의 색채론에 한층 중요한 몇 페이지 정도가 덧붙여졌음에 틀림없을 것이기 때문이다.

1845년의 보들레르가 오술리에를 격찬한 것이 일시적인 변덕은 아니었다. 이듬해 《1846년 살롱》에서도, "소박함과, 자신의 기교가 제공해주는 모든 수단에 도움을 받은, 자신의 기질의 성실한 표현"이라는 의미로 "개인주의"를 정의하는 대목에서, 그 적절한 예로서 오술리에를 끌어와 한 해 전 이 화가를 격찬한 것 때문에 몹시 비난을 받았지만, 생각을 바꿀 의도는 없다고 잘라 말한다. 그리고 생생한 색채의 사용이 "기질의 성실한 표현"의 중요한 수단이라고 생각하고 있었던 것은, 1년 전의 오술리에에 계속하여 그 해에는, 치졸하다는 점에서는 더하면 더했지 못하지 않은 미국의 풋내기 화가 조지 캐틀린이 인디언이나 초원의 풍경을 그린 그림의 단조로운 적색과 녹색의 표현적 효과를 특필하고 있는 언저리에서 보이고 있다.

> 예를 들어 베로네세의 색채는 평온하고 쾌활하다. 들라크루아의 색채는 종종 탄식하는 듯하고, 캐틀린 씨의 색채는 종종 무시무시하다.
>
> 나의 창문 앞에는 오랫동안, 몹시 강렬한 녹색과 적색으로 절반씩 칠해진 선술집이 보였는데, 그 색들은 나의 눈에 감미로운 고통이었다.

오술리에도 캐틀린도 졸렬함 때문에 조소의 대상이 된 화가이며, "소박함"에 적극적 가치를 인정하는 것은 미술비평가 보들레르가 시종일관 주장한 것으로, 예를 들어 1859년의 살롱에서는 알퐁스 르그로에게 대한 호의적인 평가에 그것이 나타나고 있다. 기법상의 결함이 지적된다든가 조소당한다든가 해도 아랑곳하지 않고, 오로지 "자신의 기질의 성실한 표현"을 관철하자는 사고방식, 특히, 사람들이 지나치게 강렬하다거나 생경하다고 비난하는 것과 같은 채색법, 그것이 오술리에나 캐틀린의 경우만큼 무의식적인 행위이면서 하나의 독창으로의 가능성을 품고 있다고 하는 발견—그것은, 젊은 마네가 색채 그 자체의 해방을 통하여 자기 자신이 되려고 하는 노력에 커다란 시사와 격려를 주었음에 틀림없다.

그러한 의미에서 두 사람의 교우에서 태어난 최대의 수확은 역시 〈튈르리의 음악회〉로서, 1863년 마르티네 화랑에 전시되었을 때, 가장 유력한 비평가의 한 사람인 폴 망츠가 이 그림과 〈스페인 무용단〉, 〈롤라 드 발랑스〉 세 점을 평한 말—"적색, 청색, 노란색, 검은색이 뒤범벅된 칠은 색채의 캐리커쳐이지, 색채 자체는 아니다"라는 말을 반드시 인용해두어야 한다. 결국 이 작품은 현대의 도시생활을 묘사한다고 하는 주제의 선택에 의해서뿐만 아니라, 전통적인 "색채"관을 타파하는 "뒤범벅 칠bariolage의 미학"14—에 의해서도 또한, 보들레르적이라고 말할 수 있다.

그리고 여기에서 또한, 마네의 채색법을 들라크루아 혹은 인상파 화가들의 그것과 근본적으로 구별하는 이유가 있다고 하는 것을 다시 한 번 확인해두고 싶다. 전경 왼쪽에 있는 부인들의 의상의 선명한 노란색은 이 의상 자체에 고유의 색을 도드라지게까지 하는데, 빛의 변화에 따라서 원래 동일한 노란색의 표면이 우리의 망막에 가지각색으로 비치는 효과의 관찰이 어떠한 역할을 하고 있는 것은 아니다. 오히려 모자와 리본의 똑같이 선명한 고유색인 청색과의 대조contraste에 중점이 놓여있다. 흰색이나 검은색이 고유색으로 쓰일 수 있다는 것, 그와 같이 빛과 그늘에 의한 색의 변화를 무시한

14 Georges Blin, "Eloges des contradictions de la Variété", 1973. 일본어역 〈변화 모순송〉, I의 주 24에서 언급한 책, 254쪽.

마네 유화의 '병치된 밝은 색'이 단지 'bariolage'로 취급된 것에 관해서는, Théodore Duret, *Histoire des Peintres Impressionistes*(Paris, 1922), p. 4.

채색법에 의한 것이다. 작품의 도식이나 모들레[15]해야 할 형태에 의해 요구되는 빛과 그늘의 배분이 채색을 규정하던 전통적 반농담 화법으로부터의 탈각이 19세기 중엽 이래의 전위회화에 있어서 근본적 과제의 하나였음은 새삼스럽게 말할 것도 없다. 하지만 그 과제에 대하여 마네가 제시한 해결(적어도 그중의 하나)이, 들라크루아나 인상파의 분석적인 해결과 달리 종합적인 해결이었다고 생각할 수 있다. 그것은 마네가 입은 여러 가지 영향(부세회의 영향이든, 앵그르의 영향이든)에 관해서도, 또한 그 이후의 서구 회화에 끼친 마네의 영향에 관해서도, 단순하기는 하지만 정리된 시야를 열어주는 데 도움이 될 것이다. 〈튈르리의 음악회〉에서 마네가 빛의 효과를 전혀 생각하지 않았다고까지 말하면 지나친 감이 있고, 옥외에 군집하는 군중 위에 마구 쏟아지는 빛이 윤곽을 바림하는 효과를, 말하자면 색채의 '교향交響'으로서 재현하는 시도는, 이 그림에 인상파에 대한 선구적 위치를 부여한다.[16] 그러나 마네는 서구 회화에 밝음을 초래했다고 말할 수 있어도, 그 밝음이 빛보다는 색에 중점이 놓인 밝음이었다고 생각할 때, 출발점에 마네의 채색법에 대하여 보들레르의 한 가지 선택이 의미를 가질 수 있었던 것 또한 명백해진다.

---

15 〔역주〕 원어는 modelé. 회화에서 3차원적 형태의 입체감을 표현하는 방식.

16 Pierre Francastel, *Histoire de la peinture française*, t. 2(Paris, 1955), p. 111.

3. 시인의 "몰이해"

보들레르의 마네에 대한 몰이해 내지 무관심을 비난하는 현대의 비평가들이 으레 제기하는 논거는 시인의 침묵이다.[17] 마네의 작업을 사람들에게 이해시키기 위한 정리된 글을 왜 쓰지 않았을까, —특히, 63년 아니면 65년, 욕설과 조소의 대상이 되어 있는 마네를 옹호하는 필진을 왜 펴지 않았을까 하는 비난이다. 비평가로서의 보들레르에게는 상업 저널리즘의 범위 내에서 주문 원고를 쓰는 이외에 발표의 기회가 없었다는 현실, 신문이든 잡지든 정기적으로 집필하는 시평가였던 고티에 등과 달리 우발적으로밖에는 주문받는 일이 없었던 데다가, 조금 전에 거론한 1855년의 연재 중단의 예가 보여주듯이 편집자들과의 사이가 결코 좋지는 않았다는 사실을 무시한, 생떼를 쓰는 격의 비난이다. 무엇보다 1864년 봄 벨기에로 도피한 후로는, 파리의 저널리즘과의 인연은 사실상 끊어졌다고 할 수 있다. 더욱이 보들레르와 화가들과의 관계를 운운할 때, 들라크루아와 같이 명성을 확립한 대가와의 관계를 논하는 경우와, 쿠르베나 마네와 같은 동시대 또는 후배 화가와의 관계를 논하는 경우에서는 관점이 자연히 달라지는 것이 당연하지 않을까.

들라크루아 작품의 매력을 어떻게 설명할까, 예술가로서 또는 당디로서

17 Philippe Rebeyrol, "Baudelaire et Manet", in *Les Temps Modernes*(oct. 1949)가 그 전형일 것이다.

의 들라크루아의 생활태도에서 무엇을 배울까—두 가지 물음을 축으로 한 보들레르의 사색은, 19세기 미술비평의 가장 빛나는 수십 페이지를 만들어 냈다. 그러나 그것이 들라크루아 자신의 예술에 대해서는 어떠한 능동적인 역할도 할 수 없었으며, 오늘날 우리가 보기에, 경우에 따라서는 시인과 화가 사이의 세대적 내지는 기질적 간격을 말해주는 것조차 있다. 쿠르베와의 관계에 이르면, 동세대에 속한다는 것 뿐 아니라, 적어도 몇 년 동안은 같은 지적 환경 안에서 거의 같은 정치적 · 도덕적 · 예술적 문제에 몰두했다는 사실이 있어서, 이럴 경우, 친근감과 혐오 사이의 진폭이 커졌다는 것은 두말할 필요도 없다.

마네와의 관계에 있어서는 쿠르베와의 경우와 마찬가지로, 예술에 관한 문제의 공통성이라는 끈끈한 유대도 확실히 존재했다고는 하나, 이번에는 시인이 11세 연장자라는 연령의 차이도 있어서, 동년배의 동지 사이에서와 같은 긴박한 교우는 아니었을 터다. 게다가 귀족적인 들라크루아, 시골 신사 쿠르베와 사귀기 어려웠던 것과는 달리, 같은 파리의 중류 부르주아 자제끼리라는 관계로, 생활상에서나 예술상에서도 취미의 일치에 이르기 쉬웠던 것은 상상하기 어렵지 않다. 《현대생활의 화가》가 마네가 아니고 기스를 논하고 있는 것은 괘씸하다 하여 보들레르를 비난하는 것은 어리석은 짓으로, 그 집필이 기획된 1859년 내지 1860년에는, 아직 모색 중의 마네는 모노그라피의 대상이 될 정도의 작품을 만들어내지는 않았다. 에세의 내용에 마네가 즉각 공명했으리라는 것은, 마네가 기스의 수채화를 몇 십 점이나 수집했다는 사실로도 뒷받침되며, 기스로부터 마네에게로의 영향도 있을 수 있었던 것은 앞에서 진술한 그대로다. 게다가 "현대생활의 화가"이려고 하는 마네의 노력에 보들레르가 커다란 기대를 걸고 있었던 것을 알기에는, 인쇄된 글 안에서 마네에 관한 유일한 대목, 〈화가들과 부식동판화가들〉에서의 다음과 같은 대목을 읽는 것만으로 충분하다.

> 다음 번 관전에서는, 가장 강렬한 스페인 풍미를 띤 그의 작품이 여러 편 선보이게 될 것인데, 여기에는, 스페인 정신이 프랑스에 도망쳐 들어온 것은 아닐까 하고 생각하게 하는 구석이 있다. 마네와 르그로 두 사람은, 현실, 즉 현대의 현실réallité moderne에 대한 확고한 기호嗜好를 갖고 있으며, —이것만으로도 이미 좋은 징후이지만, —이 기호에다, 활발하고 폭넓은, 민감하고, 대담한 상상력을 결부시키고 있다.

도식적으로 말하면, 들라크루아와 쿠르베에게 각각 한 가지씩 결여되어 있는 것을 양쪽 다—"현대의 현실"에 대한 관심과 "상상력"을 둘 다 인정한다고 하는, 보들레르 입장에서 이 이상의 찬사는 생각할 수 없다.

하지만 지금 인용한 문장에서 "스페인 정신이 프랑스에 도망쳐 들어온" 운운하는 대목은 다시 다루어 볼 필요가 있다. 보들레르와 마네라고 하면 반드시 증인으로 소환되는 스페인 무희 롤라 드 발랑스의 초상을 기초로

그림 41. 마네. 롤라 드 발랑스. 에칭.

하여 새긴 에칭에 부친 4행시가 유명하다는 것만으로 보들레르가 마네를 좋아했다고 하는 것은, 낭만파 전래의 스페인 피토레스크 취미 때문이라고 생각할 수 없기 때문이다. 사실 또한, 1860년대 초두의 마네가 빈번히 스페인적 주제를 선택한 것도, 황제 나폴레옹 3세가 스페인 명가名家 몬티호의 영양令孃 외제니를 황비로 맞이한 것에서 오는 세상 일반의 스페인취미 유행과 무관하지는 않았다. 1861년의 관전에 〈기타레로〉를 출품한 주변에는 이 풍조를 잘 타려고 하는 계산이 작용했던 것도 생각할 수 있으며, 1830

년 이후 파리에서 스페인 취미를 대표하는 문인 테오필 고티에는 "카란바!" 하고 환호성을 지르고, 그 때문이라고 단정할 바는 아니지만 이 그림의 기법적인 새로움은 끝내 알아채지 못했다고 할까, 어떻든 묵인해주었던 것이다.

보들레르에게는 마네가 이국취미를 자랑삼아 내세우는 화가로 보일 정도로 의외의 일은 아니었다. 1864년 봄, 채권자들의 추궁을 피해 순회강연과 전집출판으로 한 재산 모으려는 꿈을 안고 브뤼셀로 이주한 시인은, 6월 어느 날, 《벨기에 독립》지에서 비평가 테오필 토레가 파리의 살롱을 평하여, 마네의 〈죽은 그리스도와 두 천사〉(뉴욕, 메트로폴리탄 미술관)는 엘 그레코의 모사, 또 한 장 〈투우의 에피소드〉(일부만 〈죽은 투우사〉로서 워싱턴 내셔널 갤러리에 현존)는 고야와 벨라스케스의 모사라고 쓰고 있는 것을 보고 분개한다. 즉시 토레에게 써 보낸 편지에, 마네는 일찍이 엘 그레코도 고야도 본 일이 없으며, 벨라스케스는 어딘가에서 본 적이 있을 것이지만, 토레가 여기에서 문제삼고 있는 그림이 있던 푸르탈레스 화랑을 찾아간 일은 없다고 항의한다.

오늘날에는, 마네는 아마도 소년시절 당시 루브르에 있던 '스페인 미술관' 등도 분명히 보았으리라는 것이 거의 정설이 되어 있어,[18] 이 항의는

18 〔역주〕 '스페인 미술관'은 루이 필리프 개인 소장품으로 구성되어 루브르에 전시되어 있었으나, 1848년의 2월혁명 후 오를레앙 가로 반환된다. 따라서 1832년생인 마네가 '스페인 미술관'에 출입했을 가능성은 매우 높다고 할 수 있다.

강변처럼 들린다. 왜 그러한 강변을 감행했을까. 루브르에 자주 드나들면서 그때마다 반드시 '스페인 미술관'에 들어갔다고 하는 24, 25세 무렵의 보들레르는, 현대 의복의 검정이나 회색, 흰색만으로 색채효과를 내기 위한 재료로서 충분하다고 하는 주장을 내세우는 데 있어서, 스페인 화가들의 예를 염두에 두고 있었다. 그리고 20년 후인 지금, 마네의 스페인회화 심취에는 검정이나 회색, 흰색 자체를 고유의 색채로서 사용하는 법을 배운다고 하는 조형적 의의가 있다는 것에 주의가 미치지 않는다고는 생각되지 않는다. 그러고 보면 이 속이 들여다보이는 항의의 진의는, 마네가 설령 스페인 화가를 모방했다 해도 그 독창성은 절대적이라고 말하고 싶었던 점에 있지는 않았을까. 같은 편지 안에서, 자기도 종종 에드가 포를 표절한다고 비난받지만 그러한 사실은 없고, "그가 나를 닮은" 것이라고 자기 경우의 "신비한 우연의 일치"를 인례引例로서 내놓는 것 등은, 마네의 독창성에 대한 신뢰와 기대가 이만저만이 아니었다는 것을 증명한다.

마네 초기의 작품에 관해서도, 또한 마네와 보들레르의 관계에 관해서도, 가장 정밀하고 설득력 있는 연구는 N. G. 샌드블래드의 것으로, 그 안에서 이 편지의 의미가 논해지고 있는 대목은, 시인이 화가에 대해 품고 있던 기대와 친근감의 해석으로서 핵심을 찌르는 것이라고 생각된다. 마네가 루브르 등에서 빈번히 과거의 거장들을 모사하고 고전작품을 본뜬 그림을 계속 그렸다고 하는 사실은, "자신의 예술가로서의 능력에서 실험해온 것과, 인생에서 체험한 것 사이의 상호작용이 거의 불명료하게 되어서, 그의 상상력을 더 이상 자극하지 못하게 되어 있었던" 것을 의미하며, "이야말로 마네가 보들레르와 공통적으로 갖고 있던 태도이고, 바로 이 점에서 보들레르가 마네에게 강한 자극이 되었다는 것도 전혀 생각할 수 없는 것은 아니다" 라고 샌드블래드는 말한다. 토레에게 보낸 편지에서 "나 스스로 이 신비한 우연의 일치를 아연한 기분으로 감탄해 왔습니다"라는 이야기도 이 점을 가리키고 있음에 틀림없다고 할 수 있는데, 이것은 분명히, 발상원을 많이 갖는 것이 그대로 독창성의 결여를 의미하지는 않는 것과 같은 현대의 예술가 본연의 상태에 관한, 매우 미묘한, 정곡을 찌르는 견해라고 말하지 않을 수 없다.

샌드블래드가 그 다음 대목에서, 마네가 고전회화의 세계를 두루 거친 공덕으로서, 당시의 화단을 둘로 가르고 있던 "아카데미슴과 레알리슴 사이의 갈등에 결코 말려들지 않았던" 일, 그리고 오히려 "고전적 예술과 동시대 생활의 묘사 사이의 갈등이라는 문제에 직면하지 않을 수 없었던" 일을 거론하고 있는 것은 보들레르에게도 정확하게 들어맞는다. 독창성이란 반드시 과거에 대한 무매개적無媒介的인 단절로서 성립되는 것이 아니라, 전통에 대한 관계방식의 탐구 속에서 바로 강력한 부정적 계기가 싹튼다는 점에 있다고 하는 것을, 그 어딘지 모르게 단정적으로 결론지을 수 없는 모색 안에서 느끼게 해주는 예술가의 표본으로서, 보들레르와 마네를 거론하는 것이

그림 42. 마네. 그리스도와 천사들.

잘못된 방향은 아닐 것이다. 발레리의, 종종 피상적이라고 비난받은 의견—"〈축복〉, 〈파리 풍경〉, 〈보석〉그리고 〈넝마주이의 포도주〉를 쓰는 인간과, 번갈아가며 〈그리스도와 천사들〉, 〈올랭피아〉, 〈롤라 드 발랑스〉 그리고 〈압생트 마시는 사람〉을 그리는 인간 사이에 뭔가 깊은 조응이 없지는 않다"[19]고 하는 말은, 이 견지에서 볼 때 하나의 깊은 의미를 지닌다.

1864년의 살롱 개최 직전 아직 파리에 있던 시인은, 옛날 문학청년 동료이

19 〔역주〕 폴 발레리의 〈마네의 승리〉.

며 이제는 루브르 미술관 부관장인 필리프 드 셰느비에르 후작—입선작을 화가 이름의 ABC순으로 늘어놓는다는 원칙을 세워 완강히 이 원칙을 굽히지 않은 인물—에게 짤막한 편지를 써서, 마네와 팡탱-라투르의 그림은 잘 보이는 곳에 걸어달라고 일부러 의뢰도 하며, 브뤼셀에서 마네 앞으로 보낸 편지에서는, 작품에 대한 대우는 어떠했는지 알려달라고 문의할 정도로 정성을 들였다. 시인이 벨기에로 떠난 1864년 봄부터 나뮈르의 교회에서 실어증·반신불수 발작을 일으켜 쓰러지기까지 2년간, 마네와의 사이에 빈번히 편지 왕래가 있었다. 그것은 마네가 가르니에나 르메르 등 파리의 출판업자 상대로 대리인으로서 《악의 꽃》 신판을 내는 교섭 등을 떠맡았기 때문이기도 하지만, 용건으로부터 이내 다른 이야기—마네가 스페인에 여행하여 벨라스케스를 보고 감격했다는 보고 등—로 옮겨가며, 그러한 모든 것을 관통하는 친숙함 안에서도 서로의 경의 어린 태도는, 두 사람 사이에 얼마나 친밀한 우정이 이루어져 있었던가를 느끼게 한다. 그와 같은 편지왕래의 요점은 역시, 〈올랭피아〉가 커다란 스캔들을 일으킨 1865년의 관전을 둘러싼 이야기들이 될 것이다.

> 친애하는 보들레르여, 당신은 현자입니다, 내가 비관했던 것은 잘못이었습니다. 요전에 편지 드리고 난 뒤 그 사이에 저의 작품[20]이 입선했습니다.

20 〈올랭피아〉와 함께 출품된 〈병사에게 모욕당하는 그리스도〉(시카고, 아트 인스티튜트).

전해 오는 평판에서 보면 그렇게 나쁜 해가 되지는 않으리라고 생각되기조차 할 정도입니다.

일희일비一喜一悲하는 젊은 마네를 상대로, "현자"의 역할을 하는 보들레르. 같은 해 봄 샹플뢰리에게 보낸 편지에서 "마네는 강력한 재능을 갖고 있습니다, 계속 유지하게 될 재능을. 그러나 약한 성격의 소유자입니다"라고 쓰고 있는 등, 사람됨을 "약한 성격의 소유자" 따위라고 하면 딱하기 짝이 없는 것으로 보는 경향도 있을 테지만, 《악의 꽃》에 관해서는 저널리즘뿐만 아니라 사법권력까지도 적으로 돌린 경험도 있는 몸, 공훈을 몹시 동경하는 마네가 악평에 의기소침하거나 격분하거나 하는 것을 냉정하게 바라보면서, 격려하기도 하고 때로는 호통을 치기도 할 수 있을 정도의 나이를 먹어 경험을 쌓고 있었기 때문에, 평생 남에게 응석만 부린 것으로 보이는 시인도 40을 넘어, 남으로부터 응석을 받아주는 아버지의 역할을 할 수 있게 되었다고 말할 수 있을지도 모르겠다. 살롱에 입선하여 낙관적이 된 것도 잠시, 곧 다시 심약해져 우는 소리를 써 보내는 마네의 편지에서는, 실제의 부모를 상대로는 허락되지 않을 것 같은 응석을 받아주는 이상적인 아버지 또는 형에게 하소연하는 듯한 어조를 읽어낼 수 있다.

당신이 여기에 계셨으면 하는 생각을 하지 않을 수 없습니다. 친애하는 보들레르여, 온갖 욕설은 빗발치듯이 제 위로 쏟아져, 저는 일찍이 이렇게 굉장하

게 혼이 나본 적이 없습니다. 〔…〕

저의 작품들에 대한 당신의 건실한 평가가 듣고 싶었습니다. 왜냐하면 이 모든 아우성은 짜증만 날 뿐이고, 누군가가 잘못 생각하고 있는 것이 분명하기 때문입니다. 〔…〕

그쪽에서의 체재가 길어져 상당히 피곤하시겠지요. 저는 당신이 서둘러 돌아오시는 모습이 보고 싶습니다. 그것은 또한 이곳에 있는 당신 친구들 모두의 바람이기도 합니다.

애정이 넘치는 질책으로 시인은 답장한다.

그런데 나는 다시 한 번 당신에 관해 이야기해야 하겠군요. 내가 온 힘을 다하여 당신의 가치 있는 바를 증명해 보여주지 않으면 안 되겠군요. 당신이 요구하는 것은 정말 바보 같은 짓입니다. 조롱의 과녁이 되어 있습니다. 야유가 당신을 짜증나게 합니다. 사람들은 당신에게 정당한 평가를 내릴 줄 모릅니다, 등등. 〔…〕 당신은 자기가, 그러한 입장에 놓여진 최초의 인간이기나 한다고 생각하는 건가요?

샤토브리앙도 바그너도 마찬가지로 조롱당했지만 그들은 제각각 "매우 풍부한 한 세계 안에서 각자 귀감이며, 이해 비해 당신은 당신 예술의 노쇠 안에서의 제1인자에 불과하다"라는 대목을 나는 이미 인용한 바 있다. 보들레르의 마네에 대한 몰이해 가운데 또 하나의 증거로서 인용되는 일도 있는 말이지만, 일찍이 "위대한 전통은 사라져버렸고 새로운 전통은 아직 오지 않았다"라는 인식을 자신의 미술비평의 출발점에 두는 보들레르. 그 이후 20년, 필시 "현대생활의 영웅성"을 표현하는 기념비적인 회화에 의한 새로운 양식의 탄생 같은 꿈은 이미 버리게 될 지점에 놓여있었을 만년의 보들레르에게, 들라크루아 없는 이후의 회화가 "노쇠"의 상태에 있다고밖에는 느껴지지 않았던 것도 무리가 아니어서 그것을 나무라는 일은 무의미하다.

재빨리 마네의 재능을 인정하고, 부댕이나 용킨트 등 인상파의 선구자라고도 할 만한 풍경화가들에게 격려를 아끼지 않았던 보들레르이지만, 다른 한편으로는 사회 그 자체의 질서-양식성에 호응하는 양식성을 가진 대회화가 19세기에는 더 이상 불가능하다고 하는, 명석한 종말관적 인식이 있었다. 독일의 '나사렛파'[21]나 리옹의 슈나바르 등의 '철학적 예술'의 시대착오성을 논증하고자 하는 일에 상당한 노력과 시간이 걸렸던 것은, 종교적 혹은 철학적으로 장식적 대양식을 가진 예술의 19세기에 있어서의 가능성이라는 문제를 일단은 진지하게 생각해 보았다는 것을 보여준다.[22] 한 번 그 가능성을 부정해 버리면, 이를테면 마네와 거의 같은 무렵에 등장하여 후에 상징파 문인들로부터 대화가大畵家 취급을 받는 퓌비 드 샤반 등에게 기대를 거는 일은 더 이상 있을 수 없고, "제1인자"는 역시 마네밖에는 될 수 없었다.

21 〔역주〕 빙켈만의 신고전주의 미학에 대한 반동으로 19세기 초에 일어난 독일의 화화운동으로, 로마에 가서 수도사 생활을 하면서 지오토를 모델로 삼아 프레스코화의 부흥을 꾀한다.

22 III의 주 22에서 언급한 졸론 참고.

그러한 종말론적-현대주의적인 이중인식 구조는 문학에 관해서도 마찬가지다. 1861년에 발표된 빅토르 위고론에서 《여러 세기의 전설》을 칭찬하는 것을 문단적인 배려로 말미암은 인사치레로서만 몰아세워서는 안 되지만, 19세기에 서사시라는 "호메로스적" 장르를 되살려내려 하는 낭만파 유명 무명 시인들의 시도가 매우 어리석은 짓으로 보인 것은, 루이 메나르의 《사슬에서 풀려난 프로메테우스》에 대한 혹평이나, 미스트랄의 《미레이오*Miréio*》에 대한 경멸 등에서 이미 엿보인다. 위고의 작품이 그 나름으로 성공하고 있다고 객관적으로 인정할 정도의 여유는 있었던 만년의 보들레르라고는 해도, 그와 같은 과거의 대장르에 다시 한 번 영광을 돌리려 한다는 등과 같은 작업은 필경 남의 일밖에는 아니었다.

그렇다면 자기 자신이 서사시라든가 12음절alexandrin 고전비극을 대신하는 대장르를 만들어낼 수 있다고 생각하고 있었을까. 그렇지는 않다. 《악의 꽃》은 마네의 〈올랭피아〉가 티치아노의 〈우르비노의 비너스〉등의 패러디로 간주될 수 있는 것과 같은 의미에서, 과거 문학의 갖가지 전통에 대한 패러디적인 상관관계를 기본으로 한 시집으로, 바로 하나의 "노쇠"의 토양 위에 피어난 꽃이었다. 이에 비하여 전통으로부터의, 넓게는 '예술'로부터의 해방을 의미하는 《파리의 우울》은, 진정한 의미에서 "현대적"인 시로 향하는 길을 여는 것이라고 하는 의식은, 동시에 뭔가의 몰락감·왜소화의 감각을 동반하지 않을 수 없었을 이유를, 또 하나의 제목으로서 《산문소시》를 생각하고 있던 것에 의해서도 알 수 있다.

"내가 당신에게 이와 같은 스스럼 없는 대우를 하는 것에 대해서, 나를 나쁘게 생각하지 않기 바랍니다. 당신에 대한 나의 우정은 당신도 알고 있는 그대로니까"라고 시인은 조심스럽게 덧붙여 썼다. 화가가 나쁘게 생각하기는커녕 이 편지를 마음의 지주로까지 삼고 있었던 듯한 사실은, 앙리 몽도르의 《말라르메 평전》에 의해 알 수 있다. 1876년, 살롱에서 낙선한 〈세탁물 Le Linge〉과 그 밖의 작품을 자기의 아틀리에에서 전시했는데, 이번에도 찬사보다는 심한 욕설을 흠씬 뒤집어쓰고 풀이 죽어 있는 마네를, 말라르메가 방문하여 힘을 북돋워주려고 한다. "적어도 10년 전, 후안무치한 비평가들의 공격에 내가 낙담하고 있었을 때 보들레르가 써 보내준 두렵고도 멋진 편지를 당신에게 이미 보여주었던가"라고 말하면서, 화가가 꺼내온 예의 편지, 두 사람의 불우한 예술가는 잠시, 이 감동적인 편지를 앞에 두고 깊은 생각에 잠긴다고 하는 이야기다.

1866년 7월, 반신불수가 되어 파리에 돌아온 보들레르는 뒤발 박사의 병원에서 물치료법을 받는데, 그 병실 벽을 장식하는 것은 마네의 그림 두 장(한 장은 고야의 〈알바 공작부인상〉의 모사)이었다. 쥘르 트루바가 바그너와 마네에 관하여 이야기하면, 유쾌한 듯 미소짓는 보들레르. 실어증의 시인의 입을 뚫고 나오는 말은 "빌어먹을Crénom!"뿐이었다고도 전해지지만, 1866년 가을에 나다르가 마네에게 써 보낸 편지에 의하면, 그 무렵 아직

금요일마다 나다르의 집에서 여는 회식에 누군가가 데려갈 수 있으면 갈 수 있을 정도의 기운은 있었던 보들레르에게서 왜 마네가 와 있지 않은지 하고 슬퍼하며, 그때만은 "빌어먹을!" 대신 "마네, 마네!"라는 외침이 솟아나왔다고 한다.

1867년 8월 31일 보들레르는 46년의 생애를 마감하고, 노르망디 해안에 있던 마네는 9월 1일 황망히 파리에 돌아와 다음 날 장례식에 참가한다. 1869년 1월에는, 샤를 아슬리노가 쓴 《보들레르, 그의 생애와 작품》을 다섯 장의 에칭 초상이 장식하는데, 그 가운데 석 장은 에밀 드루와, 쿠르베가 그린 보들레르의 초상과 시인 자신의 스케치를 펠릭스 브라크몽이 판화로 새긴 것, 그리고 두 장은 마네 작이다.

4. '착각'으로부터의 해방 · '현실'의 명징성

시인의 고뇌에 찬 만년에 최대의 한 가지 위안이었던 마네와의 우정. 파리 출신답게 기지 풍부한 쾌활함으로, 개구쟁이로도 신사로도, 일에 열중하는 예술가로도 자유자재로 변신하는 마네의, 답답한 구석이나 불쾌감이 없는 성격을 시인이 좋아했던 것임에 틀림없다. 그러나 또한, 연하의 친구에게 그 정도까지 열중했던 것은 그의 재능에, 그리고 지성에 끌렸던 것이라고 생각된다. 앙토냉 프루스트의 증언—보들레르가 마네에게 많은 영향을 끼쳤다고 일컬어지고 있는 것은 잘못이며, 그 반대가 맞다, "마네와의 대화는,

보들레르의 견해나 판단방식을 놀랍게 변화시켰다"라고도 말한다. 그것에 대해서는 더 한층 유력한 반론—시인은 《현대생활의 화가》를 1859년 말부터 60년 초에 걸쳐 썼다고 추정되는 것에 대하여, 화가는 그 무렵 아직 고작해야 〈압생트 마시는 사람〉의 단계에 있던 것에 지나지 않는다고 하는 반론이 있다. 그러나 마네가 제작상의 탐구에서 도달해 있던 단계에 상관없이, 대화나 산책을 함께하는 일을 통해서, 젊은 화가와의 접촉이 시인에게 하나의 새로운 심미관 혹은 시법을 결정結晶시켜 가는 데에 커다란 자극이 되었던 것은 분명하다.

《파리의 우울》의 서문을 포함한 51편 가운데, 헌사에 이어진 4편—그중에서 아르센 우세 앞으로 보내는 서문이, 여기에서 창시된 도시적 산문시의 시법 개진인 것은 새삼스럽게 말할 필요도 없으며, 프란츠 리스트에게 헌정된 〈바커스의 지팡이〉는 만년에 도달한 바로크적 혹은 로코코적 예술관의 표명이다.[23] 동물화가 조제프 스테방스로부터 조끼를 얻은 답례로 우연히 만들어진 시 이상은 아니라고 흔히들 생각하는 〈착한 개들〉이, 말 그대로 레알리스트적인 시적 선택의 선언이라는 것은 이 기회에 특필해 둘 가치가 있을지도 모르겠다.

아카데믹한 뮤즈는 꺼져라! 그런 늙은 새침때기에게는 볼 일이 없다. 내가

23 이 책의 V. 〈풍경 속의 예술가〉 3절 참조.

간청하는 것은 친근한 뮤즈, 거리의 뮤즈, 살아 있는 뮤즈, 그리고 내가 이 뮤즈에게, 착한 개들, 가엾은 개들, 진흙투성이 개들……을 노래할 수 있도록 도와달라고 부탁하는 거다.

마네에게 바쳐진 〈끈〉은, 바로 마네 자신인 화가가 이야기하는 하나의 실화다. 주인공 아이는 〈버찌를 갖고 있는 소년〉(리스본, 굴벤키안 재단)에 그려진 알렉상드르인데, 마네는 몹시 가난한 집에서 태어난 이 아이를 아틀리에에 데려와 살면서 붓을 씻기거나 심부름을 시키고 있었다. 그런데 아이인데도 우울증 발작을 일으킬 뿐 아니라 술을 훔쳐 먹는 일이 잦아서 현장을 붙잡은 마네가 부모가 사는 곳으로 돌려보내겠다고 을러놓고 외출하자, 나간 사이에 목을 매달고 말았다. 산문시의 요점은 사건 자체가 아니다. 목을 매단 끈을 소년의 어머니가 욕심을 내기에 처음에는 추억거리로 삼고 싶은 모양이라고 생각했으나, 사실은 목을 매어 자살한 데 사용한 재수가 있는 끈을 팔아 한 밑천 잡으려는 책략이었음을 알고 경악한다는 후일담에 있다. 이 경험으로부터 화자인 "친구"가 끌어낸 교훈, 그것이 우선 일반론으로서 시의 첫머리에 실려 있고, 실화는 그 예증이라는 형식으로 이야기된다.

착각illusion이라는 것은 어쩌면 인간 상호간의 관계, 아니면 인간과 사물의 관계만큼이나 무수히 있다. 그리고 착각이 사라질 때, 즉 우리가 존재나 사실을 그것이 우리 밖에 있는 그대로의 모습으로 볼 때, 우리는 사라진 환영을 아쉬워하는 기분이 절반, 새로운 것 앞에서, 현실의 사실 앞에서의 기분 좋은 경악이 절반, 복합된 기이한 감정을 맛본다.

이 경우 "착각"의 원천이 된 것은 "모성애"라는 '관념'이다. '관념'이 선입관으로 있기 때문에, "한 사람의 어머니가 자기 아이에 관련되는 행위와 말이라면 무엇이든 모성애로 귀착시키는 것은 전적으로 정당한 일"이라는 생각에서 판단하여, 멋들어지게 뒤통수를 얻어맞는다. 이 산문시가 만년의 보들레르와 초기의 마네에게 공통되는 하나의 예술관을 담아놓은 우화라고 한다면, 그것은, 처음부터 관념이나 착각이 끼어들 여지가 없는 처지에서 성립되는 예술이 아니라, 그와 같은 것을 자취도 없이 사라지게 해서 보여주는 행위 자체의 매력, 그리고 그 매력은, 예술가 자신이 꽤나 관념이나 착각에 이끌렸기 때문에 오히려 그와 같은 것은 지워 없애서 "현실의 사실"에 대면할 때의 감정이 한층 더 신선하다고 하는, 탈관념 예술의 발생기發生機의 상태를 정말 훌륭하게 예시할 수 있는 바로 그 점에 있지는 않을까.

소년 알렉상드르의 자살은 1859년 봄과 1860년 여름 사이로 추정되고, 1864년에 발표된 〈끈〉의 제작연대는 알아낼 방법이 없지만, 시인이 화가의 입을 통해 이야기 하게 만든 탈환상-현실직시의 미학이 1859-60년 무렵의 보들레르에게 명확히 인식되어 갔다고 보는 것은 틀림이 없을 것이다. 쿠르베나 피에르 뒤퐁에게 관심을 가진 1845-46년부터 1851-52년 무렵까지를 보들레르에게 있어서 레알리슴 제1기라고 이름붙인다면, 사바티에 부인에게 바치는 플라토닉한 시편 등에 현실을 떠나 미와 이상의 세계에 대한 지향이 강하게 나타난 수년 동안에 이어, 1859년(적어도 그 후반)부터는 레알리슴 제2기라고도 할 만하며, 마네나 르그로 이외에도 사실주의 소설가 에드몽 뒤랑티와 상당히 친밀한 교제가 있었다.

> 화가라는 직업은 길을 갈 때 눈앞에 나타나는 얼굴이나 인상을 주의깊게 바라보도록 나를 촉구하는데, 우리 눈에 삶을, 다른 사람들에게 있어서보다 더욱 생생하고 더욱 의미깊게 만드는 이 능력으로부터 어떠한 즐거움을 우리가 끌어낼 것인지는 당신도 알고 있는 그대로다.

파리의 거리를 마음대로 돌아다니면서, "일종의 어린아이 같은 지각, 즉 천진한 나머지 날카롭고, 마술적으로 될 정도의 지각"을 가동시켜 사람이나 사물을 관찰하는 일, ―기스를 빌려 보들레르가 정의한 이 태도는, 젊은 만큼 교양이나 기성既成 관념에 사로잡히지 않고 직접 보는 방식을 터득한 마네와의 교우를 통해서, 시인 자신의 마음 속에 있었다고는 해도 신선한 강력함을 되찾은 것은 아닐까 하고 생각된다.

1859-60년 이래의 보들레르 시작품을 특징짓는 것으로서, 여성에 관한 여러 가지 환상으로부터의 탈각을 거론할 수 있을 것이다. 그것은, 같은 무렵 써 둔 《나심》나 《화전》 등의 메모에서 볼 수 있는, 가톨릭적 원죄관

에 입각한 여성관과 관련되는 바가 많고, 또한, "우리의 마음이 일단 수확을 끝내고 나면, / 사는 것은 하나의 불행"(〈SEMPER EADEM〉)이라고 하는 것과 같은 시구에서, 중년의 시인이 자기의 체험을 통해서 도달한 모랄리스트적인 경지를 간파할 수도 있다. 그러나 그렇게 해서 환상이 사라지고 모든 것이 분명하게 보여오는 과정 그 자체에서 새로운 시의 거점을 찾는 시인(이미, "내 마음이 '거짓'에 취하도록 내버려 둬"(같은 시)라고 부탁하는 일도 하지 않는 시인)의 모습이, 어떤 산문시, 여성관에 관하여 말하자면 〈야수 같은 여자와 귀여운 애인〉이나 〈가난한 자들의 눈〉등에서 보이고, 그 시들의 매력은 바로, "사라진 환영을 아쉬워하는 기분"과 "현실의 사실 앞에서의 기분 좋은 경악"의 교착에 있다고 말할 수 있다. 콩스탕탱 기스에게 헌정된 〈파리의 꿈〉이나, 산문시 〈이중의 방〉에 있어서도 역시, 필경은 하시시 등의 효과에 의한 환각의 "초자연성"이 종종 특필되지만, 이 시들의 강한 충격의 힘은 오히려, 마지막에 일어나는 현실로의 돌연한 회귀와 잔혹함에 있고, 그것은, 사라진 아름다운 환상을 아쉬워하면서도 추악한 현실을 직시하는 것에서(마조히스트적) 쾌락을 능히 느끼는, 강인한 정신의 소산이다.

1865년 살롱에서의 〈올랭피아〉 스캔들에 관해서는, 다카시나 슈지高階秀爾 씨의 면밀한 분석이 있는데, 그것을, 풍속적-주제적인 스캔들("당시의 아카데미 화가들이 그려내는 나부상은…… 반드시, 신화든, 역사든, 우의의 겉옷을 걸치고 있었"던 것에 비하여, "전람회장을 나오자마자 거리에

그림 43. 마네. 올랭피아. 에칭.

서 만나게 되는 소녀를 그대로 발가벗겨서 구경거리로 만든 듯한 작품"이라는 것), 또 조형적인 스캔들(르네상스 이래의 서구 회화가, "이차원의 화면에 어떻게 해서든지 삼차원의 현실세계를 표현하자"라고 해서, 그 노력을 통하여 만들어내 온 "원근법이라든가, 명암이라든가, 모들레 같은 전통적인 기법"이, "여기에서는 거의 전면적으로 부정되어 있다"는 것)이라는, 두 가지의 측면으로 요약할 수 있을 것이다.[24] 비유적으로 말하자면, 여자임과 동시에, 이차원의 평면에 지나지 않는 회화 그 자체다.

2년 전 1863년 관전에서 호평을 얻은 보드리의 〈진주와 파도〉나 카바넬의 〈비너스의 탄생〉은, 도발적인 포즈로 누워 있는 고급 창부가 동시에 이

24 다카시나 슈지, 《명화名畵를 보는 눈》(岩波新書, 1969), 184-185쪽.

상화된 아름다운 여신이라는 것으로써 사람들을 안심시켰다. 거기에서는, 서구의 전통적인 이상주의 나체화관—우주의 조화 혹은 수리數理에 깃드는 소우주로서의 인체는, 정신적 내용의 표출에 의해 가장 뛰어난 매체일 수 있다는 관념25—이 이미 유명무실해져서, 호색한 관심을 호도하는 위선의 의제擬制로서 기능하고 있었던 것에 지나지 않다. 19세기의 아카데믹한 나체화의 원형을 창출하는 신고전주의가 패권의 자리에 있던 1820년대에, 스탕달이, 현대생활에는 나체가 아니라 의복이나 움직임이 있어서 조각 등 대예술의 존속을 불가능하게 만들고 있다는 의미의 내용을 썼을 때, 인체상에 의한 우의적 필연성이 이미 상실되고 있음이 명민하게 감지되고 있었다. 스탕달 미술론을 열심히 읽었던 보들레르의 1846년의 주장—"예술가에게 그토록 소중한 그것, 성공에 필수적인 요소인 나체는, 옛 생활에 있어서와 마찬가지로 흔하고, 마찬가지로 필요하다—침대에서, 목욕 중에, 해부교실에서"라는 것도 또한, 나체상을 현실 재현의 기능으로 파악하는 점에서, 스탕달과 같은 레알리스트적인 선택을 보여주고 있다. 달리 말하면 그것은, 나체화를 풍속화로서 되살려내고자 한 것이었으며, 마네가 어느 정도까지 이 제창에 충실한지는, 고급창부 생태의 정확한 표현—실내화를 발끝에 걸친 채로 침대 위에 드러누워 있는 것이라든가, 벗은 몸으로 목에 매고

---

25 Kenneth Clark, *The Nude : A Study of Ideal Art*(Penguin Books, 1956). 일본어역 《ザ・ヌ-ド》(美術出版社, 1971).

그림 44. 쥘-조제프 페브르. '진실'의 우의상寓意像.

있는 도발적인 까만 끈—에서도 명백하다. 올랭피아라는 일견 신화적인 이름도 고급창부의 기명妓名인 듯이 보이지만, 이것은 마네의 친구였던 뒤마 피스가 방탕사회를 묘사한 소설 〈춘희〉의 주인공 마르그리트 고티에의 경쟁 상대인 여자의 이름이라는 것이 지적되고 있다.[26] 취향에 맞는 모델이었던 빅토린 물랭을 그대로 충실하게 그렸다고 전해지는 이 육체도, 어떤 사람들의 눈으로 볼 때는, 단지 그 근처에 얼마든지 있는 빈약한 소녀의 육체

---

26 François Mathey, *Olympia*(Paris, 1949). 샌드블래드에 의함.

일 뿐만 아니라 (아니면 역으로, 바로 그 점 때문에), 여자에 대한 하나의 현대적인 기호嗜好를 체현하는 육체—적어도 보들레르에 의해, "야윈 것은 비만보다 한층 적나라하고, 한층 음란하다" (《화전》), 또는, "야윈 것 안에는, 거기에 매력을 보태는 음란함이 있다"고 표현한 기호에 대응하는 육체, 더욱이 들라크루아의 여자들을 구실로 하여 시인이 정의한 "현대적인 육체미"의 요건을 몇 가지는 충족시키는 육체의 소재를 의미하고, 그것이 외설감을 고조시키는 것이었을지도 모른다.

하지만 이 나체화는 마네가 모사한 일도 있는 티치아노 작 〈우르비노의 비너스〉의 구도를 발판으로 함으로써, 보들레르가 1846년에 아마도 생각하고 있었을 풍속화로서의 나체화의 단계를 넘어선다. 티치아노로부터의 차용을 간파할 수 있었던 사람의 눈에는, 모독 또는 패러디의 의도가 느껴졌음에 틀림없다. 앞에서 요약한 두 가지 이유—주제적-풍속적인 이유와, 조형적인 이유—때문에, 바로 〈우르비노의 비너스〉에 의해 대표되는 것의 부정밖에는 될 수 없는 이 나체화가, 바로 부정의 대상을 당당히 본보기로 사용하고 있다는 것은, 후안무치cynique하게도 기치를 당당히 내거는 것이 아니고 무엇일까.

여성 나체화의 이상화를 가능하게 했던 여러 가지 약속사항을 말살하는 역할을 떠맡은 이 〈올랭피아〉는 역설적인 의미에서 우의적인 진실의 나상裸像이라고도 할 수 있는 것인데, 말살시켜야 할 것이 여기에서 부정적인 형태로 목전에 있다는 것을 이해한 오늘날의 우리에게, 이 진실은 모든 것을 벗겨내고 마지막 남는 초라한 나상으로서가 아니라 그것이 지니는 전언傳言의 지나친 풍부함에 의해 현기증을 일으키게 한 나머지 압도적인 것이 되어 불쑥 나타난다. 그리고 그것은 오늘날의 우리가 너무 많이 안다는 것, 너무 많이 읽는다는 것을 의미하는 것뿐만이 아니라, 동시대인이 느낀 거북함과 근저에서 통하는 감정일지도 모른다.

달리 말하면 〈올랭피아〉의 극적 충동을 이루는 것은, 어느 하나의 진실 혹은 현실을 적나라하게 표출시키는 부정의 행위 그 자체였을 뿐만 아니라, 동시에, 부정의 대상이 되는 약속사항이든, 부정의 행위를 도와주는 역할을 하는 풍속적인 세부든, 여기에 포함된 다량의 정보인 것은 아닐까. 보들레르가 죽기 한두 달 전에 일어난 사건을 제재로 하여, 아마도 장례를 치룬 뒤 9월부터 10월에 걸쳐 제작된 〈막시밀리안 황제의 처형〉에 대해서도, 마찬가지로 말할 수 있다.

마네가 1865년의 스페인 여행 중에 보았을 고야의 〈1808년 5월 3일〉(마드리드, 프라도 미술관)이 주제상으로도 구도상으로도 하나의 발상원이 되고 있는 것은 틀림없으나, 린다 노클린의 분석은 두 화가가 처형이라는 주제를 취급하는 태도의 근본적 차이를 시간구조의 차이로 파악하고 있다.[27] 고야의 그림에서는, 회색으로만 이루어진 후경 그리고 공포에 떨면서 차례를 기다리는 중앙의 사람들('전前')로부터, 총구 앞에 서 있는 사람들

('지금今'), 그리고 왼쪽 앞의 시체('후後')에게로, 의미는 공간적-시간적으로 순서에 따라 명시된다. "우리가 직면하고 있는 것은 같은 희생자 무리가 통과하는 단말마의 3단계라고 하는 암시로서 그것은, 그 단말마의 페이소스를, 그리고, 그것은 피할 수 없는 것이며 가망 없는 것이라고 하는 우리의 감각을 한층 강렬하게 만든다." 〈5월 3일〉에서는, "이러한 사건의 무의미함과 잔인함" 같은 도덕적인 의미가 그 시간적-극적 구조에 맡겨져 있는 것에 비해, 막시밀리안 황제와 휘하의 장군들의 총살은 순간적인 지금에 위치한 사건으로서, 그 순간의 시각적인 형태로 나타나고 있다.

이 작품에 관한 여러 가지 해석 가운데, "무관심indifférence"이라고 명명되는 측면이 강조된 시기가 있었는데, 그 일면을 강조함으로써 다른 몇 가지 중요한 측면이 간과되기 쉬운 것은 확실하다. 이것은 마네의 전 작품 안에서, "역사화"의 이름에, 적어도 보들레르적 혹은 쿠르베적인 의미에서 그 이름에 값하는 유일한 시도였다. 사건 발발 이래 10월에 이르기까지, 갖가지 신문보도를 열심히 참조하기를 계속했을 뿐만 아니라 장군들의 사진을 일부러 찾으러 가기도 하고, 친구 르쥔 소령이 제공해준 병사들에게 포즈를 취하게 하기도 하는 등, 전통적인 생각을 가진 화가가 "역사화"에서라면 당연하다고 생각했을 수고를 하고 있다. 서로 다른 버전이 네 개나 남아

27 노클린, 앞의 책(3의 주 13), 31-32쪽.

있는 것도, 마네가 얼마나 이 그림의 제작을 중요시하고 있었던가를 증명한다. 제작 과정을 면밀히 고증한 샌드블래드가 보여주는 것처럼, 첫 번째 버전(보스턴 미술관)에서부터 완성작(만하임 미술관)에 이르는 과정은, 낭만주의적인 비극적 감정의 움직임으로 가득 찬 표현으로부터, 조화마저 느끼게 하는 객관적이고 정적靜的인 조형에 이르는 과정으로, 이 과정은 또한, 자료의 참조나 모델의 사생을 통하여 세부를 명확하게 규정하여 가는 작업에 뒷받침되고 있다. 마네의 이상할 정도의 열의는, 사건에 대한 감정적인 반응을 출발의 충동으로 삼으면서, 사진이 없는 이 사건에 대해 사진과도 같이 선명한 상을 떠오르게 하는 것을 노린 듯하다.

초기의 마네가 죽음의 주제를 취급한 대작으로는, 〈투우의 에피소드〉, 〈죽은 그리스도와 천사들〉(뉴욕 메트로폴리탄 미술관)을 들 수 있다. 투우사의 시체가 그야말로 정물靜物nature morte처럼 그저 팽개쳐져 있는 듯이 보이는 전자에 있어서도, "에르네스트 르낭 씨를 위해 제작된, 탄갱에서 끌려나온 가련한 광부상"이라고 혹평 받은 후자에 있어서도, 죽음으로부터 바로 그 엄숙한 혹은 비극적인 모습을—초월적인 혹은 형이상학적인 모습을 벗겨내고 마치 일상의 비근한 사건이기나 한 듯이 포착하고 있어서, 거기에 또한 당시의 사람들이 느낀 당혹, 그리하여 분개나 야유의 이유도 있었다. 알베르 티보데는, 보들레르에게서 두드러지는 "죽음에 대한—시체에 대한 물질적인 감각", "묘지에 대한 집착"을 논하면서, 이야말로 바로 "신이 없는 가톨리시슴의 특징 〔…〕 물질과 그 여러 가지 형상으로 돌아와, 그것들을 가볍게 여기고 있던 혼과 그것들을 하늘까지 가져가던 움직임을 빼앗긴 기독교의 특징이다"라고 하는데, 이것은 상당한 정도까지, 마네가 죽음에 부여한 도상圖像에도 꼭 들어맞는 정의다.[28] 보들레르의 그와 같은 죽음에 관한 물질주의—티보데가 교묘하게도 "고해실의 물질주의matérialisme"라고 이름 붙인 것—가, 죽음에 대한 무관심과는 거리가 있었던 것은 언급할 필요도 없이, 마네에게 있어서도, 말하자면 일절 웅변을 배제시킨 회화적 표현에 의해 죽음이 그 시각적 명징성 하에—조르주 바타유의 말을 빌리자면, "빛의 소박함" 하에[29]—목전에 놓이게 하는 점에, 신선한 비극성이 성립되는 것이기도 했다.

이와 같은 시상視像을 자연주의적인 시상이라고 명명하는 것은 정당하지만, 그것을 단순히 정확한 재현, 또는 재현을 위한 재현이라고 정의하게 되면 그것이 종종 갖는 통렬한 박력으로 인한 부분을 놓치게 될 수도 있다. 쿠르베의 보들레르 초상 안에 재현된 여러 가지 물체가 구도의 패턴에 종속되지 않고, 각각의 개별성을 보유하고 있는 것은 이미 보았다. 그것과 중복

---

28 Albert Thibaudet, "Baudelaire", in *Intérieurs*(Paris, 1924 ; 《世界批評大系》 3, 筑摩書房에 졸역 수록). 보들레르가 《1859년 살롱》에서, "우수한 종교화의 제작에 신앙은 필요하지 않다"가 의미하는 바를 주장한 것을, 더불어 생각해도 좋다.

29 Georges Bataille, *Manet*(Genève, 1955). 일본어역 《침묵의 회화》(二見書房, 1972).

그림 45. 마네. 막시밀리안 황제의 처형.

되는 관점에서 보면, 사실주의적 혹은 자연주의적 시상의 특성이란, 재현된 여러 가지 물체가 그것들을 지배하는 의미에 대한 암유적 종속관계의 공통성에 의해 통합되어 있는 것이 아니라, 단지 시상적 차원에서 우발적으로 병치되어 있는 것이라고 바꾸어 말할 수도 있을 것이다. 이 정의에 의해, 〈5월 3일〉과 〈처형〉의 차이를 명확히 재파악할 수도 있다. 하지만 이 우발적 병렬성이란, 반드시 일이 실제로 일어난 그대로의 충실한 재현을 의미하는 것은 아니고 시상을 결정하는 하나의 태도를 의미하는 것이어서, 인위적인 구성마저 배제하지는 않는다. 멕시코 군인이어야 할 터인데 프랑스군의 제복을 입고 있다든가, 장군 중 한 사람은 사진을 보고 그렸지만 또 한 사람은 마네의 친구가 포즈를 취했다든가, 담 위의 군중은 고야로부터의 차용 혹은 스페인 체재중의 기억이라든가 하는, 그러한 여러 가지 요소 각각이, 멕시코에서 일어난 사건의 현실을 묘사하는 것이 아니라 전혀 거기에 구애받지 않는다는 점에서 역사화의 약속을 근거로 하고 있는 이 화면은, 관념이나 감정의 안이한 투영을 거부한 시상의 사진성에 있어서 전통적인 시상을 넘어선다. 사진에 의해 포착된 현실의 순간은, 상투적인 의미에서 극적이지도 비장하지도 않은 것이 분명하다는 예측에 따라서 시상을 구성하는 것. 그것이야말로 바로 자연주의적 태도라고도 정의하는 것이 그다지 과녁을 빗나가지는 않으리라.

그와 같이 사건을 그 순간의 시각적인 현실 자체라기보다는 현장감이라고 생각되는 것에 의거해서 사진적으로 재구성하는 태도는, 거기에 뭔가의 의미를 담으려고 하는 의도를 반드시 배제하지는 않는다. 시종일관 공화주의자로서 나폴레옹 3세에게 비판적이었던 마네가, 실패로 끝난 멕시코 출병의 결말을 이렇게 묘사한 것에 대해서는, 출병에 대한 공화주의자들 일반의 비난에 하나의 구체적인 형태를 부여하려는 의도가 작용하고 있었다고 생각된다. 병사들이 프랑스군의 제복을 입고 있는 것에서도 빗대어 빈정거리는 듯한 의미가 감지되었을지도 모르며, 1867년의 개인전에서의 진열이

당국에 의해 금지당했다고 하는 사실을 가볍게 볼 수는 없다. 그리고 더욱이, 총살되는 막시밀리안의 모습을 빌려 제정의(구체적으로는 제정시대 미술행정당국의) 희생자인 자기 자신의 비운을 간접적으로 이야기하려 했다는 것까지도 읽으려 들면 읽힌다. 황제와 두 사람의 장군에게 욕설을 퍼붓고 있기나 하는 듯이 보이는 군중을, 〈풀밭 위의 식사〉(오르세 미술관)나 〈올랭피아〉를 욕한 군중과 같은 범주에 속하는 것으로 간주하는 일조차 배제될 수 없다. "돌을 든 무리에게 쫓기기나 하듯이" 관헌과 군중에게 박해당하는 예술가의 모습을 연상할 때, 우리의 연상이, 정확히 같은 시기에 일어난 보들레르의 죽음 쪽으로 향하여 가는 것도 또한, 의외로 마네의 관심의 소재를 탐지할 수 있지는 않을까.

그러나 중요한 것은, 그러한 의도의 어느 하나라고 해도, 이 그림의 세부 전체에 암유적 통일을 부여할 정도의 보편성을 갖지는 못한다는 점이다. 화면의 세부가 상호적으로 대등한 관계에서 병렬되어 있는 것과 마찬가지로, 이 그림이 환기하는 갖가지 연상도 또한, 화면의 세부와 서로 포개지고 조금씩 어긋나면서 병치되어 있어서, 이 그림에 관하여 우의를 운운하기가 불가능한 것은 그러한 의미에서다. 사실주의적인 회화 독해의 곤란함이, 보편성의 거부, 그리고 특수한 것을 이상화하지 않고 그대로의 모습으로 일찍이 보편적인 것이 차지하고 있던 위치에 자리잡으려고 하는 태도에서 오는 것을 우리는 쿠르베 〈화가의 아틀리에〉에 관하여 이미 보았다. 마네의 이 화면에서는, 무대적 시상으로부터 사진적 시상으로의 이행에 호응하여, 특수는 더 이상 보편의 대역을 하려고조차 하지 않는 점에서, 이 말 그대로 유니크한 자연주의적 역사화가 갖는 독자적인 독해 곤란성의 소재를 보지 않으면 안 된다. 인상파와 함께 성립되는 감각의 보편, 혹은, 세기말 예술에서 부활하는 관념 혹은 미의 보편에 각각의 현대성을 인정한다고 해도, 마네가 여기에서 성립시킨 현대성은 참으로 이질적인 것으로서 파악되어 마땅하다. 특수가 특수로서의 명징성에서 자신을 명시할 때의 박력, 그것은 여러 가지 보편성이 한순간에 흔적없이 사라지는 것 자체의 박력이기도 하다. "역사화"에 대한 의욕이나, 정치에 대한 관심과 같은 의미부여의 동기가 출발점에 있기 때문에, 비유적인 표현법을 사용하자면, 그러한 것 전체 위에 일발의 총성이 울리고, 밝은 빛을 쬔 투명·평정한 세계가 홀연히 나타난다. 처형하는 병사들 제복이 둥그스름하고 납인형같이 장식적으로 서 있는 모양, 왼쪽 위 구석에 있는 나무와 푸른 하늘은 인간의 여러 가지 착각 따위에 교란되는 일 없이 계속 존재하는 것의 세계를 대표하기나 하는 듯하다. 여기에서 한 순간에 스러지는 "착각illusion"이란, 나폴레옹 3세의 야심이기도 하고, 멕시코에서 한 번은 자유주의적 정치를 꿈꾼 막시밀리안의 환상이기도 하며, 그러한 정치적 사건을 대사건으로 보고 싶어 하는 착각, **죽음의 비극성**과 같은 관념, 그리고, 그러한 의미 부여로써 재구성 작업을 행하는 것에 뭔가의 의의를 느끼고, 더욱이 자신의 야심을 실현시키기 위한

그림 46. 마네. 고양이의 밀회.

첫걸음마저 보고 있었을지도 모르는 "역사화가" 마네, 또는 "현대생활의 영웅성"을 부르짖은 보들레르의 환상이기도 했다.

그야 어떻든 이 화면의, 화면 그 자체로서의 단순명쾌함에는 민중판화나 잡지 권두그림 유流에 통하는 것이 있으며, 마네가 그러한 대중적 재현예술에 계속 관심을 갖고 있었던 것, 거기에서 종종 발상원을 찾아왔던 것과 무관하지는 않으리라. 이 그림을 기초로 한 석판화 제작이 고려되고 있었던 일도 이러한 추측을 뒷받침한다. 샌드블래드가 지적하고 있는 것처럼, 자기 작품의 복제 수단으로서 대체로 에칭을 사용한 마네가 석판화를 제작한 일은 단 몇 회에 지나지 않으며, 그것은, 1860년의 정치적 캐리커처든, 1862년의 〈기구氣球〉 또는 〈롤라 드 발랑스〉든, 1868년의 포스터 〈고양이의 밀회〉든, 공중을 향한다는 의도가 많든 적든 간에 인정되는 경우이므로, 1868년에 드가에 대하여 "13수sou로 서민에게 그림을 나누어주는" 운운의 의도를 입 밖에 내고 있는 것에서 보아도, 가장 수고를 덜 들이는 복제수단으로서의 석판에 독특한 역할을 배정하고 있었던 것은 분명하다.[30] 그리고 1871년, 파리 코뮌 내란의 어떤 정경을 다룬 석판화 〈바리케이드〉에서, 〈막시밀리안 황제의 처형〉에서의 병사들을 거의 꼭 닮은 그대로, 말하자면, 하나의 조형어휘의 단원單元이기나 하는 듯이 전용하고 있는 것은, 마네가 프랑스의 민중판화나 일본의 부세회를 모범으로 삼아 명확하고 단순한 형태가 기호記號로서 짜맞추어 사용되는 것과 같은 하나의 조형언어의 창출을 목표로 하고 있었음을 말해주는 것은 아닐까. 그러한 언어의 독해 가능성을 보증할 만한 것은 관념이나 감정의 보편성이 아니라, 일견 보편성을 보증하는 듯이 보이는 관념이나 감정을 벗겨낸 후에 남는 현실 그 자체의 명징성이다. 목을 매단 소년의 어머니의 행위, 이때 "어머니"로서 슬퍼해야 한다고 생각하지 않고 곧바로 끈을 탈취하는 행위를 시니컬하다고 부른다면, 그러한 서민적인 시니시즘에도 통하는 직시의 명징성이 있었다.

30 〈롤라 드 발랑스〉는 먼저 에칭으로 복제되었고, Z. 아스트뤼크의 샹송 삽화로 쓰일 때는 석판이 되었다. 핸슨, 앞의 논문 참조.

5. 오페라 극장의 가장 무도회—말라르메

> 그 시대에는 또한, 서글프다! 이것은 과거시제로 말해야 하는 것인데 한 사람의 식견 있는 애호가, 모든 예술을 사랑했고 그중의 하나를 위하여 살았던 애호가가 있었다. 이 기묘한 회화들은 즉시 그의 공감을 얻었다. 본능적이고 시적인 통찰이 그로 하여금 이 회화들을 사랑하게 만든 것이다. 게다가 그것은, 이 회화들이 잇달아 나타나 그것들이 주입시키는 원리들을 충분히 보여주며, 그것이 포함하는 의미를 다수의 공중 가운데 사려 깊은 사람들에게 계시하기 이전의 일이었다. 그러나 이 식견 있는 애호가는, 그러한 것을 보기에는 너무나 빨리 죽었다. 그리고 그의 마음에 드는 화가가 명성을 얻기 이전에.

말라르메는 1876년 9월의 《미술월평*Art Monthly Review*》지에 〈인상파 화가들과 에두아르 마네〉라는 제목의 글을 기고하여, 그 첫머리에서 우선 마네를 최초로 이해한 "식견 있는 애호가"로서 보들레르의 이름을 들고, 이어서 에밀 졸라가 마네 변호에서 보여준 통찰력을 찬양하고 있는 것은 마네를 이해한 세 번째의 문인으로서 자신을 정의하는 것에 다름 아니었다.[31] 마네의 친구 말라르메가 보들레르의 후계자로 자처하고 있었던 일은, 이 문장만이 아니라 그 2년 전, 〈1874년을 위한 회화 심사위원회와 마네 씨〉라는 제목으

31 "The Impressionists and Edouard Manet", *Documents Stéphane Mallarmé I*(Paris, 1968).

로 《르네상스》지에 발표한 글에서도 마네의 문제를 군중의 문제라는 보들레르적인 주제에 집약시켜 다루고 있는 점에 나타나고 있다. 그리고 현대의 군중은 여기에서 이중의 모습 하에—예술가가 상대로 해야 할 공중으로서, 또한 화면에 재현되어야 할 대상으로서—논하여지고 있는데, 그 어느 쪽의 모습도 보들레르에게 진지한 사색의 과제였음은 우리가 이미 보아온 바다.

이 해의 심사위원회는 마네가 출품한 세 점의 유화 가운데, 두 점(〈오페라 극장의 가장무도회Le Bal de l'Opéra〉(뉴욕, 헤이브 메이어 콜렉션)와 〈제비Les Hirondelles〉(취리히, 뷔를레 콜렉션))을 거부하고, 한 점(〈철도Le Chemin de fer〉, 워싱턴 내셔널 갤러리)만을 뽑았는데, 이것은 아무리 생각해도 조리에 닿지 않고, 또 무의미한 해결이라고 말라르메는 생각한다. "군중의 취향을 지배한다고 하는 이 오래되고 한동안 잊혀져 있던 습관, 왜 그 습관을 절반밖에 환기시키지 않는 것인가, 3분의 2를 환기시킬 수도 있는데?"라고 야유하는 말라르메가 이 글을 초안한 의도는, 또다시 마네에게 들이닥친 거부를 기회로 "그 연도의 회화에 관하여 심사위원회와 공중에 의해 내려지는 이중의 판정에서, 심사위원회의 어깨에 걸려있는 임무와 군중에게 귀속되는 임무란 어떠한 것인가"를 확정하는 일에 있었다. 심사위원회가 결정을 내릴 수 있는 대상이란, 작품의 독창성이 아니라 거기에 담겨있는 재능이라고 시인은 말한다. 모든 예술가는, "그것(예술적 가치)이 발견되는 일체 안에서 식별 가능한 예술적 가치에 관한 매우 중립적인 감각"을 갖고 있을 테니까, 예술가들로써 구성되는 심사위원회는 "이것은 작품이다, 또는, 이것은 전혀 작품이 아니다"라는 공정한 판단을 당연히 내릴 수 있을 것이며, 그 이상의 것은 해서는 안 된다.

이 시대에 서구회화가 통과하고 있는 중이었던 위기의 깊이란, "예술적 가치"는 말할 것도 없고 "재능"에 관한 합의마저 성립되기 어려울 정도였다고 하는 것은 반드시 오늘날 우리의 진화주의적 사관의 투영만은 아니며, 마네의 재능 등을 인정하려 해도 인정할 수 없다고 스스로 생각하고 있던 관전파 화가는 많지 않았음에 분명하다. 그러므로 여기에서 말라르메는, 그러한 사정은 양해하고, 심사위원회가 보다 좋은 그림을 공중에게 보여주기만 한다면 〔…〕 하는 소박한 소망을 토로하는 역할을 맡고 나선 예전의 보들레르의 전략적 수사修辭를 답습하고 있다고 말할 수 있다(나는 여기에서 퓌비 드 샤반은 그렇다고 쳐도 심지어 앙리 르뇨H. Regnault의 지지자이기도 했던 말라르메의, 절충주의적 "예술가치"관, 따라서 미술비평가 말라르메의 한계 같은 것을 감지하게 되는데, 그것은 또 별도의 전개를 요구하는 항목이다).

그야 어떻든 말라르메가 미술작품의 가치판단에 관하여 전개하는 지론의 독자성은, 그것이, 공중 혹은 군중에 대하여—보들레르가 식료품 상인이나 유능인에게 할당한 것보다도—훨씬 중요하고, 능동적인 역할을 부여하고 있는 점에 있다.

> 과거 회고적이든 현대적이든, 하나의 예술작품의 착상에 작용한 정신, 그리고 깊은 맛이 풍부한 것이든 희박해진 것이든, 작품의 성질, 요컨대, 군중이나 개인의 본능에 관련되는 모든 것—영광과 지폐로 지불하는 공중에게, 그것이 그들의 어음과 그들의 말에 값하는지의 여부를 결정할 권리가 있다.

여기까지는 생계를 가능하게 해주는 사람들의 마음에 들 필요가 있다고 운운하면서 선언한 보들레르의 시니컬한 발상의 연장이라고 생각할 수도 있다. 그런데 군중에게 판단권이 귀속되는 것의 논거로서, 예술작품의 기원, 적어도 근거는, 공중이나 군중 안에 있다고 하는 견해가 당당히 제기됨에 이르러, 거기에는 어떠한 역설도 없었다고 하는 것이 느껴지며, 말라르메의 이 논지가 바로 말라르메적인 까닭이 명백해진다.

> 작품 한 장이라도 감추는 일은 금지할 것. 그때까지 공중 안에 잠재했던 몇 가지 경향이, 한 사람의 화가에게서 작품의 예술적 표현, 또는 그 미를 발견하게 되면 즉시, 공중이 그 화가를 알아야 할 필요가 있다. 어느 한 쪽을 다른 쪽에 소개하지 않는 것은, 서투름으로써 거짓과 부정을 만들게 된다.

다행히도 이 경우는 "서투름"밖에 아니며, "아직은 당분간 눈을 감고 있어야 한다고 생각했다"에 지나지 않는다. 하지만 이 서투름은 비싼 값을 치를 것이다.

진저리가 난 군중이 어느덧 완전히 지쳐버릴 날이 오게 되면, 신선한 것에 대한 정당한 기호를 만족시켜야 할 먹이를, 선경지명으로 준비해두지 않았다면 어찌해야 할 것인가? 군중에게는 아무것도 감출 수 없다고 하는 것도 모든 것이 군중으로부터 나오기 때문인데, 군중은 훗날, 집적되고 살아남은 작품 안에서 자신의 모습을 발견할 것이다. 그래서 과거사로부터의 군중의 이반離反이 그때는 정말 절대적인 것으로 될 뿐이리라. 마네 씨에 관해서 몇 년의 시간을 벌 것. 한심한 정략이로다!

이 "몇 년"이 수십 년으로 되고, 그리고 그것마저도 미처 기다리지 못하고 마네가 사망한 것은 주지의 사실이다. 그 1874년, 나다르의 사진관에서 열린 이른바 제1회 인상파 전시회에 출품을 요청받았는데도 응하지 않았던 마네가, 어디까지나 살롱을 결전의 장으로 간주하기를 계속한 완고함, 그 완고함의 이론적 뒷받침이 어쩌면 몇 년 전부터의 친구 말라르메가 초안한 이 글에, 물론 귀납적인a posteriori 해석이기는 하지만 함께 포함되어 있다고 볼 수 있다. 결국, 예술가와 군중은 예술작품을 계기로 하여 상호간에 능동적-수동적으로 작용하는 것이며, 예술작품이 그와 같은 계기로서 성립되는 장은, 군중이 관습 때문이든 어떻든 찾아오는 공적인 장소, 즉 살롱이어야 했다. 그리고 젊은 미술비평가 보들레르가 일찍이 그 정도로 중시한 비평가의 계몽적 역할도 이제는 무용지물이 된 것일까, 하고 생각될 정도로, 군중의 본능—그들 속에서 나오는 바가 가치 있음을 반드시 식별하고 평가하지 않을 수 없는 본능—에 대한 말라르메의 신념은 너무나 낙관적이다. "군중"의 역할에 관한 말라르메의 성찰은, 80년대 후반부터 90년대까지의 무대예술론, 넓게는 책론에서 전개된다. 그리고 이 문제가 무대예술론의 영역에서 가장 명확하게 제시되는 것은 당연한 일이라고 말할 수 있으리라.

"무대 위에서 행하여지는 모든 것은, 관객에게 보여지지 않으면 아무것도 되지 못한다. 따라서 관객은 무대예술에 없어서는 안 될 요소다. 관객을 구성하는 군중은 자기 존재의 본질을 자각하고 있지 않을지도 모르지만, 인간인 이상, 역시 시인과 같은 조건에서 살고 있는 것이며, 그것을 자각할 가능성을 언제나 잠재적으로 갖고 있다."[32]

이 자리는, 이 문제제기로부터 출발하여 매우 깊이 있는 전개를 보여주는 말라르메의 "군중"론에 파고들어 논할 만한 자리는 원래 아니다. 다만, 74년의 마네론에서 살롱의 "공중"과 그것을 구성하는 "군중"에게 할당하는 역할은, 무대예술에 대한 "관중", "군중"의 역할에 상응한다는 것을 지적해두자. 그것은 말라르메가 보들레르와 마찬가지로, 미술작품의 성립(창작과 향수)을 명확하게 사회적인 기능으로서 파악하고 있었다는 것을 보여준다. 1890년대에 이르러 책의 사회적 기능에 관한 성찰에 앞서는 것이 연극론이

---

32 이것은 말라르메 자신의 문장이 아니라, 난죠 아키히로南條彰宏 씨에 의한 요약(《말라르메 · 베를렌 · 랭보》, 세계문학 대계 43, 筑摩書房, 1962, 104쪽). 그 후 말라르메의 무대예술론은, 와타나베 모리아키渡邊守章 역으로 읽을 수 있게 되었다(《말라르메 전집》 II, 筑摩書房, 1989).

며, 게다가 그것에 앞서는 것이 미술론이라고 생각한다면, 살롱을 중심으로 하는 제도로서의 회화의 사회성에 관한 성찰이, 1890년대의 책론에 수렴되는 넓은 의미에서의 시학poétique의, 적어도 하나의 싹을 이루고 있었다고 하는 가설을 세울 수 있다.

1874년의 마네론에서 또 하나 주목해야 할 점은, 공중 혹은 군중이 자신들의 구체적인 모습을 인지하는 거울로서의 예술이라는 개념의 제시다.

> 공중으로 말하자면 그들은, 자기들의 다양한 개성의 직접적인 재현 앞에서 꼼짝없이 붙들려, 이제는 결코 이 부정한 거울로부터 눈을 딴 데로 돌릴 수도 없고, 그 눈을 천장의 화려한 우의화나 풍경화에 의해 깊어진 벽의 화판 위에, 즉 이상적이고 숭고한 예술에 눈길을 되돌릴 수도 없게 될 것인가. 만일의 경우 현대적moderne인 것이 영원한 것을 해치게 되기라도 한다면!

1880년대, 90년대의 연극론에서 거울의 개념이 계속 작용한다고 하면, 그것은 반드시 이와 같은 "직접적인 재현" 차원에서는 아니며, 추상화 또는 정수화精髓化된 모습으로 인간의 여러 가지 본질이 자기를 인지하는 거울로서의 예술이라고 하는 방향성을 가진 것 같다. 그러나 앙리 베크 등의 자연주의 연극에 대하여 긍정적이라고 할 수 있는 평가를 내리는 말라르메에게, 새로운 보편의 성립에 이르는 또 하나 앞선 단계로서, 유명무실화한 알레고리로 대표되는 낡은 영원-보편에 대한 안티테제로서의 "직접적인 재현",

그림 47. 마네. 오페라 극장의 가장 무도회.

즉 현재-특수 그대로의 재현이 중대한 역할을 하는 것이었다는 사실은 의심의 여지가 없다.

약간 관점을 비켜서 말하면, 군중이 자신들의 구상적인 모습 그 자체를 거울로서의 회화 안에서 보는 것은, 군중이 자신들 안에서 형성되는 "잠재적인 몇 가지 경향"을 회화 안에서 인지하는 것의 암유다. 그렇게 보면, "군중"의 두 가지 모습—예술의 향수자(내지는 예술의 참여자)로서의 모습과, 예술이 묘사하는 대상으로서의 모습—은 이 암유적 관계에서 중첩된다.

오페라 극장 가장무도회에서 군중의 예술적 재현에 마네가 어느 정도 멋지게 성공했던가를 말라르메가 강조하는 것은, 군중이 거기에서 자신들의 모습을 어떻든 인지하는 것이 하나의 근본적 요건으로서의 중대함을 가지기 때문이다.

> 오페라 극장 무도회의 한 구석을 묘사하는 일. 이 대담한 행위의 실현에서 피해야 했던 위험은 어떤 것이었나? 옷치장이라고는 할 수 없는 옷차림의 부조화한 소란, 어떠한 시대의 것도 어떠한 장소의 것도 아니고, 조형예술에 대하여 진정한 의미에서 인간적인 행동거지의 레퍼토리를 제공해주지도 않는 얼빠진 몸짓. 그러니까 가면masques은 회화 안에서, 신선한 꽃다발과 같은 몇 개의 색조에 의해, 검은 연미복의 기조基調가 빠지기 쉬운 단조로움을 깨뜨릴 정도밖에는 되지 않는다. 그리고 가면은, 오페라 극장 휴게실에서 만보객들이 멈춰 있는 이 진지한 광경 안에서, 현대 군중의 상태, 그것을 쾌활하게 만드는 것을 도와주는 몇 가지의 밝은 채색 없이는 묘사할 수 없을 상태를 보여주기에 적합한 모임만을 볼 수 있도록 하는 데 충분할 정도로, 모습을 감추고 있다. 미학은 나무랄 데가 없고, 이 그림의 만듦새로 말하자면, 당대의 제복이 요구하는 바가 그토록 완전히 어렵게 만들기 때문이었는데, 검은 색의 여러 가지 색조 안에서 찾아낼 수 있는 감미로운 색계의 놀라움을 느끼는 것 말고는 여기에서 해야 할 일이 없는 것 같다. 프록코트와 검은 가장복dominos, 모자와 검은 마스크, 빌로드, 나사螺絲, 새틴과 견. 가장에 의해 더해지는 생생한 배색의 필요성에 눈은 겨우 주의가 미칠까 말까 할

정도다. 눈이 그 배색들을 구별하는 것은 우선, 거의 배타적으로 남자들만으로 구성된 그룹을 만들어내는 엄숙하고 조화로운 색채, 그것만의 매력에 이끌리고 붙들렸기 때문일 뿐이다. 따라서 채색에 관해서는, 무질서하고 빈축을 살 만한 것, 화포에서 튀어나오려고 하는 듯한 것은 하나도 없다. 그와 반대로, 이 예술로부터 끌어낸 순수한 수단에 의해, 동시대 세계의 어떠한 광경이라도 화면 위에 성립시키려는 고귀한 시도인 것이다.

보들레르 미학의 훌륭한 전개임에 다름 아닌 이 한 구절 안에서, "우리가 넥타이를 매고 칠피장화를 신고 있는 모습에서 어떻게 위대하고 시적인가"라는 명제의 "우리"는, "군중"으로 환치되어버렸다. 현대성의 미학이 내포하고 있던 두 개의 극―개성, 넓게는 "영웅성"의 극과, 무명성의 극―가운데 후자가 강조되는 점에서, 말라르메의 독자적인 방향성을 볼 수 있을지도 모르겠다. 1890년대에 특히, "자신의 예술적 몽상이 실현될 때 사회의 모습은 어떤 것이어야 할까"를 모색함에 있어서, 가톨릭 교회의 미사에 모이는 군중을 모델로 하여 미래의 군중-공중을 상상하는 말라르메는, "일종의 공상적 혁명가의 포즈"를 취하고 있는 듯이 보이기까지 한다.[33] 거기에서 공상되는 미래는 너무나 빛이 나기 때문에 추상적인 미래이며, 그 미래를 선취하는 암유로서의 광경이, 검은 색의 여러 가지 색조가 만들어내는 "엄숙하

33 난죠 씨의 해설, 주 32에서 언급한 책, 105쪽.

고 조화로운 색채"에 의해 표현된다고 한다면 그것은 참으로 정당한 것이지 않겠는가.

이 부분에서, "동시대 세계"로부터 마네가 잘라내오는 시상은 말라르메의 그것과 미묘한 차이를 보여주며, 보들레르가 지시한 또 하나의 극極을 지향하는 듯이 보인다. 마네가 중산모를 쓰는 방식에서 모델 하나하나의 버릇을 재현한 에피소드는 이미 인용했는데, 그것은 자연주의적 시상에 있어서 구성의 결락, 형태의 붕괴라고 하는 경향에 거슬러 개개인의 동일성을 살리려고 하는 시도가, 세부적인 정보의 증량이라는 방향에서 요구되었음을 나타낸다.[34] 이 화면 안에서, 그러한 미묘한 뉘앙스에 개성의 표현을 맡기지 않을 수 없는 제복 차림의 남자들에 비하면, 몇 명의 여자들은 의상이나 손에 든 꽃다발의 색채에 의해서든, 고갯짓 하나에 의해서든, 동일성을 유지하기 위한 수단에 훨씬 혜택받고 있는 듯이 보인다. 그리고 이 개성-동일성 표현에 관련된 여성의 우위는, 7년 후에, 마네 최후의 대작 〈폴리-베르제르의 술집〉(런던 커톨드 재단)에서, 종종 여신에게도 비유되는 여종업원의 당당한 모습에서 구현되어 우리를 압도한다. 폴리-베르제르의 군중을 이번에는 말 그대로 거울 속에 비추어낸 이 화면에서, 거의 무명성 안에 매몰된 배경의 사람들 가운데서도, 적어도 두 명의 여성이 우아하다고 말하고

34 피에르 슈네데르의 시사에 의함. 주 5에서 언급한 책 참조.

싶을 만큼 선명한 개성으로 묘사되어 있다.

> 거리에서, 극장에서, 숲에서, 교묘하게 꾸며 입은 여자의 옷차림으로부터, 더할 나위 없이 사심 없는 즐거움을 끌어내고, 그 옷차림의 장본인의 아름다움과 뗄 수 없는 하나의 이미지를 간직하고 돌아와, 이렇게 해서 여자와 의상을 분리할 수 없는 하나의 총체로 만들어본 적이 없는 남자가 어디 있겠는가.
> —《현대생활의 화가》, 제10장.

낭만주의적인 개성, 영웅성의 형상으로부터 군중의 형상으로 전환하는 요로要路에 위치하는 "현대생활의 화가" 콩스탕탱 기스를 논한 보들레르는, 도시생활의 모든 장소에서 기대할 수 있는 미인의 출현에 말 그대로 하이라이트를 비추었다. 불가결한 의상 및 화장에 의해 자기들의 동일성을 만들어내는 미인이 체현하는 것, 그것이야말로 무명성 안에서의 개성, 넓게는 영웅성이다. 미인의 출현이, 현재 안에서 경이적으로 되는 것le merveilleux 넓게는 초자연적으로 되는 것의 분출이라는 사실을, 수십 년 후에 다시 파리를 거니는 사람으로서 나타나는 일군의 시인들은 강조하리라. 당장은 "현재따위는 없다, 현재라고 말할 수 있는 것은 존재하지 않는다…… 군중이 스스로 자기 존재를 밝히며 나오는 일이 결여되어 있다—모든 것이 결여되어 있기 때문에"라고 말라르메가 "한정된 행동 안에서" 말한 것을 비꼬아, "하나의 현재가 존재한다…… 여자가 당당하게 자기 존재를 밝힌다—적어도 그것만은 확실하니까"라고 과감하게 말해보자. 아무리 모자 쓰는 방식을 궁리해 보아도 어차피 얼마든지 뒤바뀔 수 있는 존재로서, 화면에서 기호화記號化의 운명을 감수할 수밖에 없는 남자들 속으로, 불규칙성과 무한의 변화에 의한 교란을 가지고 들어오는 존재로서의 여자. 그녀에게 오마주hommage를 바치는 것이야말로, 현재를 현재로서, 그 무한의 깊이에서 포착하는 시학이 아니었을까.

출발점에서 "불행하게도 태어날 때부터 낭만주의의 각인이 찍혀 있었던, 단지 그러한 인간"이라고 보들레르에 의해 정의된 마네가 "현대생활의 영웅성"과는 무슨 이유로 만났을까를, 낭만주의적 시점에서 다시 한 번 더듬어가는 작업이 아직 남아 있다. 그때는, 때로 전율을 느끼게 할 정도로 아름다운 베르트 모리조 초상 시리즈에 특별한 조명이 비추어져야 할 것이다.

V. 風景 속의 예술가

샤를 보들레르

1. 전원 · 도시 · 바다 풍경

"우리나라의 풍경화가들은 너무나 풀을 많이 먹는 동물입니다"라고 보들레르가 말하는 것은 《1859년 살롱》에서 풍경화를 취급하는 장의, 결론에 가까운 대목이다. 이 장에서 평론의 대상이 된 풍경화가들은 폴 위에, 카미유 코로, 또는 테오도르 루소 등의 장년이든, 프랑세, 밀레, 샹트뢰이유, 도비니 등 1810년대에 태어난 사람들이든, 한마디로 전원풍경의 화가들이다. 나무나 풀의 푸르름을 주조主調로 하여, 종종 점경적點景的으로 묘사되는 양이나 소 등을 확대하면 유행화가 트루와이용의 동물풍경화로도 될 수 있기 때문에, 그 언저리에 대한 빈정거림을 담은 발언이었을지도 모른다. 초식동물을 좋아하는 일-드-프랑스 또는 노르망디의 녹음이 풍부한 자연 한 조각을 잘라내 그대로 보여주어도 만족스럽지 않다고 단언하는 시인이, 풍경화에 대하여 요구한 것은 그렇다면 무엇일까. "너무나 풀을 많이 먹는" 운운하는 대목 근처에, "낭만파적 풍경화, 아니 오히려 18세기에 이미 존재한 로마네스크한 풍경화까지도 그리워하고 있다"고 하는 고백에 이어, 폐허를 중심으로 한 낭만파 풍경화의 진부한 온갖 요구조건이 어마어마하게 묘사된다.

그림 48. 도미에. 1859년 살롱.

> 절망 안에서 부동성을 표상하는 저 커다란 호수들을, 커보이던 것도 거기에서는 작게 보이고, 지구에서 하늘로 향하는 계단이라고도 할 수 있는 끝없는 산들을, 옛 성채들을(그렇습니다, 나는 염치 불구하고 거기까지 말하고 맙니다), 음울한 못에 몸을 비추는 총안이 뚫린 수도원을, 거대한 교각을, 현기증이 살고 있는 니네베의 건축물을, 그리고 마지막으로, 그 모든 것이 존재하지 않는다면 만들어내기라도 해야 할 모든 것을

그리워한다는 것이다.

《1859년 살롱》이 상상력 이론의 선언이라고도 할 만한 성격을 띠고 있기 때문에, 여기에서, 장차 나타날 인상파 회화도 포함한 모든 사실적 풍경화에 대한 거부의 자세를 읽어내는 일이 오늘날에 오히려 흔히 일어나고 있다고 할 수 있다. 하지만 이 부분에서 보들레르는 "경우에 따라서는

나도 모르는 사이에, 젊은 시절 몸에 밴 습관에 따르는 것인지도 모른다"고 약간의 수줍음을 보이면서, 향수鄕愁를 향수로서 토로하고 있다. 아니, 그 진부한 온갖 요구조건의 너무나 쾌활한 열거에는, 분명히 빈정거림("염치없음cynisme")이 담겨있다. 사실, 프랑스 풍경화의 미래의 길로서 시인이 가리키는 것은, 낭만파적 내지는 로마네스크적인 풍경화에게로의 퇴행도 아니며, 일찍이 《1846년 살롱》에서 "환상적 풍경화"라고 부른 것의 재창조도 아니다.

> 결여되어 있는 것은 바다풍경화뿐만은 아닙니다—바다풍경화만 해도 참으로 시적인 장르입니다만! (바다 위에서 벌어지는 전쟁극 부류를 나는 바다풍경화로 치지 않습니다) 그것만이 아니라, 내가 기꺼이 대도시의 풍경화라고 이름붙일 수 있는 장르, 즉 인간들과 기념건조물들의 강력한 응집에서 기인하는 위대한 것들과 아름다운 것들의 수집물이, 갖가지 삶의 영광이나 고난 속에서 세월을 거듭하고 노쇠한 수도首都의 깊고 복잡한 매력이 결여되어 있습니다.

바다풍경화와 도시풍경화, 이것이야말로 바로, 1830년대부터 50년대에 걸친 낭만파 내지 사실파 풍경화—넓은 의미에서의 바르비종파 풍경화—에 비하여, 주제상으로 인상파 풍경화의 특색이 되는 것임을 여기에서 확인해두자고 하는 것은 아닐까. 물론 전원풍경화, 초식동물적 풍경화도 또한,

인상파 풍경화의 하나의 기둥이기를 계속한다. 그러나 일-드-프랑스의 풍경도 차츰, "자연" 그 자체 또는 농민의 노동·생활의 장場으로서보다는, 도시 인간들의 유흥의 장으로서 묘사되게끔 되며, 그러한 유흥 가운데 중요한 것이 되어가는 뱃놀이나 멱 감기의 장소로서의 강과 연못이 차츰 커다란 면적을 차지한다. 결국 전원풍경화의 영역은 도시풍경화와 바다풍경화 양쪽으로부터 침식을 받는 것이다.

하지만 그것은 아직 장래의 일이고, 우리에게 있어서 현재는 1859년, 이 해의 살롱에 결여되어 있는 두 가지 장르, 바다풍경화와 도시풍경화가 가득 품고 있는 커다란 가능성을 시사하기 위해서, 시인이 짐짓 참고인으로 삼은 두 예술가의 이름이 외젠 부댕과 샤를 메리옹이라는 것의 의미를 다시 생각해보지 않으면 안 된다. 우선 당장, 부댕의 하늘과 구름 습작을 열광적으로 이야기하는 것은, "자연"이라는 "사전"으로부터 베껴낸 한 페이지의 아름다움을 이야기하는 것일지언정, 환상적 풍경화에 대한 권장 등은 조금도 없다는 것 정도를 머릿속에 잘 담아두고, 계속해서 메리옹에 관한 대목을 읽도록 하자.

> 지금부터 몇 년 전, 사람들이 하는 말로는 해군사관이라고 하는, 강력하고 색다른 사람이 파리의 가장 정취 있는 조망을 기초로 해서 일련의 부식동판화 습작을 시작했습니다. 그의 데생의 가열참, 섬세함, 확실함에 의해, 메리옹 씨는 옛날의 탁월한 부식동판화가들을 생각나게 합니다. 거대한 도시가

가진 자연스러운 장엄함이 이보다 더한 시정詩情을 가지고 표상된 것을 나는 좀처럼 본 적이 없습니다. 겹쳐 쌓아올린 돌의 위용, 손가락으로 하늘을 가리키는 종루들, 창공을 향해 동맹하여 연기煙氣를 토해내는 공업의 오벨리스크들, 보수 중인 기념건조물의 놀랄 만한 비계가, 건축의 견고한 본체 위에 참으로 역설적인 미로써 비침세공 건축을 덧대는 모양, 분노와 원한을 품은 소란스러운 하늘, 거기에 담긴 온갖 드라마에 대한 생각에 의해 더욱 더 증가하는 원근법의 깊이 등, 문명의 비통하고도 영광에 빛나는 배경을 구성하는 복잡한 요소의 그 어느 것 하나도 빠진 것이 없었습니다.

여기에서는, 메리옹 동판화의 이른바 환상적인 요소가 문제되고 있는 것은 결코 아니다. 물론 파리 시가市街와 바다가 신비한 교착을 보여주는 〈앙리 4세 중학〉(1864년)이나, 유명한 〈해군성海軍省〉(1865년)—거기에서는 공중에 "악마가 올라탄 말이나, 거대한 물고기, 게다가 폴리네시아풍의 조각배 등의 큰 무리가 비상하고 있다"는 것이 보인다[1]—도, 모두 1859년 이후의 작품이라고 하는, 단순히 연대의 문제로 환원시킬 수도 있다. 그러나 시인이 메리옹에 대한 경도를 보이는 것은, 그의 에칭이 "거대한 도시가 가진 자연스러운 장엄함"을 잘 재현하고 있고, 있어야 할 도시풍경화의 하나의 원형을 제시하고 있다는, 그 점에 관계된다는 것은 강조해둘 필요가

1 도요사키 코이치豊崎光一, 〈또 하나의 바다 쌍둥이 바다—보들레르와 메리옹을 찾아서〉, I의 주 24에서 언급한 책, 234쪽(《가족 로망스 텍스트 · 콘텍스트 · 프리(1)텍스트》, 小澤書店, 1988 수록).

있다. 같은 문장 안에서 메리옹이 광기가 들어 “알 수 없는 착란이, 빛나고도 견고한 것으로 보였던 이 능력들을 뒤흔들어버린” 것을 유감스러워 하고 있기는 하나, 광기가 메리옹의 파리 풍경도에 뭔가 보탬이 되기를 시인은 전혀 기대하지 않았다고 말하지 않을 수 없다.

《악의 꽃》 재판에서 ‘파리 풍경’의 첫머리를 장식하는 한 편의 시 〈풍경 Paysage〉가 메리옹의 〈흡혈귀 석상Le Stryge〉(1853년)에서 착상을 얻지 않았을까 하는 가설은 거의 완전히 부정되었지만,[2] 이 〈풍경〉—1857년 《현재 *Le Présent*》지에서의 첫 제목은 〈파리 풍경〉—안에서, 목가적인 전원 풍경에 대한 동경과 동시에, 도시풍경화라는 장르를 살짝 엿보게 하는 몇 행을 읽는 일은 가능하다.

> 〔…〕 내 지붕밑방 높은 곳에서,
> 나는 보리라, 노래하고 떠드는 작업장을,
> 굴뚝이나, 종루, 도시의 이 돛대들을,
> 그리고 영원을 꿈꾸게 하는 드넓은 하늘을.

작업장atelier 안에서 노래하고 떠드는 소리가 들려오는 수공업 단계의 노동 정경, 그것은 1840년대의 파리, 아직은 거의 전원적 내지 중세도시적

2 *Les Fleurs du mal, texte de 1861, Les Epaves, Sylves, avec quelques images qui ont pu inspirer le poète*, édition établie par Jean Pommier et Claude Pichois(Paris, 1959), p. 478.

파리를 생각하게 만든다. 굴뚝도 아직은 "영원을 꿈꾸게 하는 하늘"을 위협하기에는 이르지 못하고, "공업의 오벨리스크들"이 "창공을 향해 동맹하여 연기를 토해내는" 역동적인 관계가 성립할 때까지의, 잠시의 유예라고나 할까. 제2제정의 집산주의정책과 그것에 따라오는 파리 근대화에 대응하는 시적 인식의 이행을 논하고 싶은 생각을 불러일으키는 것이 거기에는 분명히 있다. 하지만 우선 우리의 흥미를 유발하는 것은, 바다풍경화와 도시풍경화의 아날로지가, 이미 굴뚝이나 종루라는 돛대와의 암유적—모두가 창공을 손가락질하여 "영원"을 생각나게 한다는 의미에서의—동일성으로서 나타나고 있는 점이다.

"더러운 도시의 검은 대해大海" 한가운데서, "찬란하게 빛을 발하는, 또 하나의 대해"를 생각하는 동경의 마음을, 아무도 모르는 아가트—〈슬프고 떠도는〉—에게 호소하는 것으로 대신하는 보들레르. 파리풍경을 묘사하는 동판화 곳곳에 바다를 암시하는 표지를 새겨 넣지 않을 수 없고, 광기의 만년에 이르러서는 마침내, 바다 그 자체 혹은 바다에서 온 그 뭔가를 도시 안에 넘쳐나게 하지 않을 수 없었던 메리옹. 거기에는 도시-바다의 훌륭한 암유적 관계가 성립되어[3] 있는데, 여기에서 나는, 도시로부터 바다에게로의 이행이, 연속성, 또는 인접성의 차원에 있어서도—요컨대, 확대된 의미에서

3 주 1의 도요사키 씨의 논문 참조.

그림 49. 제임스 맥닐 휘슬러. 로더하이즈.

의 환유적 관계로서의—성립되는 것에 생각이 미치게 된다.

> 아주 최근에, 미국의 젊은 예술가 휘슬러 씨가 템스 강변을 묘사하여 보여준 에칭 연작을 마르티네 화랑에서 전시하고 있는데, 즉흥이나 영감처럼 경묘하고 발랄한 것이었다. 선구船具, 활대, 닻줄의 훌륭한 착종. 안개와, 용광로와, 나선형으로 감기는 연기의 혼돈. 거대한 한 수도의 깊고도 복잡한 시정詩情.
>
> —〈화가들과 부식동판화가들〉, 1862년.

이 기사를 읽은 당시 28세의 휘슬러가, 팡탱-라투르 앞으로 보낸 편지에서 "런던에서는 더 나은 기사를 쓰고 있다네"라든가, "보들레르는 템스 강에 관해서 시적인 것을 많이 쓰고 있지만, 에칭 자체에 관해서는 아무런 말도 하지 않고 있잖은가. 그 다음에 이름이 나오는 용킨트는 아무래도 보들레르에게 딱 어울리는 것 같아" 라는 둥 아무리 봐도 산뜻한 재사다운 평을 내리고 있는 것도 꽤나 흥을 돋울 수 있기는 하다. 그러나 같은 해 파리에서 결성된 '부식동판화가 협회'의 발기인인 카다르도, 그리고 협회의 심사위원회도, 휘슬러의 에칭의 자유발랄한 필법에 우려를 나타냈다고 보이며, 배포된 작품 가운데 결국 휘슬러의 것을 포함시키지 않았던 것을 생각하면, 여기에서도 역시 보들레르의 감정가로서의 눈을 높이 사지 않을 수 없으리라.[4]

도시임과 동시에 항구이기도 한 템스 강변의 조망. 돛대와 활대, 그리고 닻줄로 구획 지어지는 하늘은 거의 그대로 바다의 하늘이라고 말할 수 있으며, 결국 바다가 바로 도시 안에까지 들어오고 있다고 하는 완전한 연속성은, 일찍이 네덜란드의 항구도시를 생각하면서 〈여행에의 권유〉를 노래한 시인으로서, 부러워할 만한 것이라고 느껴졌음에 틀림없다.

> 보렴, 저 운하 위에서,
> 잠드는 저 배들,

4 Jannie Bailly-Herzberg, *L'Eau-forte de peintre au dix-neuvième siècle : La Société des Aquafortistes*, t. 2(Paris, 1972), pp. 94-95. 이하, '부식동판화 협회'에 관한 자료는 모두 이 면밀한 연구에 의함.

방랑기 품고, 잠드는 배들을.

그대의 소망을, 소소한 것까지도

빠짐없이 채워주기 위해,

배들은 세상 끝에서 찾아오느니.

그러나 센 강이 템스 강이 아닌 이상, 바다는 도시를 암유로써 환기시킨 것일까. 아니 반드시 그렇지는 않다. 항구도시 옹플뢰르까지 대략 150킬로미터, 센 강 하구를 끼고 마주보는 르아브르까지 기차로 몇 시간 걸리는 행정이었으리라고 생각된다.

나를 실어가다오, 객차여, 나를 데려가다오, 쾌속범선이여!

"더러운 도시의 검은 대해"에서 진짜 바다까지의 거리를, 암유적인 차원에서가 아니라 공간적인 인접성의 차원에서 없애버리는 일을 가능하게 해주는 철도라는 굉장한 힘이 하나의 순진한 희망의 실마리가 될 수 있었다. 오피크 장군이 옹플뢰르에 별장을 산 것은 1853년, 1857년에 장군이 죽고 비로소 그곳에 어머니를 찾아갈 계획이 실현될 수 있었는데, 1855년에 발표된 〈슬프고 떠도는〉에서 보면, 옹플뢰르에서의 어머니와의 재회=바다와의 재회를 꿈꾸면서 이 시를 썼을 가능성이 2년간의 여지로 보아 조금은 남아 있다.

2. 그라피슴·기호성記號性에의 지향

오피크 부인 앞으로 보낸 1862년 3월 29일자의 편지에서, 어쩌면 4월 셋째 주에는 다시 옹플뢰르에 갈 생각이고, 그때 "유화나 판화류를 한 상자 더 먼저 보낼 것입니다(그것이 나의 유일한 오락입니다)"라고 예고하고 있다. 그 상자의 내용은 어떤 것이었을까. 정확하게는 알 방법도 없지만, 우선 1859년에 사고 싶어 했던 메리옹의 〈파리경관〉, 또는 그 무렵 카다르의 상점에서 구입한 마네, 쿠르베, 르그로 또는 용킨트, 도비니 등의 에칭이 그 안에 포함되어 있었다고 보기는 매우 자연스러울 것이다.[5] 장난감 집 한 방의 창문으로 항구를 내다보면서 메리옹, 용킨트, 또는 휘슬러의 에칭을 꺼내어 바라보는 보들레르.[6] "유일한" 그리고 최상의 "오락"이 동시에, 새로운 제작에 대한 영감을 얻는 실마리도 될 수 있었다.

> 잘 이해하셨겠지요. 제가 아직 보름이나 한달 파리에 머물러 있게 되더라도 부질없이 그러는 것은 아닙니다. 도대체 어떻게, 옹플뢰르에서 화가들과 판화가들에 대한 연구를 할 수 있다고 생각하시는 거예요? 저의 비평논문을 위해 필요한 산더미같이 많은 책을 입수할 수 있다고 생각하세요? 다행히도 이 모든 것이 조만간 끝날 겁니다. 그리고 저는, 옹플뢰르에서 순수한 상상

5 주 4의 책, 제2권, 11쪽.

6 이노우에 큐이치로井上究一郎, 〈《악의 꽃》 주변에서—1. 옹플뢰르〉, 《잊혀진 페이지—프랑스 근대문학 점묘》(筑摩書房, 1971), 282쪽.

력의 작품을 위해 새로운 형식forme을 찾아내고 생각해내기를 희망합니다.
—같은 편지.

여기에서 문제가 되어 있는 비평논문이란, 당시 준비 중이었던 18세기의 풍속판화에 관한 논고라고 흔히들 생각하고 있으나, 복수이기 때문에 아마도 이미 집필 중이었던 부식동판화가론까지 포함시켜도 좋을 듯하다.[7] 비평적인 문장은 파리에서, "순수 상상력의 작품"은 옹플뢰르에서라고 보들레르가 염두에 두고 있었던 것은, 자료의 편의에서 말해도, 그리고 어머니 집에서 바라던 것이 창작에 무엇보다도 중요한 차분함과 평온함이었던 것에서 보아도 아주 당연했다. 그리고 거기에서는 판화류도, 비평논문을 위한 자료가 되기보다는 "오락", 더욱이 바다나 하늘이나 항구 그 자체를 바라보는 것과 상호 보충하여 영감의 원천으로서의 역할이 기대되었다.

사실을 말하자면, 옹플뢰르에서의 제작에 관하여 정확하게 알려져 있는 바는, 1859년 1월부터 2월까지의 체재 중에 〈여행Le Voyage〉과 〈알바트로스〉를 써서 소책자로 만들었다는 사실뿐이다. 그러나 1859년부터 1860년까지의 몇 차례의 체재는, 〈가을의 노래〉를 비롯하여 1861년의 《악의 꽃》 재판에 처음으로 발표된 몇 편의 시 제작에 커다란 의의를 지녔다고

7 《일화평론》 1862년 4월 후반호에 발표된 무서명 · 무제의 작은 기사. 뒤의 5절 참조.

추측할 수 있다.[8] 그리고 1861년 2월의 《악의 꽃》 재판 간행부터 1864년 4월의 브뤼셀 도피행에 이르는 2년 동안 옹플뢰르 체재가 몇 차례 실현되었다고 한다면, 거기에서 제작된 것이 주로 산문시였다고 하는 것은 "새로운 형식" 운운하는 말로 보아 틀림없다. 1864년 말의 《파리평론》에 발표된 〈항구〉를 여기에서 떠올리는 일은 아주 자연스럽다.

> 하나의 항구란, 인생의 투쟁으로 피곤해진 영혼에게 기분좋은 거처다. 하늘의 넉넉함이나 구름의 유동하는 건축, 수시로 변하는 바다의 채색이나 등대의 반짝임은 결코 눈을 지치게 하는 일 없이 즐겁게 해주기에 굉장히 적합한 프리즘이다. 복잡한 의장艤裝을 단 배의 늘씬한 형태forme에, 넘실대는 파도가 조화로운 진동을 전달하여 영혼 속에 리듬과 미에 대한 취향을 간직하도록 도와준다. 그리고는 특히, 이제 더 호기심도 야심도 없는 사람에게는, 망루 안에 누워 아니면 방파제에 팔을 괴고, 떠나는 자들이나 돌아오는 자들, 아직 의욕적인 힘을 가진 자들, 여행하고 싶거나 부자가 되고 싶은 욕망을 가진 자들의, 저 모든 움직임을 바라보는 일에는 일종의 신비하고도 귀족적인 쾌락이 있다.

네 개의 문장으로 이루어진 이 한 편의 시는, 단순한 묘사가 아니라 어느

8 1859년 초 옹플뢰르에서의 제작에 관하여는, Robert Kopp, "L'Albatros de Baudelaire", in *Bulletin annuel de la Fondation suisse*, XI, Paris, 1962에 정확한 자료가 있다. 옹플뢰르 체재 중에 씌어졌다고 추정되는 시편 일반에 관하여는, 앞에서 소개한 이노우에 씨의 문장을 참조.

문장을 보아도 풍경에 대한 인간의 반응이 문제되어 있다. 그것은 보들레르의 예술관 일반, 좁게 한정시켜 말하면 풍경화에 대한 관점에도 대응하는 것이어서, 이 점은 후에 논하게 될 것이다. 우선 여기에서는, "하나의 항구란, 피곤한 하나의 영혼에게, 하나의 기분좋은 거처다Un port est un séjour charmant pour une âme fatiguée…"로 시작하는 도입부가, 세 개의 부정관사를 늘어놓아, 누구라도 좋은 피곤한 영혼을 가진 사람이, 어디라도 좋은 항구에 들어와, 그곳을 하나의 기분 좋은 거처로 느낀다고 하는 설정, 즉 우발적인 조우가 바로 그 임의성에 있어서 추상성 내지는 일반성을 띤다고 하는, 분명한 현대성modernité의 표지標識를 거기에서 읽어내기로 하자. 이 단문은, 'Le Port'라는 정관사가 붙은 제목을 가짐으로써 "항구" 일반에 대한 모랄리스트적인 몇 가지의 명제를 세우는 것이며, 결국은 고풍스러운 느낌을 주기까지 하는 것은 틀림없으나 처음부터 보편적인 관념으로서의 항구가 아니라, 개별적인 하나의 항구가 우발적으로 출현하고, 거기에서 출발하여 일반화의 작업이 행하여진다고 하는 절차를 밟아간다. 다음으로 또 역방향에서 말하면—이쪽이 한층 중요한 것인데—항구의 개별성은 고유명사에 의해서 한정되지 않고 부정관사의 임의성 안에 머무름으로써, 완전한 보편성과 완전한 한정성 사이에서 말하자면 공중에 매달린 상태가 된 추상성을 지니는 것이다.

〈항구〉의 묘사에서, "복잡한 의장을 단 배의 늘씬한 형태"는 조금 전에 인용한 휘슬러에 대한 대목을 떠올리게 하는데, 휘슬러가 그린 템스 강변도 또한, 공상 속에서 보편화된 항구가 아니라 어디까지나 현실의 런던 속에서 우발적으로 선택되어 사생된 광경이며, 게다가 "런던", "템스" 같은 고유명사를 둘러쓰고 있는 것은 결정적이 아니고, "선구, 활대, 닻줄의 훌륭한 착종", 즉 배 · 항구 그 자체의 아름다움, 그리고 "거대한 한 수도의 깊고도 복잡한 시정"이라는 일반적인 것이 문제였던 것이다. 같은 문장 안에서 "매력적이고 순진한 네덜란드 화가 용킨트 씨"에 이르러, 그는 그의 에칭 안에 "그의 고귀한 조국의 대하大河의 제방이나 지평선과 같이 고요한 자신의 추억과 몽상의 비밀을 담았다"고 말하고 있으면서도, 여기에서 다루고 있는 작품이 네덜란드나 벨기에의 풍경이라는 것 자체가 그다지 중요하지 않은 것은, "그의 고귀한 조국의 대하의 제방이나 지평선"이 "고요하다"는 형용사에 대한 수식어구 안에 갇혀버린 것에서도 나타나고 있다.

파리에 와서 보들레르와도 알게된 이후의 용킨트는, 〈옹플뢰르 항의 입구〉(1864년 1월), 〈옹플뢰르를 출항하는 배〉(1864년 1월), 〈옹플뢰르 항의 출구〉(1865년1월), 〈옹플뢰르 항의 목재 잔교棧橋〉(1866년 1월) 등, 말 그대로의 옹플뢰르 연작이라고도 할 만한 에칭을 제작했는데, 여기에서 나타나는 항구가 특정의 옹플뢰르이어야 한다는 것은 아니다. 역시 노르망디의 항구 아르플뢰르를 그린 것이든, 아니면 〈앤트워프의 석양〉(1868년)이든, 돛대 · 활대 · 돛의 선線을 활용한 선의 착종, 그리고 바탕이 되는 부두

그림 50. 용킨트. 옹플뢰르 항의 철도풍경.

그림 51. 용킨트. 옹플뢰르 항 입구.

나 바다, 하늘이나 돛을 하얗게 처리한다거나 혹은 연하거나 짙은 검은 색으로 한다거나, 아니면 보들레르가 말하는 "갈겨그리기gribouillage"의 갈겨그리기 방식을 보여주는 거칠은 곡선·파선破線으로 뒤덮는, 필법筆法graphisme의 재미, 그리고 거기에서 시정이 느껴진다면 그 시정이 요점이다.

달리 말하면, 휘슬러나 용킨트의 풍경판화는 더 이상 명소판화名所版畫는 아니다. 18세기 말부터 19세기 초엽까지, 동경의 땅 이탈리아 뿐 아니라 자국 프랑스에서도 피토레스크한 경관이 있음을 발견하여 알리는 방법이기도 하고 풍경화 유행에도 앞장서게 되었던, 지명이 들어간 판화류. 그 명소 그림책 풍의 성격은, 낭만파의 풍경판화, 예를 들어 보닝턴의 판화 등에서도 이어받아, 그 집대성이라고도 할 만한 테일러 남작 편 《옛 프랑스를 둘러싼 정취 있고 낭만주의적인 기행》(1820-78년)에는, 이자베나 비올레르 뒤크 등의 낭만파 예술가들이 협력했다. 이 명소 그림책 풍 내지는 회고적 성격은 메리옹의 파리 연작에도 남아있으며, '부식동판화가 협회'에 의해 간행된 작품 안에서도 그 성격을 지니고 있는 것이 없다고는 말할 수 없다. 그것만으로, 휘슬러나 용킨트의 진짜 현대성은 특필될 가치가 있다. 그것은 그들의 그라피슴의 특질에서도 기인하지만, 항구라는 특수한 광경을 구성하는 제 요소 그것 자체에, 보편적 내지는 추상적인 성격이 갖추어져 있음을 잊어서는 안 될 것이다. 바탕으로서의 바다·하늘의 단순성, 그리고 보들레르가 말하는 것처럼, 그 한 조각으로 충분히 "무한"을 암시할 수 있다고 하는 시적인 기호성. 선박이 가진 의장의, 복잡하기는 하지만 선적線的인 요소로 환원될 수 있는 추상성. 시인은, 선체까지도 포함한 배 전체가 갖는 기하학적 구축성, 그리고 그 시적이고 보편적인 기호성의 인식을 다음과 같이 표현했다.

> 한 척의 배를, 그것도 운행 중에 있는 배를 물끄러미 바라보는 일의 무한하고 신비한 매력은, 첫 번째 경우에는, 착잡함이나 조화와 같은 정도로 인간정신의 본원적인 욕구를 이루는 규칙성과 좌우대칭에서 유래하며, ―그리고 두 번째의 경우에는, 이 물체가 가진 실재하는 요소들에 의해, 공간 속에서 그려내는 온갖 상상의 곡선과 도형이 잇달아 증가하고 발생하는 것에서 유래한다고 나는 생각한다.
>
> 선의 운동을 그려내는 이 작용으로부터 풀려나오는 시상詩想은 관대하고, 거대하고, 복잡한, 그러나 해조를 이룬 하나의 생물을, 인간의 모든 탄식

과 모든 갈망을 고통스러워하고 한숨짓는, 정령으로 가득 찬 하나의 동물을 가정하는 일이다.

—《화전火箭》.

고요한 물 위에서, 눈에 보이지 않을 정도로 희미하게 흔들리고 있는…… 저 아름답고 커다란 배, 한가롭고 향수에 젖은 듯이 보이는 저 건장한 배들은, 무언의 언어로 우리에게 말하고 있지 않은가, 언제 우리는 행복을 향해 출발할 것인가? 하고.

—《화전火箭》.

예술가로서의 보들레르에게 옹플뢰르는 "하나의 항구"이면 되고, 하물며 그 항구에 떠 있는 배는 뭔가 이국적 경력, 낭만주의적 과거를 암시하는 배 이름을 가질 필요는 없으며, 단지 한 척의 "배"로서, 어딘지 모를 희구적인 미래에 위치하는 시간, 공간을, 그 형태forme에 의해 지향하기까지 한다면 그걸로 족했다. 마찬가지로, 파리라고 하는 도시도 또한, 어디까지나 실재하는 파리를 근거로 하면서, 이름 있는 이런저런 기념건조물, 정취 있는 곳 일대를 명소 그림책풍으로 묘사하고자 하는 것이 아니라, 보편적 또는 추상적인 대도시의 시를 환기시키기 위한, 개별적인 출발점인 것이 중요했다. 《파리의 우울》 서문에서, 하나의 새로운 시적 산문을 만들어내고자 하는 이상이 태어나는 것은 "거대한 도시들을 빈번히 드나드는 일에서이며, 거기에 결부되는 무수한 관계의 교착에서"라고, "도시"를 복수로 사용하고 있는 점에 일반화의 의지가 명확히 나타나고 있다. 산문시라는 장르에 있어서 선례로서 알로이지우스 베르트랑의 《밤의 가스파르》를 들면서, 베르트랑이 "그토록 기묘하게 정취 있는pittoresque 옛 생활의 묘사에 적용한 수법을, 현대의 생활, 아니 오히려, 보다 추상적인, 현대의 어떤 생활의 묘사에 적용해보겠다는 생각이 머리에 떠오른" 것이라고 단언하고 있는 점에, 개별성-추상성으로서의 현대성에 대한 지향이 명확하게 의식되고 있었다.

《밤의 가스파르》9가 '렘브란트 및 칼로 풍의 환상시편'이라는 부제를 갖고 있었던 것을 상기해보아도 좋다. 부르고뉴의 고도 디종이든, 할렘, 라이덴, 또는 옛 파리의 명소, 아니면 이탈리아나 스페인의 정경이라고 해도, 옛날 판화를 상기시키는 예스럽고 기괴한 풍미가 감돌게 하는 것은, "피토레스크"라는 말이 문체 또는 화법에 적용된 경우의 의미—사람의 눈을 끌기에 충분한 사물의 특징을 잘 포착하여, 흥미 있게 그려낸다고 할 정도의 의미—에 정확하게 들어맞는 붓놀림으로 "옛 생활"의 광경을 묘사하고 있기 때문이다. 낭만파가 표어로서 내건 지방색이, 명소 그림책 풍의 판화에 통하는 효과를 만들어내고 있는 것이다.

《파리의 우울》 안에서도 지리적인 위치를 정확하게 알아낼 수 있는 시는

9 오이카와 시게루及川茂 역, 《밤의 가스파르》(書肆風의 薔薇, 1983).

꽤 많아서, 예를 들어 〈과부들〉의 무대는 튈르리 공원, 〈늙은 어릿광대〉의 무대가 파리 변두리임은 오해의 소지가 없다. 하지만 거기에 나타나는 주인공들은, 말상대가 없는 "과부"이며 손님이 오지 않는 "어릿광대"라는 것이 그대로, 인간이라면 누구라도 놓일 수 있는 보편적인 고독의 암유가 되어 있어, 결국 개별성이 보편성에 통하여 있다. 그런데 베르트랑 세계의 인물은, 석공 아브라함 크누프페르라고 해도, 전당포의 블라지우스라고 해도, 아니면 호일텐 박사의 집에 튤립을 팔러 오는 꽃장수라고 해도, 칼로 판화의 인물과 닮은 무대의 인물이어서, 피토레스크한 동시에 공통된 기억 내지는 상상력 차원에서 유형화되어 있기 때문에 완전한 보편성도 완전한 개별성도 가질 수 없다. 이에 비하여 "키가 크고, 당당하며, 그 풍채 전체에 갖추어진 고귀함으로 말하자면, 과거의 아름다운 귀부인들의 초상 컬렉션에서도 필적하는 사람을 본 기억이 없을 정도의 한 사람의 부인", 또는, "허리 굽은, 노쇠하고, 늙어빠진 한 사람의 가련한 어릿광대"는, 그들의 존재에 아무리 보편적인 의의를 떠맡기는 일이 가능할지라도, 어디까지나 시인 자신이 동시대 파리의 군중 한 가운데에서 만난 우발적인 존재임에는 변함이 없다. 달리 말하면, 그들의 문학적 재현이 띠고 있는 보편성은 유형성까지는 이르지 못하는 것이다.

개별적이면서도 보편적이어서, 유형적으로는 되지 않는 새로운 예술의 "현대성", 그것은 문학에 있어서도 미술에 있어서도, 1850-60년대의 레알리슴의 특징이고, 동시대성과 관찰이라는 두 개의 기본원리가 이 현대성을 받쳐주고 있었음은 분명하다. 다만 이 현대성은, 그 추상성에 대한 지향 때문에 보편적인 독해가능성—intelligibilité—에 대한 욕구와 이브 본푸아가 명명하는 바의, 커다란 유혹을 이미 그 안에 품고 있다.[10] 사물이 공허화 또는 투명화되어, "말로서의 물체"가 "단지 의미론적 수준에서 교환에 의해서만 빛을 낸다고 생각하는 것과 같은" 하나의 세계에 대한 희구, 그것은, 말라르메를 기다릴 것 까지도 없이 보들레르에 있어서도, 아직 상당히 혼돈스러운 의식이기는 하지만 결코 나타나지 않는 것은 아니다.

> 살아있는 자가 일찍이 본 적도 없는,
> 저 무서운 풍경의,
> 막연하고 아득한 영상이,
> 오늘 아침에도 여전히, 나를 호린다.
>
> 잠은 기적으로 가득 차 있다 !
> 기묘한 변덕에 부추기어,
> 나는 이 광경에서,
> 불규칙한 식물류를 추방하고,

---

10 Yves Bonnefoy, "La Fleur double, la Sente étroite", in *Mouvements Premiers. Etudes critiques offertes à Georges Poulet*(Paris, 1973). 일본어역 〈《오지의 좁은 길》 론—여덟겹으로 피는 꽃, 좁은 길〉(《바다》, 1974년). 졸론 〈기억 내밀한 곳으로의 여행〉(《비인간의 시학》, 小澤書店, 1982) 참조.

자기의 천재성을 자랑하는 화가가 되어,
나의 화면에서 맛보고 있었다,
금속과 대리석과 물의
취하게 하는 단조로움을.

〔…〕

나의 몽환경의 건축가가 된
나는, 내 뜻대로,
보석의 터널 안으로,
길들여진 대해를 지나가게 했다.

이 환상적 풍경이 왜 '파리의 꿈'이라는 제목으로 되어 있는가 하면, 이미 "불규칙한 식물류"를 상당한 정도로 "추방"하여, 석조 건축물의 집적이라는 성격을 가진 파리, 대도시에 사는 사람이라고 해도 처음으로 볼 수 있는 인공적인 풍경의 꿈이기 때문이다. 광물적인 규칙성, 온순함을 갖지 못한 것은 모조리 추방하여, 시인-"건축가"가 생각하는 대로 조립하는 작업에 단원單元으로서 도움이 되는 것만을 남기고 싶다고 하는 욕구. 그 욕구의 출발점에, 스스로 추상성·기호성에 대한 지향을 가진 근대도시가 존재하는 것은 당연하다. 사람에 따라서는, 오늘날에 이르기까지 밀집agglomération으로서의 무질서성을 계속 갖는 런던이 아니라, 나폴레옹 3세로부터 전권을 부여받았다고 할 수 있는 센 도지사 오스만의 도시계획에 의해 말 그대로 독해가능성 intelligibilité을 부여받는 중이었던 1850년대의 파리가, 이 "꿈"의 터전인 점에서, 커다란 의미를 발견할 것이다.[11]

3. 불행한 코레스퐁당스 · "미와의 결투"

그러나 〈파리의 꿈〉이 '파리의 꿈'이라는 제목을 갖지 않을 수 없었던 이유는 또 하나, 이 시의 결말, 각성한 시인 앞에 나타나는 것이 파리의 현실, 시인이 생활하고 느끼고 있는 한 착각할 수 없는 파리의 현실인 점에서도 보인다.

> 불꽃으로 가득 찬 눈을 뜨고, 내가 본 것은,
> 오싹할 만큼 누추한 나의 주거
> 〔…〕
> 꽁꽁 언 비참한 세계 위에,
> 하늘은 암흑을 쏟아붓고 있었다.

사물세계의 불결한 비투명성이, "건축가"연하는 시인의 의지를 비웃기나 하듯이 모습을 나타낸다. 하지만 그것은 어쩌면, 세계의 투명화 넓게는 사물의 단원화 · 기호화를 거부하는 시학적인 선택일지도 모르는 일이다.

---

11 오스만의 도시계획에 관해서는, 발터 벤야민, 〈파리—19세기의 수도〉(《벤야민 저작집 6—보들레르》, 晶文社, 1970), 25-26쪽 참조.

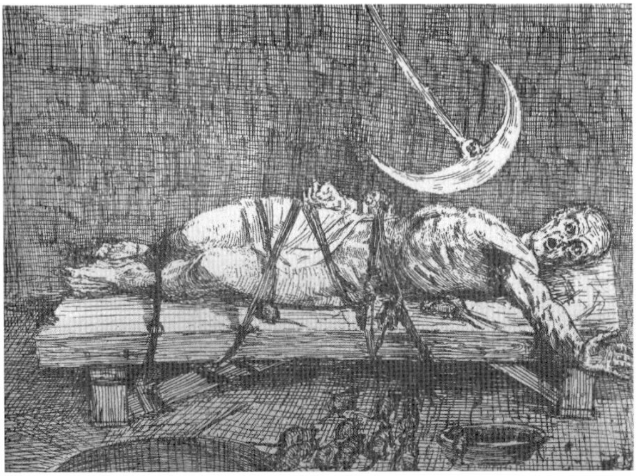

그림 52. 알퐁스 르그로. 함정과 진자.

마찬가지로, 추방된 "불규칙한 식물류"가, 산문시편에서 무성하게 자라는 양상마저 보이는 것은, 바로 산문시라는 부정형不定形의 장르를 선택한 것에 대응하는 시학적 복권은 아닐까. '술집, 묘지가 내려다보이는 곳'이라는 간판에 호기심이 일어 들어가는 사람의 이야기(〈사격장과 묘지〉)는, 그 점에서 무심결에 지나쳐서는 안 될 우의적 풍경을 보여주는 듯하다.

> 그래서 그는 안으로 들어가, 묘지 쪽을 향하여 맥주 한 잔을 마시고는, 느긋하게 여송연을 피웠다. 그러고 나서 그는, 어쩐지 이 묘지로 내려가보고 싶은 생각이 들었는데, 묘지의 풀은 참으로 키가 크고 진짜 사람을 부르는 듯했으며, 그곳에서는 정말 풍요한 햇빛이 군림하고 있었다.

과연, 빛과 열기가 그곳에서 맹위를 떨치고 있는 모습은, 마치 취한 태양이 부식으로 인해 비옥해진 화려한 꽃들의 융단 위에서 몸을 뻗고 뒹굴고 있기나 하는 듯했다. 삶의 무량한 웅성거림이 대기를 가득 채우고, ―무한히 작은 것들의 삶,―그것이, 규칙적인 간격으로 이웃해 있는 사격장의 탁탁 튀는 총탄의 작열에 의해 툭툭 끊기는데, 이는 흡사 소리를 죽인 교향악의 붕붕거림 속에서 샴페인 마개가 튀어오르는 것 같았다.

이 풍경은 물론 한편에서는, 고풍스럽다고 말하고 싶을 정도의 알레고리, 죽음의 경고 'mémento-mori'임에 다름 아니다. ―무성하게 자라는 식물류는, 인공에 의해 규칙성을 부여받은 광물―묘석―을 모조리 덮어버리고, 곤충들의 윙윙거림, 웅성거리는 혼돈스러운 음향은 인간이 내는 규칙적인 작열음을 압도한다. "풀을 먹는 동물"을 비웃은 시인에 대하여, 거꾸로 인간의 시체를 먹고 무성하게 자라는 식물과, 말하자면 그 안에서 솟아나오는 무한히 작은 생명이 얄궂은 복수의 개가를 올린다고라도 말해야 할까.

마찬가지로 《파리의 우울》에서 프란츠 리스트에게 헌정된 〈바커스의 지팡이〉가 "물기 없고, 딱딱하고, 곧은, 단순한 막대기"를 휘감는 포도의 넝쿨을 동적으로 묘사하고 있는 것을 여기에서 떠올려도 좋다. 그것은, 조르주 블랭에 의하면, 직선에 대한 곡선의, 고전주의적 구성물에 대한 바로크적 구성물의 우위를 선언하는 하나의 시법 표명이었다.[12] 이 공식을 보들레르의 시적 풍경에 확대 적용하여, 다음과 같이 말할 수 있을 것이다. 거기에서는, 질서를 지향하는 예술art 또는 인공artifice이 그 지배를 관철시키고 성취하기까지는 이르지 못하고, 부정형한 것으로서의 자연이 넘쳐나 예술적·인공적인 제합성齊合性을 위협할 여지가 항상 열려있다.

따라서 거기에서는, 구축행위로서의 예술의 경우에 기호적 단원이 되기를 거부하는 사물 쪽으로부터의 반항이 보이는 것은 이미 보았던 대로다. 그것을 코레스퐁당스의 차원으로 옮겨 말하면, 외계의 사물이 예술적 형상으로서 쓰일 경우, 거기에 맡겨지는 감정 내지 사고가 항상 일정하지는 않다고 하는 것이 되리라. 그중에서도 특히 보들레르에게 있어서는, 어떤 형상이 일단 행복한 감정을 떠맡게 되었다 해서, 또 다른 경우에 불행한 감정을 떠맡게 되지 않아도 된다는 보증은 결코 없다.

《파리의 우울》의 첫머리, 〈이방인〉이 토로하는 말, "나는 구름을 사랑한다……저기……, 저기……지나가는 구름…….저 멋진 구름을"이라는 것은 너무나 유명하다. 그리고 이 시집 전체를 통해서, "신이 수증기로 만드시는 움직이는 건축, 손으로 만질 수 없는 경이로운 건축물"(〈수프와 구름〉)에 할당된 감정적 가치는 긍정적인 것이다. 이 세상의 갖가지 사물이나 인간관계가 불러일으키지 않을 수 없는 혐오감으로부터 눈을 돌려 그쪽을 바라보면, 가만히 있는 상태로 틀림없이 평온함 혹은 도피감을 주는 사물로서의

12 콜레주 드 프랑스에서의 조르주 블랭 1966-1967년의 강의. 앞에 나온 일본어역에 그 일단이 보이고 있다.

구름은 거의 확실한 상징으로서의 기호성을 획득하는 듯이 보인다. 그러나 여기에서, 그러한 기호성의 성립을 불가능하게 만드는 것은, 외계의 어떠한 대상에도 때로는 자기 내부의 고민이 투영되지 않을 수 없다고 하는 독자적인 신경증적 구조에 의한 것으로, 그것이 바로 보들레르의 서정시에 박력을 주고 있는 것은 분명하다.[13]

구름이 만들어내는 수의壽衣 안에서
나는 사랑스러운 유해를 찾아내고,
천상의 강변 위에
거대한 석관들을 세운다.
—〈고통의 연금술〉.

모래톱처럼 찢긴 하늘이여,
그대를 거울 삼아 나의 교만이 비추인다.
상복 입은 그대의 거대한 구름은
나의 꿈들을 싣고 가는 영구차
〔…〕
—〈마음에 드는 공포〉.

---

13 졸론 〈《악의 꽃》의 Je—문체론적 · 윤리적 고찰〉, 《中央大學 80周年記念論文集》, 1965년 간 《악마와 반복—보들레르식 풀이》를 참조.

토마스 드 퀸시의 죽음을 애도하여 씌어진 것으로 추정되는 이 두 편에서, 1859년 12월의 짧은 옹플뢰르 체재의 추억, 노르망디의 겨울 바다와 하늘이 암담하게 마음을 짓누르는 인상이 꼬리를 끌고 있는 듯이 보이는 것을 반드시 무리라고는 말할 수 없으리라.[14] 그리고 마찬가지로, 1860년 무렵, 14행시 〈망집妄執Obsession〉을 써서, 일찍이 〈만물조응〉한 편에서 표현한 행복한 코레스퐁당스 이론의 음화陰畵를 드러낸 것으로부터, 시인 자신의 예민한 의식작용의 결정結晶을 보아야 한다.[15] 외계의 동일한 대상이 감정적 혹은 정신적으로 플러스의 가치를 띠는가 하면, 마이너스의 가치를 띠는 일도 있다고 하는 코레스퐁당스의 불안정성, 비결정성非決定性, 그것이야말로 보들레르에게 있어서, 개별적인 사물을 투명한 상징으로 만들지 않고 어디까지나 개별성의 불투명한 차원에 붙들어 놓는 힘이었다고 하는 것이 우리에게 중요한 점이다. 옹플뢰르 체재라고 해도, 바다에 면한 그 풍경에서 얻어진 것이 행복한 감정의 표상물이 될 수만은 없었다.

그대 긴 눈의 푸르스름한 빛을 나는 사랑한다,
다정한 미인이여, 그러나 오늘은 모든 것이 내게는 쓰라려,

14 Georges Blin, 1967-68년도의 강의. 졸론 〈포에서 드 퀸시로—보들레르의 한 궤적〉(《포 · 보들레르》, 筑摩 世界文學大系 37, 筑摩書房, 1973, 월보—주 13에 나오는 책에 부연하여 수록) 참조.

15 Cf. L. J. Austin, *L'Univers poétique de Baudelaire : Symbolisme et Symbolique*(Paris, 1956), pp. 92-93.

고티에는 쿠르베의 영향을 받은 레알리슴 화가. 보들레르는 《1859년 살롱》에서 이 무명화가를 크게 다루었다.

그림 53.
아망 고티에. 정신병원의 광녀들.

그 어느 것도, 그대의 사랑도, 규방도, 난로도,
나에게는 바다 위에 빛나는 태양만 못해.
—〈가을의 노래〉.

이 문맥 안에 놓인 "바다 위에 빛나는 태양le soleil rayonnant sur la mer"보다 더, 불안을 진정시키고 마음을 누그러뜨리는 따뜻하고 아름다운 이미지가 있을까.[16] 바로 여기에는, 예술을 통한, 인간과 삶의 화해가 있다고까지 말할 수 있으리라. 그러나 옹플뢰르의 바다 풍경에서 영감을 얻었음이 보다 확실한 산문시 〈예술가의 고해기도〉첫머리에서 우리는, 가을날 "바다 위에 빛나는 태양"이 주는 평온함의 감각마저도 고통으로 바뀔 수 있다고 하는

16 주 6에서 언급한 이노우에 씨의 글, 284쪽 참조.

암시를 읽어내지 않으면 안 된다.

> 가을의 해질녘은 얼마나 마음에 사무치는가! 아! 고통스러울 만큼 사무친다! 왜냐하면 막연한 것이 강렬함을 배제하지 않는, 그러한 유의 감미로운 감각이 있기 때문이다. 그리고 무한의 칼끝보다 예리한 칼끝은 없다.

무한이란 원래 하늘과 바다로써 더욱 잘 암시되는 관념이어서, 이어지는 절에서는 하늘과 바다를 관조함에 있어서 무한이 아직 "칼끝"에게로 수렴되지 않고 넓이를 지닌 것으로서 지각되는 상태가 우선 기술된다.

> 커다란 열락이다, 하늘과 바다의 끝도 없는 넓이 안에 시선을 잠기게 하는 열락이야말로! 고독이여, 침묵이여, 창공의 비길 데 없는 순결함이여! 수평선 위에서 떨고 있는, 그 조그맣고 외로운 모양으로 인해 나의 돌이킬 수 없는 실존을 모방하고 있는 한 척의 작은 범선, 넘실거리는 파도의 단조로운 선율, 이 모든 것들이 나에 의에 사고한다, 아니면 내가 그것들에 의해 사고한다(왜냐하면 몽상의 크기 속에서, 자아는 재빨리 사라지기 때문이다!). 그것들이 사고한다고 나는 말했지만, 음악적으로, 회화적으로, 억지를 부리지 않고, 삼단논법도 연역법도 없이 사고하는 것이다.

"몽상" 한 가운데에서 자아와 외계의 경계가 소멸한다고 하는, 말 그대로 낭만주의적인 사고. 누구라도 떠올리는 것은, 장-자크 루소의 《고독한 산책자의 몽상》에서 내외의 동일화 상태를 상기시키는 유명한 대목(〈제2의 산책〉)이다. 그러나 여기에서 또 한 사람의 루소, 풍경화가 테오도르 루소를 생각할 수도 있다. 《1846년 살롱》에서 보들레르는, "군중에게 별로 알려져 있지 않고" 살롱 출품을 단념하고 있기까지 했던 루소에 관하여 훌륭한 몇 줄을 썼는데, 그 안에서, "루소 씨는 북유럽의 풍경화가다. 그의 회화는 우수를 발산한다", 그리고 "그는 들라크루아처럼, 그림 안에 자기의 혼을 많이 섞는다. 끊임없이 이상에 이끌리는 자연주의자인 것이다"라는 대목을 인용하는 것만으로 충분하리라. 1830-40년대의 바르비종파 화가들은, 퐁텐블로를 중심으로 하는 숲이나 늪, 초원, 하늘이나 구름, 석양에, 그들의 "혼을 많이" 투사했다. 1850년대 후반부터 1870년대 초두까지, 인상파 전기라고도 이름붙일 수 있는 시기에, 몇몇 풍경화가들이 즐겨 북쪽 지방 노르망디 해안을 찾아가, 아름다운 바다풍경이기도 하고 그들의 혼이 앙양된 상태의 표현이기도 하는 듯한 회화를 많이 남겼다. 1859년 초여름 옹플뢰르에서 쿠르베와 보들레르가 만난 일은 이미 말했지만, 쿠르베의 바다풍경 가운데서도, 예를 들면 〈파도 속에 있는 세 개의 돛단배〉(1869년, 소재 불명)는, 폭풍우 속에 작은 범선이 있음으로 해서 바로 지금 인용한 산문시를 상기시키며, 배 그림자 하나 없이 그저 바다와 하늘을 그린 〈간조干潮, 석양〉(1869년, 런던 빅토리아 앤드 앨버트 미술관)은, 바로 〈예술가의 고해기도〉의 장소에 다름 아닌 광대무변함을 표상한다. 강변의 숲이나 목장의 평온한 분위기를 전하는 온화한 화가 도비니마저, 르아브르 근처의 황량한 모래밭, 컨스터블을 생각게 하는 강력한 쌘비구름으로 뒤덮인 하늘 아래 위태위태한 작은 범선을 배치한 〈빌레르빌 쉬르 메르〉(1872년, 헤이그 메스다하 미술관)를 그렸으며, 부댕이 배와 항구를 묘사한 대작(1873년, 리옹 미술관)도 또한, 단순히 인상파 풍경화의 선구적 작품이라고 처리해버리기에는 너무나 극적인 감정을 띠고 있다.

기질도 화법도 다른 화가들의 노르망디 바다풍경을 굳이 개괄하자면, 그것들은 어느 것이나 "하늘과 바다의 끝도 없는 넓이 안에 시선을 잠기게 하는" 공간적 몰입의 지각행위가, 주체의 객체에게로의 몰입(또는 동일화)라는 형이상학적 행위로서 정의되어도 이상하지 않다고 생각될 만큼의, 낭만주의적 관조를 전제로 하고 있는 것처럼 보인다. 최후의 낭만파 예술가로서의 보들레르의 명석함이란, 우선, 이 관조의 초점에 이어지는 사고가 예술적 향수의 안녕을 가져오기는커녕, 세계고世界苦라는 말 이외의 형이상학적 호칭을 부여하기에는 너무나 감각적이고 신경적인 고통으로 이끌어가는 성질의 것임을 의식한 점에 있었다.

> 그런데 그 사고들은, 나에게서 나오는 것이든 사물로부터 솟아나오는 것이든, 이내 너무나 강렬해진다. 일락 속에 담긴 에너지는 거북함과 확실한 괴로움을 만들어낸다. 너무나 긴장된 나의 신경은 소란스럽고 고통스러운 떨림밖에는 일으키지 못한다.

사물과 나 사이에서, 어디로부터 나온 것도 아닌 공통항으로서 강력하게 가로막는 사고가 나를 들볶는 상태는, 〈고통의 연금술〉에도 나타나 있던 불행한 (신경병적인) 코레스퐁당스에 다름 아니다. 그러나 운문시에서 산문시로의 이행에 호응하여, 문제는 이제 결정적으로 예술의 차원에서 삶의 차원으로 옮겨졌다.[17] 예술적 인식방법으로서의 코레스퐁당스 지각술을 수업한 마법사의 제자가, 그의 너무나 예민하게 갈고 닦인 능력 때문에 삶의 차원에 있어서도 계기만 있으면 조건반사적으로 한없이 겪지 않을 수 없는 모진 시련. 풍경 속에 놓인 예술가는, 극히 단순하게 풍경화에게로 이행할 수가 없게 되었다. 다시 한 번 예술의 차원을 회복하기 위해서는 지독한 시련을 거쳐야 하는 것이다.

> 그리고 이제는, 하늘의 깊이가 나를 망연하게 만든다. 그 투명함이 나를 초조하게 한다. 바다의 무감각, 광경의 확고부동함이 나를 격분케 한다…… 아! 영원히 고통받아야 하는가, 아니면 영원히 미에게서 도망쳐야 하는가? 자연이여, 동정심도 없이 매혹하는 자여, 언제나 의기양양한 적수여, 나를 놓아다오! 나의 욕망과 긍지를 이제 그만 시험하라! 미의 탐구란, 예술가가 패배하기도 전에 공포의 외침을 내지르는 결투인 것이다.

---

17 Geoges Blin, 1967-68년도의 강의. 졸저 《서구와의 대화》, 문고판, 157쪽 참조.

4. 에튀드와 작품

그런데 거기에서, "미의 탐구"라는 결투에서 어떻게 해서라도 승리를 얻을 방법은 없는 걸까. 아니, 현실의 풍경과 마주보는 것 따위는 그만두고 아틀리에에 틀어박혀 상상력에만 의지하여 환상의 풍경을 자아내는 길을 보들레르는 지시한 것이라고 세기말 예술가들은 생각했으며, 오늘날 통용되고 있는 보들레르상도 대체로 그러한 것이다. 그러나 풍경 앞에서의 "습작étude"의 반복이라는 겸손한 행위야말로, 자연에 대하여 승리한다고까지는 말할 수 없어도, 적어도 팽팽히 맞서는 유일한 방법이라고 《파리의 우울》의 시인은 생각하지 않았을까. 다름 아닌 옹플뢰르에서 알게 된 외젠 부댕이, "바다와 하늘 앞에서 즉흥적으로 그린 수백 점이나 되는 파스텔 습작화"를 "몹시 겸허하게" 보여주었을 때 시인은 진심으로 공감을 느꼈다. 그리고 《1859년 살롱》에서, 어느 정도 탈선을 감행하면서까지 그 습작들을 오랫동안 논하지 않을 수 없었던 것은, 인상파 회화 성립의 역사에서 중요한 사건임과 동시에 시인 자신으로서도 하나의 해결을 의미하는 것이었다고 생각된다.

> 이 환상적이고 빛나는 형태를 한 구름, 이 혼돈스러운 어둠, 이 녹색과 장밋빛의 광대함이 서로 걸쳐 있고 포개어진 모습, 입을 떡 벌린 이 큰 가마들, 구겨진, 둥글게 말린, 찢겨 있는 검정 혹은 보라색 비단으로 만들어진 이 창공, 상복을 입은, 혹은 녹은 금속이 흘러내리는 이 지평선, 이 모든 깊이,

이 모든 장려함은 향기 높은 미주美酒이기나 하듯이 아편의 웅변이기나 하듯이 내 머릿속을 취하게 만들었습니다.

계속해서, "몹시 기묘한 일이지만, 이 액체적인 내지는 대기적인 마술 앞에서 인간의 부재를 원망할 기분이 단 한 번도 내게 일어나지 않았습니다"라는 고백. 그것은, "인간 없는 우주"의 재현을 일삼는 상상력 없는 예술가들에 대한 비판이 바로 이 살롱평을 일관하는 주장이었던 것을 떠올리면서, 자기모순이 있다손 쳐도 충분히 깨닫고 있다고 지레 말해두지 않으면 마음이 개운치 않은, 어느 모로 보아도 보들레르다운 고백이다. 그러나 사실을 말하면, 이 변명 같은 고백은 필요 없었다. 이제 막 인용한 몇 줄로써 이루어지는 묘사적인 문장들은, 등장하는 인물이 없다고 하는 의미에서는 분명히 인간 부재의 이 습작들을, 인간 감정이 투사된 시적 풍경으로서 파악하고 있었다는 것을 이야기해준다. 〈예술가의 고해기도〉의 어휘를 사용하여 말하자면, 거기에서 성립되는 "사고"에 관하여, 그것이 화가의 "자아"에게서 나온 것일까 풍경을 구성하는 "사물"에게서 나온 것일까를 묻는 것도 무의미하지는 않을 듯한 교감의 상태. 마찬가지로 1859년 무렵에 씌어진 '철학적 예술' 비판 초고의 첫머리에 놓인 유명한 정의—"동시에 객체와 주체를, 예술가 밖의 세계와 예술가 자신을 포함하는 하나의 암시적 마술을 만들어내는" 것이야말로 "현대적인 발상에 따른 순수 예술"이라는 정의를 채용해도 좋다. 풍경 안에서 인간의 재·부재를 묻는 것은, 마치 암호나 되는 듯이 인간의 그림자가 그려넣어져 있는가 아닌가의 문제는 아님을 부댕의 습작에 매료될 것까지도 없이 터득하고 있던 보들레르이지는 않았을까.

그렇다 해도, 당시 아직 무명화가인 부댕에 관하여 씌어진 어쩌면 최초의 문장이라고 여겨지는 이 대목은, 보들레르 자신이 완전히 해결하지는 못하고 있는 문제 앞에서의 사고의 굴절을 그대로 나타내고 있으며, 말하자면, 당시의 보수적인 비평가들에 의해 "명쾌한 사고를 명쾌하게 표현할 줄 모르는 머릿속이 혼란한 악문가惡文家"로 간주되고 있던 보들레르[18]의, 악문가인 소이가 멋지게 발휘되어 있는 부분이다. 달리 말하면, 인상파 풍경화 발생기發生機의 의식으로서 작용하는 보들레르의 의식이 시행착오적으로 방향을 모색하고 있는 부분이기에, 그것만으로 정독할 가치가 있는 부분이기도 하다.

> 그렇습니다. 상상력은 풍경화에서 도망가버립니다. 메모하는 일에 열심인 정신이, 눈앞에 있는 자연의 광경 안에 담긴 비범한 몽상에 자신을 맡길 수 없다는 것을 나는 알고 있습니다. 그러나 왜 상상력은, 풍경화가의 아틀리에에서 도망가는 것일까요? 어쩌면 이 분야에서 소양을 쌓는 화가들은 자신의 기억에 대한 불신이 너무 심하고, 그들의 정신적 태만에 딱 들어맞는 직접적인 모사의 방법을 채용하고 있을지도 모르겠습니다.

---

18 졸저 《회화가 위대했던 시대》(小澤書店, 1980), 181쪽 이후를 참조.

이와 같이 쓰기 시작하는 것으로 외젠 부댕을 논하기에는 처음부터 무리가 있었다. 첫 살롱 출품작 〈생 탄 팔뤼드의 순례제Pardon de sainte Anne Palud〉(르아브르 미술관)를 상상력이 마음껏 발휘된 작품이라고는 말할 수 없는 논의이기 때문에, "매우 우수하고 매우 분별 있는 회화"라고만 정리하여 말해두고, 부댕의 파스텔 습작을 정신이 태만한 풍경화가들에 대한 반면적 훈계로 들고 나오는 것이다. "만일 그들이, 내가 최근에 했듯이 부댕 씨의 작업장에서" 그 습작들을 보았다고 한다면, "그들도, 자신이 이해하지 못하고 있는 것, 즉 하나의 습작을 한 편의 완성작으로부터 가르는 차이를 이해하게 될 겁니다." 결국 시인으로서는 우선, 자연의 한 조각을 베껴낸 "메모"에 지나지 않는 듯한 것을 "완성작"이라고 부르고 살롱에 출품하는 대부분의 풍경화가들을 비판하는 일이 목적이기 때문에, 부댕 집에서 구름과 하늘의 습작이 지천으로 널려있는 것을 보면, 자기들도 역시 습작에 지나지 않는 것은 집에 놔두어야 한다는 마음이 일 것이라는 말투는 자칫하면 부댕에게도 실례가 될 수 있다. 거기에서 시인은, 부댕이 기특한 점은 "그 모든 것은, 마음껏 불러들인 시적 인상에 의해 완성작이 되어야 한다"는 사실을 잘 알고 있고, "자기의 메모를 완성작이라고 내놓는 우쭐함"은 갖고 있지 않다고 말하며, "이윽고 나중에는, 완성된 유화 안에, 공기와 물의 경이적인 마술을 우리에게 펼쳐 보여줄 것임에 전혀 의심의 여지가 없습니다"고 예언하는 것으로 앞뒤를 맞춘다.

여기에서 그만두면 그 나름으로 논지의 일관성은 분명히 확보된다. 그런데 보들레르는, 그렇다고 해도 습작은 습작에 지나지 않다는 면을 지나치게 강조한 것은 아닐까 하고 양심의 가책이라도 느낀 것일까, 본래의 논지와는 관계없는 것을 쓰고 만다.

> 그 형태에 있어서도 그 색채에 있어서도 가장 불안정하고 가장 파악하기 어려운 것, 파도나 구름을 기초로 하여 그토록 민첩하게 그토록 충실하게 스케치된 이 습작들은, 여백마다 날짜와 시각과 풍향이 적혀있습니다. 예를 들면, 10월 8일, 정오, 북서풍이라는 식입니다. 혹시 당신이 때로 이러한 기상학적인 아름다운 일들을 알게 될 기회를 갖게 되면, 부댕 씨 관찰의 정확함을 기억에 의해 확인해볼 수 있을 것입니다. 설명문을 손에 감춘 채로, 계절, 시각, 풍향을 알아맞춰 보십시오.

물론 이것은, 표면상으로는, 그렇게 해서 받아들인 "가장 파악하기 어려운 것"의 기록이 나중에 예정되는 작품의 합성composition의 재료로서 도움이 된다는 전제 하에서 발언되고 있다. 그러나 어느새, "가장 불완전하고, 가장 파악하기 어려운 것"이 포착되어 있는 것 자체가 미적 궁극성을 가질 수 있다고 하는 사고 쪽으로 기울어 가는 보들레르의 자세를 우리는 여기에서 보는 것은 아닐까. 콩스탕탱 기스가 만화경처럼 변화하는 그 순간에 포착한 도시풍경의 한 컷. "지나가는 여자"의 눈 속에서 시인의 눈이 포착한 것을

"멍청이 같으니라구! …모처럼 종교화를 그려 주었는데 웃고 있군… 이 패거리들에게는 예술을 숭상하는 종교조차 없는 거다!" —도미에

그림 54. 도미에. 도미에의 관전 스케치.

어떻게 해서라도 정착시키는 관념적인 카메라로서의 14행시. 조금 더 부댕에 가까운 차원에서 말하자면, 1890년대의 모네가 〈짚단Les Meules〉과 〈루앙 대성당Cathédrale de Rouen〉연작에서 풍향이 아닌 빛의 양상과의 관련에서 시각時刻을 정착시키는 시도를 이미 여기에서 생각해볼 수 있다.

그리고 그 다음에, 조금 전에 우선 처음에 인용한 묘사적인 몇 줄("이 환상적이고 빛나는 모습을 한 구름……")이 나오는데, 이렇게 보면 오히려, 구성 등에 연연하지 않고 "메모하는 일에 열심"이 되는 쪽이 도리어, "눈앞에 있는 자연의 광경 안에 담긴 경이적인 몽상에 자신을 맡기"는 소이라는, 처음에 내걸었던 것의 역이 증명되고 말았다고 말해야 하지는 않을까. 거기

그림 55. 외젠 부댕, 옹플뢰르 항의 배.

에 마음이 쓰였음에 틀림없는 보들레르가 해명으로 덧붙인 맺는말도 변명처럼 들려 설득력이 없다.

> 그러나 나는, 나의 향락이 충실한 것이었기 때문에 거기에서, 누구에 대하여서든, 부댕 씨에 대하여서든, 어떤 조언을 끌어낸다거나 하는 일은 분명히 삼가고 있습니다. 조언은 너무나 위험할 것입니다. 그가 상기하기를 바라는 바는, 정성들여 인문학humanités을 수양한 로베스피에르가 말했듯이, 인간은 아무런 느낌 없이 인간을 보는 일은 결코 없다고 하는 것입니다. 그리고

그가 조금이라도 인기를 얻고자 한다면, 공중이 고독에 대하여 그와 마찬가지의 열광을 갖기에 이른다고 믿어서는 안 된다는 것입니다.

그렇다면 풍경화에 인물을 그려 넣어야 한다는 것은 고작 "공중"의 취미에 대한 타협이었을까, 하고 말하고 싶어지는 바도 없지 않으나, 그렇다기보다는 역시, 이미 파리 근교의 유원지뿐 아니라 노르망디 해안의 우아한 휴양지에 모여들기 시작하는 파리사람들, 그리고 바로 그 부댕의 모래사장을 묘사한 그림을 시작으로 인상파 풍경화 안에서 그 권리를 주장하기 시작하는 풍경 속의 도회인들에게 생각이 미쳐야 할 것이다. 이 대목에 바로 이어서, 바다풍경화만이 아니라 도시풍경화라는 장르도 결여되어 있다고 하는 대목이 나오는 것도 의미가 있다. 로베스피에르의 경구를 근거로 하여 만든 듯한 다음과 같은 경구 또한 풍속과 예술이라는 두 차원에서 예언적인 것으로 읽혀야 할지도 모른다.

인간이란 대단히 인간을 좋아해서, 도시로부터 도망칠 때도, 그것은 역시 군중을 찾기 위한 것, 요컨대 시골에서도 도시를 만들어내기 위한 것이다. —《나심》.

보들레르가 부댕의 "습작étude"에 그렇게나 구애되었던 데는, 그 자신으로서 너무나 중요한 문제가 거기에 있었기 때문이다. 앞에서 인용한 배에 관한 두 개의 단장은 바로, 동시에 "주체와 객체를 포함하는" 문장을 만들어 낼 시도로서의 습작은 아니었을까. 그것은 어느 것이나 《화전》의 초고 안에 단편으로서 들어있으며, 보들레르는 그러한 것을 "완성작이라고 내놓는 우쭐함"은 갖고 있지 않다. 그러나 어떻든 산문시의 형태를 취해 발표된 〈항구〉는 어떨까. 구성의 면에서, 두 개의 단장과 〈항구〉사이에 거의 차이가 없다. 요컨대 소설이든 기행문이든, 대작 안에 묘사 또는 시적 인상의 기록으로서 통합·삽입되어, 하나의 전체 안에서 제자리를 얻어야 하는 말 그대로의 습작적 단장이라고도 할 만한 것을 그대로 제출한 데에, 《파리의 우울》 안에 적어도 수편의 "현대성modernité"이 있고, 그 점에서 보들레르는 부댕에게 친근성을 느낄 수가 있었다. 이 "현대성"을 반면적으로 정의하자면 이렇다. 예를 들어 빅토르 위고의, 무조건 완성작이라고 불릴 가치가 있는 짜임새를 갖춘 소설 또는 서사시 안에서, 예를 들어 음산한 느낌의 하늘 묘사가 아무리 훌륭하고, 문체론적 또는 주제론적 분석에 의해 그것이 아무리 훌륭하다고 증명되어도, 그것이 바로 문학적-예술적 짜임새에서의 훌륭함에서 비롯되는 서먹서먹함은, 우리로서 어찌할 수가 없다고 하는 사정과는 정반대의 것이다.

5. 부식동판화가 협회에서 인상파로

1862년 보들레르가 '부식동판화가 협회' 창립에 그 정도로 힘을 쏟은 것은 왜일까. 5월의 협회 결성에 앞서, 《일화평론*Revue anecdotique*》지 4월 후반 호에, '부식동판화는 유행 중'이라는 제목으로 알려진 무서명 기사를 발표하고, 8월에는 테오필 고티에에게 의뢰하여 정부계 신문 《세계신보》에 호의적인 기사를 받아내며, 9월에 이르러 협회에 의한 제1회 에칭 배포가 행하여지자, 즉각 〈화가들과 부식동판화가들〉을 《불르바르*Boulevard*》지에 발표하는 열성 말이다. 시인의 사진도 찍어줄 정도로 상당히 친했던 카다르가 발행주로 되어 있다거나, 친구 풀레-말라시는 자기의 출판 서적에 에칭 권두그림을 실어 이 장르를 부활시키는 발단을 이루어냈을 뿐 아니라 한때는 이 협회를 장악해볼 생각을 갖고 있었다고 여겨질 정도였다고 하는 점도 있다. 협회 회원명단에 이름이 열거되어 있는 예술가들 가운데, 오래전부터의 친구 도미에, 쿠르베, 혹은 기대를 걸고 있는 젊은 예술가들인 마네, 르그로, 아망 고티에, 용킨트, 또는 일본 취미 이외의 점에서도 인연이 얕지 않은 펠릭스 브라크몽 등, 친한 사람들이 많았던 것도 결코 무관하지는 않다. 그러나 18세기의 로코코 시대에 일단 유행하면서도, 신고전파의 지배에 따른 풍경화의 쇠퇴와 함께 내버려졌던 에칭, 그 이후에도 걸핏하면 신흥 장르인 석판화에 눌려왔고 낭만파 시대 이래 특히 영국에서는 꽤나 유행했지만 프랑스에서는 거의 잊혀진 장르가 되어 있던 에칭의 부활에 이 정도 열심이었던 것은, 거기에서 역시 독특한 예술적 가능성을 보고 있었기 때문이며, 그것은 우선, 개성의 표현에 적합한 장르이기 때문이었다.

"애호가—그런데 도대체 뭐야 이 그림은?
매각하는 사람—이것은 어느 황제의 사진입니다." —도미에.

그림 56. 도미에. 경매장.

> 조형예술의 여러 가지 표현 가운데서도 에칭은 문학표현에 가장 근접하는 것이며, 자발적인 인간을 드러내기에 가장 적합한 것이다.

> 에칭은 예술가의 개성을 빛나게 하는 것에 도움이 될 뿐 아니라, 예술가로서도 자기의 가장 내밀한 성격을 판 위에 묘사하지 않기가 오히려 어려울 것이다. 따라서, 이 장르 판화의 발견 이래 부식동판화가들의 수만큼 그것을 다루는 방식이 있었다고 단언할 수 있다. 조각동판화burin에 관해서는 그렇게 말할 수 없다, 아니 적어도 표현 안에서 개성이 차지하는 비율이 그보다는 무한히 작다.

그리고 또한, "신속하고, 비용도 그다지 들지 않는 방법"인 것도 무시해서는 안 된다. "이것은, 값싸다고 하는 것을 지배적인 특질로 여기고, 시간이

걸리는 조각동판화 작업에 그에 걸맞는 가격을 지불하려 하지 않는 시대에는 중요한 점이다." 이 점에 대한 지적은 《현대생활의 화가》에서도, "풍속 크로키, 시민 생활의 표상, 유행의 갖가지 광경을 위해서는, 가장 신속하고 가장 돈이 덜 드는 수단이 최상임은 분명하다"고 하며, 파스텔, 에칭, 아콰틴트, 석판화가 이 조건을 충족시키는 장르에 들어갈 수 있다는 것을 상기시킨다. "신속하다expéditif"고 하는 것에는 두 가지 함의가 있을 수 있는데, 그 하나는, 움직임이 있는 풍경을 재현하기 위해서는 데생에 의한 크로키에 가능한 한 가까운, 말 그대로 재빠른 방식이 요구된다는 점에서, 뷔랭이 제외되어 있는 것도 이 조건을 충족시키지 못하기 때문이다. 이 부분에서 볼 때, 움직임의 표현이라는 "현대성"의 미학이 갖는 하나의 중요한 원리의 귀결이며, "평범한 생활, 나날이 변모하는 외부사정 안에는, 예술가에게 그와 똑같은 실행의 민첩함을 요구하는 빠른 움직임이 있다"고 쓴 보들레르는, 에칭이라는 장르에 대해서도, 움직임이 많은 현대의 풍속을 재현하는 수단이 되기를 기대한 것이리라. 실제로는, 풍속보다는 풍경, 그것도 전원 풍경적인 것이 부식동판화가 협회가 배포하는 작품들의 주류를 차지하며, 이 협회 심사위원회에 의해 제외된 휘슬러의, 도시풍속이라고는 할 수 없다 해도 도시풍경을 재현하는 민첩한 표현법에 보들레르가 관심을 보인 점에서, "현대성modernité"의 미학이 몇 십년을 뛰어넘어 미래를 선취하는 것이었음을 보여주고 있다.

그러나 또한, "신속하다"는 것은 간편하고 "돈이 덜든다"고 하는 것에도 통하는 특질이었다. 연간 50프랑(지방은 55프랑, 외국은 거기에 운송료 가산)의 예약금으로 매년 60장의 에칭을 매달 다섯 장씩 배포하는 방식은, 예를 들어 《악의 꽃》 재판再版 판매용 제본이 한 권에 3프랑이었던 것을 생각하면, 예술작품을 가격의 면에서 책과 가깝게 산정할 계획이었다고 말할 수 있으며, 마네가 석판화를 예술 보급수단으로 여긴 것 등과 함께 생각해도 좋으리라. 보들레르 자신은, 에칭이란 "너무나 개인적인, 따라서 너무나 귀족적인 장르이기 때문에, 천성적으로 예술가인 사람들, 따라서 일체의 팔팔한 개성을 대단히 애호하는 자들 이외의 사람들을 매료시킬 정도의 것은 아니다"라고 말하면서도, "적중하지 못하는 예언자가 된다면 우리로서도 무척 기쁠 것이며, 다수의 공중이 우리와 같은 과일을 깨문다고 해서 그것 때문에 그 과일이 싫어질 우리는 아니다" 운운하며 선전문을 매듭짓고 있는 것으로 볼 때, "귀족적인" 장르임에도 불구하고 보급되기를 바라고 있었던 것이다.

이런 식으로 에칭의 특징을 열거하다 보면, 보들레르가 그것이라고 지적하고 있지는 않는 하나의 가상의 적을 상대로 하여 이 부식동판화 협회가 조직되었다는 것이 명백해진다. 이 가상의 적이란 말할 것도 없이 사진이었다. 에칭이야말로 개성의 표현에 적합한 장르라는 주장은, 사진이란 기계적인 재현술에 지나지 않는다고 여겨지던 당시에는 바로, 대의명분으로서 참으로 유력한 것일 수 있었다. 에칭화가 협회가 나누어 준 광고지에도, 어떤 예술가들은 사진에 대항하는 수단으로서 뷔랭이나 석판을 시도했는데 직인들의 손에 맡겨지면 모처럼의 "두드러진 강력한 개성도 그들의 손재주 비슷한 것의 그늘 속에 사라져버리기" 때문에, 예술가 자신의 손으로 새기는 에칭에 의해서밖에는 "사진과 대항할 방법이 없다"는 것을 깨달았다는 의미의 내용이 명기되어 있다. 조금 전의 "손쉽다"고 하는 것도, 이 문맥에서 다시 읽어보면 사진에 대항할 수 있을 만큼 간편하고 쉽게 만들어진다는 첫 번째 의미, 그리고 보들레르의 머릿속에서는, 포즈를 필요로 하는 사진이 움직임을 고정시켜 포착하는 것에 비하여, 에칭에 의한 "크로키"는 움직임을 움직임으로서 포착함으로써 신속한 것일 수 있다고 하는 의미가 중첩되어 있을지도 모른다.

1862년부터 67년까지 계속된 '부식동판화가 협회'의 역사는, 여기에 참가 또는 관계한 예술가 · 비평가의 이름부터 말해도, 하나의 인상파 전사前史를 정리하는 것이었다. 유화의 "기계적인" 복제수단으로서의 사진에 대항하는 "개성적인" 수단이 되고자 한 출발점 때문에, 참된 의미에서 오리지널 판화보다는 화가 자신에 의한 자기 유화의 복제가 배포 작품 가운데 우세를 차지하기는 했어도, 주제의 면에서는 그럼에도 불구하고 풍경이 압도적이었다고 하는 점도, 인상파 전사로서의 성격을 뒷받침해준다고 말할 수 있으리라.

그리고 또한, 사진과 같이 기계에 의지하는 것도 아니고, 뷔랭과 같이 공정의 중요한 부분을 직인에게 맡기는 것도 아니며, 화가 자신이 단순한 도구를 사용하여 마지막까지 마무리짓는다고 하는 소박한 장인적 성격은, 인상파에 이르는 공통의 정신적 기반의 가장 깊은 곳에 위치했던 것은 아닐까. 부식동판화가 협회의 창립과 때를 같이하여 파리의 전위 예술가들 사이에 거세어진 일본판화 취향, 이 취향의 주요한 담당자였던 보들레르, 공쿠르 형제, 브라크몽, 또는 마네, 이들 모두가 이 협회에 관계하고 있었던 것은 커다란 의미를 가진 것으로 보인다. 일본의 부세회에 대한 공감의 기저에는, 자신들의 직무에 끝까지 충실한 직인정신에 대한 공감이 있었음에 틀림없기 때문이다. 다카다 히로아쓰高田博厚 씨가, 죄 드 폼의 '인상파 미술관' 개설에 즈음하여, "낭만주의 이래, 들라크루아나 쿠르베, 코로를 거쳐, 인상파로 불린 화가들로부터, 오늘날의 보나르나 마티스에게까지 온 미술"을 회고하면서, 다음과 같이 쓰고 있는 것을 이 기회에 다시 읽어보는 것도, 19세기 프랑스 미술에 대한 우리의 공감 또는 애정의 유래를 확인하는 일은 아닐까.

> 근 1세기 동안의 이 프랑스 미술을 생각할 때, 나는 르네상스 초기부터의 푸케나 쿠르에 전후의, 그 가지각색의 좋은 날들을 그린 채색화공들의 행복을 생각한다. 그리고 우리들이 보기에 이제는 절대 만들 수 없으리라고 생각되는 중세기의 어느 아름다운 낭만이나 고딕 예술을 만들어낸, 스승으로부

그림 57. 샤를 메리옹. 시체공시장.

터 기술과 방식만을 전수받아 놀랄 만한 민감함으로 정신의 유산을 이어나 갈 줄 알았던 무식하고 소박한 석공들의 혼의 비밀이, 인상파를 전후로 하는 화가들에 의해 처음으로 이해되는 것처럼 느껴진다.[19]

보들레르가 볼 때, 에칭이란 "신속한" 점만이 취할 만한 장르인 것은 물론 아니었다. 그리고 또한, "예술가의 개인적인 성격을 훌륭하게 표현하는" 장르라는 것을 강조하면 그걸로 족하다 따위로 생각하지는 않았다.

19 다카다 히로아쓰, 《프랑스로부터》(미스즈쇼보, 1950 ; 아사히신문사, 1973), 189쪽. 또는 같은 출판사 1985년 간 《다카다 히로아쓰 저작집》 I, 156-157쪽.

> 다만 거기에는, 많은 사람들이 빠지게 될 한 가지 위험이 있다. 내가 말하고 싶은 것은 느슨함, 부정확, 불분명함, 철저하지 못한 제작이다. 환상의 온갖 아라베스크, 변덕스러운 온갖 선영線影을 지나칠 정도로 충실하게 재현해주는 이 검은 판 위에서 끌을 움직여나가는 것은 얼마나 쾌적한가! 내가 짐작하는 바로는, 많은 사람들이, 자립의 증거를 제시한다고 생각하는 칠칠치 못한 패거리들처럼, 자기들의 대담함(이것이 과연 적절한 말일까?)을 자랑삼아 내세우기조차 할 것이다. 성숙하고 깊이 있는 재능을 가진 사람들(예를 들어 르그로 씨, 마네 씨, 용킨트 씨)이, 그들의 스케치와 그들의 크로키를 판화로 만들어 공중에게 친근하게 보여주는 것은 참으로 좋은 일이며, 그들에게는 그러할 권리가 있다. 그러나 모방자 무리가 너무 많아질 우려가 있고, 그렇게 되면 이 매력적인 장르에 대해서 공중의 경멸을 당연히 유발시키게 되는 것을 두려워해야 한다. 그렇지 않아도 이 장르는 그들의 이해가 미치지 않는 곳에 있다는 과실過失이 있기 때문이다. 요컨대 에칭이란 깊이 있고 위험하며, 배반으로 가득 찬 예술, 일개 정신의 결점들을 그것의 장점들과 같은 정도로 분명하게 폭로하는 예술이라는 것을 잊어서는 안 된다. 또한 모든 대예술과 마찬가지로, 외견상의 그 단순함 속에는 매우 복잡한 것을 지니고 있어, 완벽에 이르기 위해서는 오랜 헌신을 필요로 한다.

소예술이라고 불리기에 어울리는 것을 대예술grand art이라고 부르는 것은, 역설이면서도 역설이 아닐 것이다. 자신의 산문시집의 제목으로 "산문소시Petits Poëmes en Proses"를 생각했던 적도 있는 보들레르. 일견 방자한 소장르를 선택함으로써 얻을 수 있는 해방, 그 해방이 초래하는 위험을 피하는 유일한 길은, 'art'를 대문자로 시작하는 예술로 생각하는 오만함을 미처 갖지 못한 사람들의 착실한 노력이 'grand art'의 이름에 값하는 것을 만들어낸 효빈效顰〔남을 본뜨는 것을 낮추어 하는 말—역자〕으로, 자신의 기법에 소박한 애정을 기울이는 것이라고 의식하고 있지는 않았을까. 어쩌면 자유가 자유로서 무상으로 베푸는 것도 아니고, 기능이 기능으로서 자기의 기교를 과시하는 것도 아닌, 하나의 균형 잡힌 예술세계가 만들어지기 위해서는 조촐한 영역의 선택, 그리고 어디까지나 겸손한 태도의 유지와 함께 끊임없는 긴장이 필요했다.

도판 일람

1. 에르네스트 메소니에. 〈바리케이드, 라 모르텔리가街. 1848년 6월〉. 유채, 1848년. 루브르 미술관.

2. 마르탱 드롤링. 〈어느 부엌의 내부〉. 유채, 1815년. 루브르 미술관.

3. 가바르니. 〈화가와 비평가〉. 《샤리바리》, 1839년 11월 27일, 〈교훈과 충고〉.

4. 앙리 모니에. 〈프뤼돔 씨〉. 펜화, 1860년. 샹플뢰리, 《앙리 모니에》(1879년 게재된 인쇄본에 의함).

5. 콩스탕탱 기스. 〈산책〉. 펜과 수채. 런던 개인 소장. 조나단 메인 옮김, 《보들레르 미술론집》(런던, 1965년).

6. 레옹 코니에. 〈죽은 딸을 그리는 틴토레토〉. 유채, 1843년. 보르도 시 미술관.

7. 〈바자르 본-누벨 전람회의 앵그르 화랑〉. 석판화, 1846년. 조나단 메인 옮김, 《보들레르 미술론집》(런던, 1965년).

8. 오노레 도미에. 〈만국 박람회 이집트 부部에서〉. 석판화. 잡지 《그림이 있는 세계》, 1867년.

9. 카미유 코로. 〈호메로스와 목동들〉. 유채, 1845년. 생-말로 미술관.

10. 도미니크 파프티. 〈프톨레마이오스를 옹호하는 기욤 드 클레르몽〉. 유채, 1845년. 베르사유 국립미술관 소장. 1967년 파리에서 열린 보들레르 전시회 카탈로그.

11. 오노레 도미에. 〈엔디미온〉. 석판화. 《고대사》(1842년).

12. 외젠 들라크루아. 〈민중을 이끄는 자유의 여신〉. 유채, 1830년. 루브르 미술관.

13. 외젠 들라크루아. 〈슈비테르 남작의 초상〉. 유채, 1826년. 런던 내셔널 갤러리.

14. 외젠 들라크루아. 〈여자와 앵무새 습작〉. 흑색 분필, 1827. 〈여자와 앵무새〉(누워 있는 오달리스크)를 위한 습작. 리옹 미술관.

15. 에두아르 마네. 〈튈르리의 음악회〉를 위한 습작. 라비(수채), 1862년. 개인 소장.

16. 에드가르 드가. 〈바르베 도르비이〉. 스케치. 테키 서점. 제임스 레이버, 《당디들》(런던, 1969년).

17. 아리 셰페르. 〈성 아우구스티누스와 성녀 모니카〉. 1846년의 관전에 출품된 작품의 복제. 런던 내셔널 갤러리.

18. 조지 캐틀린, 〈인디안 전사戰士 '작은 늑대'의 초상〉. 유채, 1832년(좌) ; 〈물소 등의 지방脂肪의 초상〉. 1832년. 워싱턴 스미스소니언 박물관.

19. 폴 슈나바르. 〈로물루스와 레무스〉. 데생, 1850-52년경. 리옹 시립미

술관.

20. 귀스타브 쿠르베. 〈전원의 연인들—청춘의 감정〉. 유채, 1844년. 리옹 미술관.

21. 귀스타브 쿠르베. 〈첼로 연주자〉. 유채, 1847년. 스톡홀름 국립미술관.

22. 귀스타브 쿠르베. 〈절망한 남자〉. '41년'으로 표기. 개인 소장.

23. 귀스타브 쿠르베. 〈미역 감는 여자들〉. 유채, 1853년. 몽펠리에 파브르 미술관.

24. 귀스타브 쿠르베. 〈만남〉(혹은 〈안녕하십니까, 쿠르베 씨〉, 〈천재에게 경례하는 재산〉). 유채, 1854년. 몽펠리에 파브르 미술관.

25. 귀스타브 쿠르베. 〈보들레르의 초상〉. 유채, 1848-1849년경. 몽펠리에 파브르 미술관.

26. 귀스타브 쿠르베. 〈아스터 꽃다발〉. 유채, 1859년. 바젤 시 미술관. 1967년 파리에서 열린 보들레르 전시회 카탈로그.

27. 귀스타브 쿠르베 원화. 《공공복지》지, 제2호 제1면의 판화 권두그림.

28. 〈'자유의 나무' 식수〉. 목판화, 1848년. 파리 국립도서관.

29. 〈마을의 부르주아가 방랑하는 유대인에게 말을 걸다〉. 노르방디 지방(아마도 루앙)의 공방에서 만들어진 목판화(부분). 19세기 초엽. T. J. 클라크가 린다 노클린의 연구에 기초하여 그의 연구서(《민중의 이미지》)에 게재.

30. 장 프랑수아 밀레. 〈젖소에게 풀을 먹이는 여자〉. 유채, 1858년(1859년

살롱 전시). 부르-캉-브레스(현 앵Ain) 미술관.

31. 샴에 의한 〈쿠르베 씨의 캐리커처〉. 석판화, 1851년의 〈만화 관전평〉.

32. 귀스타브 쿠르베. 〈신부의 화장〉. 유채(미완성), 1859년경. 노스햄프턴 스미스 칼리지 미술관.

33. 귀스타브 쿠르베. 〈하얀 스타킹의 여자〉. 유채, 1861년. 펜실베니아주, 번즈-메리언 컬렉션.

34. 귀스타브 쿠르베. 〈설교를 마치고 돌아오는 길〉. 1863년. 파기되어 오늘날 현존하지 않음.

35. 귀스타브 쿠르베. 〈정물-사과〉. 유채, 1871년. 헤이그 국립 메스다하 미술관.

36. 에두아르 마네. 〈튈르리의 음악회〉. 유채, 1862년. 런던 내셔널 갤러리.

37. 콩스탕탱 기스. 〈그리제트〉. 펜화에 수채. 피에르 뒤플로 편, 《그림에 미친 사람 콩스탕탱 기스》(1988년). 개인 소장.

38. 콩스탕탱 기스. 〈바구니를 든 여자〉. 수채, 펜, 묵. 프티 팔레 미술관.

39. 에두아르 마네. 〈기타레로〉. 1861년의 관전에 입선한 같은 제목의 유화를 바탕으로 한 자작 에칭.

40. 윌리엄 오술리에. 〈청춘의 샘〉.

41. 에두아르 마네. 〈롤라 드 발랑스〉. 같은 제목의 유화(1862년. 오르세 미술관)를 바탕으로 한 자작 에칭. 1863년.

42. 에두아르 마네. 〈그리스도와 천사들〉. 연필·수채·구아슈, 1864년. 루브르 미술관. 알랭 드 레리스, 《에두아르 마네의 데생》(캘리포니아 대학 출판부, 1969년).

43. 에두아르 마네. 〈올랭피아〉. 같은 제목의 유화(1863년. 오르세 미술관)을 바탕으로 한 자작 에칭.

44. 쥘-조제프 페브르. 〈진실의 우의상寓意像〉. 유채, 1870년. 아미앵 피카르디 미술관.

45. 에두아르 마네. 〈막시밀리안 황제의 처형〉. 유채, 1867년. 만하임 미술관.

46. 에두아르 마네. 〈고양이의 밀회〉. 석판화, 1868년. 샹플뢰리, 《고양이들》의 광고를 위해 제작.

47. 에두아르 마네. 〈오페라 극장의 가장무도회〉. 유채, 1873-74년. 뉴욕 헤이브 메이어 부인 소장(이 그림을 위한 에튀드가 한 장, 동경 브리지스턴 미술관에 있다).

48. 오노레 도미에. 〈1859년 살롱〉. 석판화.

49. 제임스 맥닐 휘슬러. 〈로더하이즈 Rotherhithe〉. 에칭, 1860년. 대영박물관 소장.

50. 요한 바르톨트 용킨트. 〈옹플뢰르항의 철도풍경〉. 에칭, 1867년.

51. 요한 바르톨트 용킨트. 〈옹플뢰르항 입구〉. 에칭, 1864년.

52. 알퐁스 르그로. 〈함정과 진자振子〉. 에칭과 라비, 1861년. 런던 빅토리

아 앤드 아르바트 미술관.

53. 아망 고티에. 〈정신병원의 광녀들〉. 자작 유화를 바탕으로 한 석판화, 1858년. 파리 국립도서관.

54. 오노레 도미에. 〈도미에의 관전 스케치〉. 석판화, 1859년.

55. 외젠 부댕. 〈옹플뢰르 항의 배〉. 유채, 1856년. 프린스턴 대학 미술관.

56. 오노레 도미에. 〈경매장〉. 석판화, 1859년.

57. 샤를 메리옹. 〈시체공시장〉. 에칭, 1854년.

1975년판 후기

보들레르의 미술비평을 연구의 초점에 맞춘 것은 프랑스 유학 당초의 일이니까 벌써 16년도 전의 일이다. 내 나름으로 몇 가지 발견도 있고, 무엇보다도 통설에 성이 차지 않아 학회 등에서 발표하고, 조금씩 연구 성과를 정리하여 전문가의 비판에 묻기로 했다. 그런데 지금부터 5년 전, 《악의 꽃》 졸역의 해설에서 쿠르베를 언급하게 되었고, 쥬오고론샤中央公論社 편집부 하야카와 유키히코早川幸彦 씨의 눈에 띄어, 당시 아직 《중앙공론》 증간 형태를 취했던 《역사와 인물》 1971년 6월호에 〈쿠르베, 야심과 고독〉을 쓸 기회를 얻었다. 계속해서 《역사와 인물》 1972년 3월호에 〈당디 아니면 예술가? 들라크루아와 보들레르〉, 7월에 〈낙원을, 지금, 여기에—보들레르와 마네〉를 발표한 것이 이 책의 토대가 되어 있다. 〈군중 속의 비평가〉 장과 〈풍경 속의 예술가〉 장은, 1973년 가을부터 74년 봄까지 새로 썼다. 그것과 평행하여 그 밖의 세 개 장도 잘못을 바로잡고 고쳐 쓰고 가필하여, 참고한 연구나 주장의 출처를 밝히기 위해 최소한의 주를 달았다. 가장 적게 고쳐 쓴 것은 들라크루아의 장인데, 그래도 제6절은 거의 새로 썼다. 쿠르베의 장은, 제1절을 가필한 것을 시작으로 많은 보필정정을 가했기 때문에 원형과는 상당히 다른 것이 되어 있다. 마네의 장은 일부를 삭제하고 전면적으로 손질을 한 다음, 말라르메의 마네론을 골자로 하는 마지막 절을 덧붙였다.

토대가 된 세 개의 장이, 《역사와 인물》이라는 잡지의 성격도 있어서 상당한 정도로 '읽을거리'가 되는데, 이 책 전체의 성격을 규정하고 있다는 것에 우선 양해를 구해두어야 하겠다. 이것은 '하나'의 관념 또는 주장의 논증을 노리는 논문(프랑스어로 말해 테즈thèse)이 아니라는 것이다. 그렇다고 해서 여기에서 내가 어떠한 주장도 제기하지 않는다 라는 의미는 아니다. 주장은 오히려 (자기가 말하는 것도 이상하지만) 지나치게 많을 정도로 있을지도 모른다. 〈군중 속의 비평가〉장은, 어떤 의미에서, 그러한 갖가지 주장의 저류에 있는 것을 분명히 선언해두자고 하는 의도에서 썼다. 필자의 힘이 지나치게 들어가 있는 것이 느껴져 읽기 어렵다고 생각되는 방향도 있음직하다. 그 경우는 〈당디, 아니면 예술가?〉 장부터 읽기 시작해 준다면 고맙겠다. 보들레르식으로 말하자면 "꼬리도 없고 머리도 없는" 것에 가까운 구성으로, 다섯 개 장이 각각 완결성을 가지고 분명히 뭔가의 주장을 하고 있어서 처음부터 순서대로 읽어가지 않으면 의미가 없어지는 듯한 것은 절대로 아닌 셈이다.

내 연구의 출발점에 보들레르와 쿠르베의 관계를 밝혀내려고 하는 의도가 있었던 것은 《서구와의 대화》라는 책 안에서도 썼는데, 탐색을 해나가던 중에 "레알리슴"이라는 단어가 너무나 경멸적인 뉘앙스로 씌어져 있는 것에 의분 같은 것을 느끼게 되어서다. 자기 자신은 상상력을 조금밖에는 갖추고 있지 못하면서, 보들레르의 "상상력" 이론을 내세워서 사실주의나 자연주의가 하등下等한 것으로 비판당했다고 생각하고 거기에서 쾌감을 느끼는 무지한 비평가나 연구자들은 어디에나 있다. 한편, 19세기 레알리슴의 위대함을 인정하고 보들레르와 레알리슴 운동의 밀접한 상호관계를 객관적으로 주시하자고 하는, 이레네 폰 라이첸슈타인이나 T. J. 클라크와 같은 연구자와 알게 된 것은 더할 나위 없는 기쁨이었다. 내가 이 책을 그들에게 굳이 헌정하지 않는 것은 그들이 일본어을 읽지 못한다는 이유밖에 없다.

그러나 19세기 중엽에 서구 특히 프랑스의 회화 세계에 일어난 커다란 혁신을 정확하게 평가하기 위해서는, 이 혁신을 사회적 · 역사적 문맥 안에 놓고 파악하는 일이 필요하다. 그것은, 문학이나 예술에 사회나 역사가 '반영'하고 있는지 아닌지 하는 것과는 전혀 다른, 오히려 문인이나 예술가가, 자신이 어쩔 수 없이 놓여진 사회적 · 역사적 상황 안에서 자신의 제작활동과 그것에 부수되는 갖가지 활동을 통하여 상황에 어떻게 반응하고 어떻게 압력을 가하여 갔던가, 그것을 밝히는 일이다.

19세기 중엽부터 그러한 상황 안에서 떠들썩하게 등장한 다수의 "공중le public" 그리고 또한 "공중" 출신이며 도시풍경을 구성하는 것이기도 한 "군중

la foule"—이 현실 안에 던져진 예술가가, 어떻게 "공중" 혹은 "군중"과의 관계를 처리 또는 표현해 가려고 했을까. 거기에 아마도, 19세기의 예술 상황을 푸는 하나의 열쇠가 있을 것이다. 그리고 보들레르야말로(그 후에 오는 말라르메도 그렇지만), 이 상황에 관한 귀중한 증인이다. 데구치 유코出口裕弘 씨가 그의 《보들레르》(紀伊國屋新書 및 小澤書店)에서, 거리의 현실 안에서 살아가는 행동적 (남성적) 시인으로서의 보들레르상을 제시한 것을 흉내내어 나도 또한, 넓게는 사회, 좁게는 예술계의 현실을 강하게 인식하면서, 그 안에서 생각하고 결단하고 창조하여 가는 예술가·비평가로서의 보들레르상을 제시해보고 싶었다. 그리고 그와 같은 현실과 예술가의 가장 유력한 접점이 "공중"이고 "군중"이라고 생각되었다.

그런데 거듭 말하고 싶은 것은, 그러한 접근이 문학이나 예술을 동시대의 사회적·역사적 사건에 환원시키기를 노리지는 않는다는 것이다. 오히려, 콘텍스트를 조금이나마 복원시킴으로써 작품의 내용을 풍부하게 하려고 하는 시도다. 일관되게 논증적인 책이 아니기 때문에 여러 가지 주제 사이를 방황하는 듯한 느낌이 없지도 않다고 생각되지만, 그러한 방황을 통하여 100년도 훨씬 이전 프랑스의 현실—풍경이나, 사람들의 사물에 대한 사고방식도 포함하여—과의 친밀감을 늘리는 일이, 이 특수한 환경·특수한 시대에 만들어낸 예술에 대한 "열쇠"를 조금이라도 늘리는 일에 도움이 된다면 기대 이상의 행복을 느낄 것이다.

지난해 가을부터 반년 예정으로 파리에 와 있는데, 그동안에 인상파 백년 기념전이라든가, 인상파가 이단시 되었던 시대의 주류 화가들의 "걸작"을 전시하는 전당 뤽상부르 미술관을 1874년의 모습으로 재현하는 전람회, 게다가 대규모의 '다비드에게서 들라크루아로'전시회 등이 있어, 완성 도중의 이 책에서 취급되어 있는 화가의 이런저런 작품을 재현하는 기회가 되기도 하고, 이 책에서 시험적으로 제기해본 몇 가지 문제에 관하여 반성을 깊게 하기도 하고 사람들과 의견을 나누는 기회가 되기도 했다.

커다란 오르세 역 건물에 '19세기 미술관'을 만든다고 하는 기획은 문화예산의 전면적인 삭감에 따라 당분간 연기된다고 하지만, 그러한 전람회를 통하여 19세기 프랑스 회화의 전모까지는 가지 않더라도 상당히 폭넓은 부분이 표면화하는 것을 보고 통감하게 되는 것은 역시, 하나의 거대한 제도로서의 미술이라는 면이다. 신고전주의로부터 낭만주의, 사실주의로부터 인상주의, 라는 식의 도식의 유효성이 사라져 없어지는 것은 아니지만, 그러한, 오늘날의 우리에게 흥미 있는 회화를 중심으로 한 역사를 받아들이는 방식에 성에 차지 않아서, 당시 사람들에게 있어서 회화란 무엇이었나 하는 물음을 가리키는 방향으로 흥미가 차츰 향하여 가는 것은, 아무래도 역사가·호사가들에게만 국한된 것은 아니라는 생각이 든다.

이 전람회들이 애초부터 크건 작건 교육적인 기획만이 아니라, 프랑스의 여러 사람의 반응에 접하는 동안에, 예술작품의 향수에 관하여 교육 내지

계몽이라는 것이 차지하는 역할의 중대함을 새삼스럽게 통감하게 된다. 어떤 의미에서는 보들레르 이래의 비평가들에 의한 계몽활동이, 맞서 싸운 상대였던 도그마티슴과는 반대의 도그마티슴을 만들어내고 말았다는 느낌이다. 그 점에 관한 감상은 이미 다른 곳에서 썼지만(《學鐙》, 1974년 11월 ; 《치쿠마ちくま》, 1975년 4월—모두, 《회화가 위대했던 시대》 수록), 회화시장도 얼마간 진정되어 있음을 보여주고 있기나 하는 듯한 오늘날, 예술품 생산자와 향수자의 관계, 넓게는 그 사이에 서는 존재로서의 비평가의 역할이 어떻게 해서 현재와 같은 상태에 이르게 된 것인지 역사적·사회적 견지에서 객관적으로 반성해보는 것도, 아무래도 시의적절하다고 생각된다.

때마침 콜레주 드 프랑스의 근대 프랑스문학 강좌를 담당하는 조르주 블랭이 '보들레르의 새로운 시련'이라는 제목의 강의에서, 1857년의 《악의 꽃》 재판裁判을 둘러싸는 문학적·사회적·정치적 넓게는 사법적 콘텍스트의 면밀한 재검토를 행하고 있다. 더욱이 《악의 꽃》이라는 책 자체의 성립이 그러한 콘텍스트와 어느 정도 밀접하게 뒤얽혀 있었던 것인지 입증되고 있는 중이어서, 보들레르 연구뿐만 아니라 제2제정 하에 있어서 문학적·예술적 상황에 관한 통념을 근본부터 다시 생각하기를 요청하는 획기적인 강의가 될 것 같다.

쿠르베를 둘러싼 1855년 전후의 상황과 닮은 듯한 견지에서 접근을 시도한 나로서도, 프랑스의 실증과 주장을 근거로 한 다음에, "레알리슴"의 다각적인 이해에 대한 노력을 다시 한 번 재시도할 필요가 있다는 생각이 든다. 그야 어떻든, 구조주의 내지 의미론적 접근이 전성기에 달해 있는 것처럼 보이는 프랑스 문학·예술연구의 영역에서, 정말 재미있는 발견은 역시 철저하게 역사학적이면서도 사회학적인 탐구로부터 생겨날 것이라고 하는 나의 신념에 지금으로서 흔들림은 없다.

이번에는 프랑스인 상대로 일본 현대의 사상과 시를 강의한다고 하는 초조한 직무를 행하여 온 나로서는, 일본 현대 "사상"의 어떤 측면이, 서구 현실의 너무나 도식적인 추상抽象을 그대로 받아들임으로써 지금까지 얼마나 강하게 규정되어 왔던가를 새삼스럽게 통감하는 기회를 얻었다고 할 수 있다. 이 복잡한 현실의 정밀한 역사적 파악이라는 일견 우회적인 절차가, 우리 자신의 사상의 건강에 얼마나 불가결한 것인지 뼈저리게 느끼게 되었다고 바꾸어 말할 수 있다.

예를 들어 나는 이 책 안에서, "예술가artiste"와 "직인artisan"을 대립개념으로 삼아 후자를 경멸적으로 사용하는 습관을 비판함에 있어서, 낭만주의적인 "예술가"관의 일본에서의 뿌리 깊은 악영향을 운운했다. 신성화된 "예술"의 개념이 문학의 영역에서도 통용되게 된 것이 낭만주의 이래의 사정이기 때문에, 그것이 완전히 잘못이었다고는 말할 수 없다. 그러나 이번에, 낭만파의 고고학자로서 건축가이자 문인이라고도 할 만한 비올레 르 뒤크에 관한 탐색을 웬만큼 진행하여 가는 동안, 이 너무나도 단순한 사고방식에 수정을 가할 필요가 있음에 생각이 미쳤다. 17세기 이래, 예로부터의 직인들의 길드corporation에 대립하는 것으로서의 아카데미에 웅거하는 "예술가"들이, 직접적인 실용성에서 떠난 고상한 "예술"이라는 사고방식을 계속 수호하여 온 것이다. 그리고 오히려 낭만파 사람들이야말로, 누구보다 더 파리의 노트르담 사원을 지은 무명의 석공들로 대표되는 직인('artisan'이라기보다는 오히려 'ouvrier')의 정신을, 아카데미 "예술가"들의 잘난체하는 "예술"관에 대치시키려 한 것이다. 나의 결론부에서 인용한 다카다 히로아쓰 씨의 글도, 이 문맥 안에 놓고 다시 읽어보면 더 한층 19세기의 위대함에 조명을 비추는 일이 되지 않을까. 이 문제 하나만 보아도, 우리가 서양에서 받아들여 아무 생각 없이 사용하고 있는 어휘와, 그것이 지시하기 마련인 사회적·역사적 현실과의 낙차의 크기를 새삼스럽게 깨닫게 된다. 지금 여기에 그 사실을 덧붙여 써두는 것은, 정정임과 동시에, 앞으로의 나 자신에 대한 훈계이다.

이 책이 이와 같은 형태로 완성되기까지 많은 분들의 신세를 졌다. 당시 《역사와 인물》 편집장을 맡고 있던 가스야 가즈키粕谷一希 씨, 책으로 정리할 수 있도록 생각을 내어준 하야카와 유키히코早川幸彦 씨, 실제 제작을 맡아준 쇼다 가즈유키勝田量之 씨에게, 마음으로부터 감사를 표하고 싶다. 쇼다勝田 씨는 악전고투에서 나오는 거친 원고를 그때마다 훑어보고는 자상한 조언을 아끼지 않았고, 교정 단계에 들어가면서부터는 필자가 동경을 떠난 때문이기도 해서, 도판의 정리·배치 등의 점에서 적지 않은 면밀한 배려를 해주었다. 그 일을 특히 써두고 싶다.

1975년 3월 파리에서

1991년판 후기

《군중 속의 예술가》가 세상에 나온 지 15년 이상 지났다. 그동안 19세기 프랑스 회화에 대한 우리의 관계는 현저하게 변화했다. 쉴 겨를이 없을 정도로 잇따라 세계 각국으로부터 작품이 운반되어 오고, 전람회라는 형태로 우리의 눈앞에 차례차례 펼쳐진다. 완성된 오르세 미술관을 보러 나가는 일도 그다지 어려운 일은 아니다. 20년 전, 하물며 30년 전의 상황과 비교해 보면 프랑스 19세기 회화, 그것도 원래부터 우리에게 친근했던 인상파뿐만 아니라, 아카데미 회화까지도 포함한 그 전체가 우리 곁에 있게 된 것이다.

그래서 15년 전에 이 책을 정리하여 내놓았을 때, 쿠르베조차도 너무나 알려지지 않아서, 이런 대상을 취급한 책이 어떻게 받아들여질까 하는 위구심 내지는 위화감도 작용하여, 힘이 들어간 문체가 되기도 했으리라고 생각한다. 이제는 힘을 줄 필요도 없다. 우선은 이 다양한 회화들의 매력에 몸을 맡기고, 그러한 예술을 보호 육성한 19세기 프랑스, 특히 파리라는 환경 안으로, 아무 것에도 구애받지 않고 들어가 보아도 좋은 것이다. 그러한 상황을 만들어내는 방향으로 이 작은 책도 웬만큼은 공헌하는 바가 있지는 않았을까 생각한다.

지금 다시 읽어보면 감개무량이라고 말하고 싶어지는 점이 몇 가지나 있다. 19세기 후반의 프랑스 회화에 대한 부세회의 영향을 논함에 있어서는 신중해야 한다고 나는 쓴 바 있다. 그런데 그 후, 소위 "자포니슴"의 연구는 융성하여, 전문 학회도 만들어졌으며 전람회도 세계 각지에서 열리고, 나의 소심함 따위는 어딘가로 날아가 버렸다.

소위 "포스트모던" 시기를 경과하여, "현대성"에 관한 우리의 사고방식이 유연해진 탓에, 나의 15년 전 서술 안에도, "어떤 시기에는 아직 엄격한 사고방식을 갖고 있었구나" 하고 생각되는 바가 있다. 예를 들어 말라르메가 한편으로 마네의 옹호자이면서 또 한편으로 "퓌비 드 샤반은 그렇다고 쳐도 심지어 앙리 르뇨의 지지자이기까지 했던" 점에서 절충주의적인 가치관을 냄새 맡을 수 있다고, 비판적으로 쓰고 있는 대목 등이 그렇다. 지금의 나는, 오르세 미술관에서, 시인들의 좋은 친구였던 이 화가가 보불전쟁에서 전사하기 한 해 전의 모로코 여행에서 초래한 대작 〈그라나다 회교왕들 치하에서의 재판없는 처형〉의 참수 광경을 유심히 바라보고, 정성들여 그려 넣은 궁전벽화의 색채 · 문양의 선명함이나, 계단 아래에서 올려다보는 구조의 극적 효과 등을 부끄럽게 여기지 않고 칭찬하는 일에 익숙해졌다. 이러한 이야기투 화제畵題가 야기시키는, 순수하게 예술적이라고는 말할 수 없는 반응—서구Occident가 화려하면서도 잔학한 동방Orient에 대하여 품는, 비판적이고도 망상적인 사념을 상기시킨다거나, 또한 우리 자신이 반발과 매혹에 스스로를 맡긴다거나 하는 일—때문에, 이러한 불순한 작품은 우리의 감상 범위에서 제외시켜야 한다는 생각 따위는 이제 더 이상 하지 않는 것은 물론, 선험적a priori으로 열등한 가치를 가진 것이라고 단정짓는 일 등은 생각하지 않게 된 것이다. 프랑스의 보수적인 몇 사람의 미술사가들이 근년에 주장하는 것처럼, 프랑스 19세기 회화의 실체 자체가 절충주의éclectisme였기 때문에, 그것에 대한 오늘날 우리의 감상-비평의 태도도 또한 절충주의라는 것은, 원칙으로서의 시비를 논하기에 앞서 어느 수준에서는 우리가 이미 받아들이고 있는 사실은 아닐까.

분명히, 이야기투로부터의 탈각, 그리고 순수회화로 가는 (거의 예정조화적인) 진화進化로서 19세기 서구 회화사를 파악하게 됨으로써, 잘라 버려지는 것은 너무나 많았다. 그러한 편협한 진화사관으로부터의 탈각이 미술사의 포스트모던적 위상이었다고 말할 수 있을지 모르겠다. 다만, 우리의 대상이 되는 회화 세계가 확대된 것은 기뻐해야 할 일이라고 해서, 그로 인해 가치판단이 일절 배제되어버려 만사가 해결된다는 것은 아니라는 사실은 말할 필요도 없다. 가치기준의 재구축 작업에는 이미 손질을 하고 있는 중이라고 생각되며, 여기에서 간단히 논하여 처리할 수 있는 일도 아니다. 다만 한 가지, 십수년 전에 쓴 이 글을 지금 다시 읽어보면서, 거기에서 가치기준의 축을 이루는 두 가지의 개념으로서, 영웅성과 직인성이 제시되어 있는 듯이 생각된 것을 써두기로 하자. 들라크루아가, 쿠르베가, 그리고 마네도 또한 어느 시기까지는 추구했던, 새로운 시대에 어울리는 영웅성의 표현. 그것이 더 이상 불가능하다고 확인된다면 나중에는, 겉만 번드르르한 영웅성이나 기념비성monumentalité의 추구에 의해 본의 아니게 천박한—익살과 종이 한 장 차이의—쾌락을 초래할 뿐인 대회화를 구축하는 일은 그만두고, 바로 얼마 전까지는 위대한 작품을 만들어낼 수 있었던 예술의 기법métier이 감추고 있는 놀랄 만한 가능성을 한정된 소우주 안에 정수精髓로서 제시, 전개한다고 하는 인상파적 선택. 1970년대 후반의 역사화 부활의 기도企圖 등을 거친 후에 정리한 두 번째의 미술론집 《회화가 위대했던 시대》(小澤書店, 1980년)의 후기에서 나는, "영웅적인 것의 두 개의 축—다비드와 샤르댕, 혹은, 벨리코비치와 티튀스-카르멜—사이의 긴장"이라는 식으로, 가치기준적인 착상을 말로 표현해 왔다. 1978년 이후의 글을 모은 세 번째의 논집 《이미지의 매혹》(小澤書店, 1990년)에서도, 기본적으로 그 사고방식은 변하지 않았다고 생각한다. 《군중 속의 예술가》는 어디까지나 19세기 회화를 논한 책이지만, 서구회화의 어느 하나의 과거를 끝까지 지켜보려는 기도는, 어딘가에서 현재에 대한 관련과 결부되어 온다. 그것은 우리의 선택이기보다는, 서구예술전통에 의거하는 것이라고 생각한다.

서구미술사의 어떤 부분을 스스로 재평가하고 싶다고 하는 욕구로부터 우선 생겨난 것이 이 책이지만, 그러한 욕구의 더군다나 십수년 전에 있었던

학생시대 경험에 관하여는, 《젊은 유럽—파리 유학기》(1962년 초판, 中公文庫版 1979년, 文庫版, 133-140쪽)에 이야기했으니까 그것을 참조해 준다면 고맙겠다.

***

《군중 속의 예술가》는 1979년에 중판되었을 때 약간의 정정을 가했는데, 이번에 문고본 수록에 맞추어 더 한층 잘못을 바로잡았고, 또한, 보들레르로부터의 인용은 졸역 《보들레르 전집》(筑摩書房, 전 6권, 1-5권 기간既刊)의 이미 간행된 책에 관하여는 그것에 보조를 맞추었다. 주註의 정정은 최소한으로 한정했으나, 문헌 참고에 관해서는 그 후에 간행된 것 것도 약간 고려해 넣어서 독자의 편의를 도모하도록 하였다.

단행본에 이어 이번에도 말 그대로 부모 역할을 해준 쇼다 가즈유키勝田量之 씨에게 마음으로부터 감사의 뜻을 표하고 싶다.

1991년 초봄

아베 요시오

1999년판 후기

《군중 속의 예술가》 중공문고中公文庫판 간행 이래 이미 10년 가까이 세월이 지났다. 그 동안 졸역 《보들레르 전집》(筑摩書房, 전 6권)도 제 6권이 간행되어 완결되었고, 더욱이 전집본을 기초로 하여 문고판(치쿠마ちくま文庫 두 권, 치쿠마ちくま学芸文庫 네 권)도 출판되었다. 이 기회에 《군중 속의 예술가》가 이렇게 해서 다시 한 번 햇빛을 볼 수 있게 된 것은, 치쿠마쇼보의 이와카와 테쓰지岩川哲司 씨, 쿠마자와 도시유키熊澤敏之 씨의 관대한 배려 덕분이며, 실제로 책의 제작을 맡아준 오오야마 에츠코大山悦子 씨를 포함하여 세 분의 이름을, 감사의 뜻을 담아 써두지 않을 수 없다. 그리고 이 책 첫판의 발행소이며, 이번 치쿠마쇼보에서의 간행을 흔쾌히 허락해준 쥬오고론샤中央公論社의 여러분에게도 진심으로 사의를 표하고 싶다.

첫판(쥬오고론샤 간 하드커버판)이 나온 해부터 세어보면 머지않아 사반세기, 그동안에, 프랑스 19세기 회화(회화를 통해, 시대 그 차체)에 대한 인식이 현저히 변화한, 그 변화의 자취를 뒷받침하는 자그마한 기념비 같은 것이 이 책일까 라고도 생각한다. 보들레르에 의해 그의 시대에 부여된 키워

드 "현대성modernité"이 100 수십 년을 지나 근년에 더욱 더 유행하고 있기나 하는 듯이 보이는 것도 필자로서는 감개가 한층 더하다.

1991년 이후에 간행된 참고문헌은 참으로 엄청날 정도여서, 이 자그마한 책 말미에 다 실을 수는 없다. 관심이 있는 분은, 《모데르니테의 궤적》(岩波書店, 1993년), 《샤를 보들레르—현대성의 성립》(河出書房新社, 1995년) 등도 참조해주면 고맙겠다.

1975년판 후기에서도 썼던 것처럼, 지금 저자가 다시 읽어보고 "젊은 혈기의 소치"를 느끼게 되는 책이지만, 그 나름으로 19세기 프랑스 회화에 대한 입문서 역할을 다한 것은 아닐까 하는 생각도 든다. 그리고 동시에, "1960년대"답게 급진적이고자 했던 하나의 사고의 흔적을 알아채준다면, 기대 이상의 고마움을 말하지 않을 수 없다.

보들레르로부터의 인용은, 졸역 《보들레르 전집》(筑摩書房)에 의함. 말라르메로부터의 인용은, 《말라르메 전집》(筑摩書房) 소재의 졸역에 의함.

1999년 성하盛夏

아베 요시오

해설

—마쓰우라 히사오松浦壽夫

I

1975년에 초판이 간행된 아베 요시오 씨의 《군중 속의 예술가》라는 제목의 저작은, 그때까지의 보들레르 연구의 세계적인 수준에 독창적인 시점을 제공하는 것과 더불어 19세기의 프랑스 미술에 관하여 지금까지 씌어진 몇 개의 저작 가운데서도—게다가, 일본어로 씌어진 것에 한정시키지 않고도—가장 아름답고 충실한 책의 하나이며, 초판 간행 후 사반 세기가 지난 현재에도 여전히 그렇게 지속되고 있다고 하는 의미에서 기적적인 책이다. 그리고 이 저작을 특징짓는 것은 무엇보다도, 전체적인 논지의 명석한 통일성과 함께, 다 퍼 올려 내기 어려울 정도로 많은 세부가 이 전체적인 통일성의 짜임새를 넘어서, 독자에게 여러 가지 사고를 유발하지 않고는 배기지 못한다고 하는 점에 있다. 그것도, 이 세부들이 충분히 사고되지 않은 채로 난잡하게 던져져 있기 때문이 아니라, 반대로 철저하게 사고되어 있기 때문에 결국 하나하나의 세부가 씌어지는 데 있어서, 여기에서 현동화現動化되어 있지 않은, 말하자면 잠재적인 층을 저자의 사고 운동이 한없이 확장시키기 때문에 독자의 사고를 끊임없이 자극한다고 하는 것이다.

여기에서, 전체적인 통일성을 회화면의 통일성으로, 또한 세부를 필촉筆觸이라는 말로 각각 옮겨보면, 이 저작이 제시하는 양상은 마치, 그것이 분석 대상으로서 채택하고 있는 에두아르 마네나 외젠 부댕 같은 화가, 혹은 그보다 후세대의 화가, 폴 세잔 등의 회화를 어쩔 수 없이 상기시키지는 않을까. 그것은, 화면이 그 전체성을 지각知覺의 모든 순간에 통일적인 폭넓음으로서 제시하면서, 동시에, 개개의 필촉이 이 화면의 전체성에 하나의 요소로서 공헌하면서도, 그것 자체의 존재를 전체성의 근원으로 넘겨주고, 무화시키는 일 없이 견지하고, 빛을 발하게 함으로써 산출된, 이렇게 말해도 좋다면, 끊임없이 진동하는 회화인 것이다.

이와 같은 비교가 조금도 자의적인 것은 아니라고 주장할 권리는, 아베 씨의 텍스트가 회화작품에 대하여 어떤 특수한 미메티슴을 실천하고 있다고 하는 사실로써 증명될 것이다. 왜냐하면 아베 씨는 자신의 연구를 역사적 연구라는 징후를 모토로 수행한다고 여러 곳에서 쓰고 있는데, 이 역사적 연구란 뭔가 대규모적인 기성품의 개념—그 의미에서는 충분히 개념적이지는 않은 개념—의 연쇄에 의해, 예를 들면 19세기의 프랑스 미술이라는 대상을 정합적整合的으로 기술하는 따위가 아니라 오히려, 그와 같은 역사적이라고 자칭하는 정합성이야말로 기술하는 자의 욕망의 은폐에 의한 허구에 지나지 않는다는 것을 드러내기나 하는 듯하면서도, 개개의 회화작품이 그 산출되는 순간에, 언제나 이미, 무수한 타자의 역선力線에 횡단되고 있다고 하는 사실을 화가들과 같은 수단으로 받아들여, 회화작품을 기술하려고 하는 시도이기 때문이다. 달리 말하면 그것은, 무수한 타자들에 의해서 초래되는 복수複數의 진동 한 가운데 있는 화가들로서의 제작의 "현재시現在時"를, 아무리 작은 진동도 무시함이 없이, 가능한 한 면밀하게 복원시키는 작업이다. 그리고 이 "현재시"의 역사성을 현재로부터 미래를 향하여 투사하는 작업에 의해, "현대성"의 말하자면 시적 주체일 수 있었던 것이 보들레르였다고 한다면, 아베 씨는 보들레르의 가르침에 충실하게, 바로 그 역사성으로 하여금 보들레르가 살았던 시대를 돌아보게 하고, 이 "현재시"의 복수의 진폭을 묘사했다고 말해보자. 이 점에서, 아베 씨에 의한 《서구와의 대화》, 제8장 〈샤를 보들레르의 범죄〉의 "역사적 연구라는 것은 종종 상상되는 것처럼, 산더미 같은 자료와 먼지 속에 개인의 창조를 매몰시키는 행위가 아니라, 철저한 역사적 사색만이 비로소 창조가 창조였던 이유를 검증하고, 그 창조에 의해 개인이 역사 안에서 해낸 역할을 확정할 수 있다"라는 한 구절을 인용해두기로 하자.

II

그런데 시인, 미술비평가 샤를 보들레르(1821-1846)에 관한 아베 요시오 씨의 연구 성과는, 방대한 주석을 포함하는 보들레르 개인전역전집(전 6권,

筑摩書房) 및 여러 저작에서 이미 충분히 알려져 있다. 예를 들면 1995년에 간행된, 저자의 박사논문이며, 와쓰지 테쓰로문화상을 수상한 《샤를 보들레르—현대성의 성립》(河出書房新社)은, "작품을 만들어내는 데 있어서의 착상과 방책을 다듬어 가는, 예술적 내지는 시학적인 주체로서의 선택을 상황과의 관련에서 차례로 정의한다"고 하는 의도에서 씌어진 것이며, 저자의 오랜 세월에 걸친 연구가 통합된 것인데, 여기에서도 여러 군데에서 이 보들레르라고 하는 "시학적 주체"의 형성에서, 그의 미술비평이 초래한 것의 중요성이 빈번하게 논의되어 있다.

분명히 보들레르 미술비평의 존재는 훨씬 이전부터 주지의 사실이었고, 한 예로서, 그 가장 중요한 것 중의 하나, 《현대생활의 화가》에 대한 조르주 블랭의 "보들레르의 가장 큰〔=위대한〕 산문시"라는 평가를 끌어낼 것까지도 없이, 이 텍스트들을 보들레르의 시작품과 결부시켜 검토하려고 한다는 시도가 없었다는 것은 아니다. 그렇기는 하지만 보들레르의 미술비평을, 그것이 씌어진 시대의 대단히 구체적인 미술이라고 불리는 장場의 폭 안에서, 결국, 구체적인 작품만이 아니라 그것에 부수되고, 기생寄生하고, 번무繁茂하는 언설만큼이나, 미술작품을 위치짓고 관할하는 제도적인 장으로서의 살롱, 미술관 등등을 포함한 의미에서의 미술의 언설 한 복판에서 검토하려 한다는 시도는, 아베 씨의 연구와 함께 개시되었다고 말해도 과언이 아니다. 이와 같은 연구의 최초의 성과는, 후에 《회화가 위대했던 시대》

(1980년, 小澤書店)에 일본어판으로서 재수록된, 〈'오르낭의 매장'과 보들레르의 '연미복'〉(1962년), 〈새로운 웃음의 미학—보들레르와 샹플뢰리〉(1964년), 〈소박함의 미학—보들레르와 동시대의 예술가들〉(1968년)과 같은, 프랑스어로 발표된 논문들이었다. 그리고 이 선구적인 논문들과 같은 형태의 문제설정으로부터, 이윽고 린다 노클린의 《리얼리즘》(1971년), 티모시 J. 클라크의 《절대적 부르주아—1848년부터 1851년까지의 프랑스에 있어서 예술가와 정치》(1973년), 《민중의 이미지—쿠르베와 1848년의 혁명》(1973년), 《현대생활의 회화—마네와 그 후계자들의 회화에 있어서의 파리》(1984년)가 간행되게끔 되었다.

그렇다면 아베 씨의 연구를 특징짓고, 또한 19세기 프랑스의 문학, 미술연구에 도입된 새로운 시각이란 무엇이었을까. 그것은 아주 단적으로, "서구 근대미술사관"이라고 아베 씨가 정의하는, 어느 특수한 역사관에 대한 비판작업이라고 요약할 수 있을 것이다. 거기에서 이와 같은 시점의 명석한 설명으로서, 아베 씨의 매우 가까운 친구이며, 미술비평가로서 몇 가지 훌륭한 텍스트를 써 남긴 미야가와 아쓰시 씨의 《미술사와 그 언설》(1978년, 中央公論社)에 수록된, 〈미술사와 그 언설을 둘러싸는 아베 요시오와의 왕복서간〉에서의,

어떻든, 진보의 궁극이라고는 말하지 않더라도 가장 현대적 단계라고 생각

된 추상예술을 향한 예정조화적인 순수화의 과정으로서 근대예술을 파악하는 사관에 대한 반성이, 60년대 초부터 의식에 올라온 것이라고 말해도 좋을 것이야

라는 한 구절을 취해두자.

한편, 이 왕복서간은 미야가와 아쓰시 씨 자신이 "《군중 속의 예술가》는 미술비평가 보들레르를 축으로 하여, 제도론적 접근에서 근대회화의 성립에 새로운 조명을 비춘 매우 독특한 업적이었지만, 이번 편지는 그와 같은 접근이 가장 커다란 전망 안에서 이야기되어 있어서, 이 책이 품고 있는 방법론적인 사정거리에 다시 한 번 생각이 미치게 된다"고 쓰고 있는 것처럼, 말하자면, 《군중 속의 예술가》 저자 자신에 의한 또 하나의 후기로서 읽힐 만한 것이라는 점을 덧붙여두자.

여하튼 이 "서구 근대회화사관"—미야가와 씨의 기술에 의하면, "근대회화사라는 담론discours, 그리고 그 목적론téléologie"—이 어떻게 기능하는가를 생각하고는, 예를 들어 보들레르의 너무나 유명한 다음의 한 구절을 인용해 보자. 또한 이와 같은 역사관 내지 담론이 형성되어서, 보들레르의 텍스트야말로 특권적인 구실로서 요청되었다고 하는 사실이, 거꾸로, 보들레르의 미술비평이 이해된 후의 최대의 장해가 되었을 뿐 아니라, 실은, 이 텍스트들을 참된 의미에서는 읽지 않는 구실마저 될 수 있었던 것이다. 그야 어떻든

이것은, 〈1855년의 만국박람회, 미술〉이라는 제목의 전람회평에서 외젠 들라크루아를 논하는 대목인데,

> 우선 주목해야 할 것은, 매우 중요한 것으로, 주제를 분석하는 것은 말할 것도 없고 이해하기에도 너무 먼 듯한 거리에서 보아도, 들라크루아의 회화 작품 하나는 이미 혼에다, 행복한 것이기도 하고 우울한 것이기도 한, 하나의 풍부한 인상을 만들어내고 있다고 하는 점이다. 이 회화는 마술사나 자기최면술사처럼, 거리를 두고 그 사념을 투사한다고도 말할 수 있을까. 이 특이한 현상은, 색채가의 역량이나, 색조의 완전한 화합이나, 색채와 주제 사이의 조화(화가의 뇌리에서 미리 세워져 있는)에서 유래한다. 몹시 미묘한 관념을 표현하기 위해, 이러한 발뺌하는 듯한 말투를 허락해주기 바라겠는데, 이 색채는, 그것이 입히는 대상과는 독립하여, 그것 스스로 사유하는 듯이 생각된다.

고, 보들레르는 쓰고 있다.

이 대목은 매우 많은 경우 회화가 종교적, 신화적, 역사적, 문학적, 등등의 주제를 배제하고, 순수한 회화로서 자율화하여 가는 과정, 말하자면, 근대회화에 있어서 비회화적인 요소의 삭감 내지 환원 과정의 지표로서 가장 알맞은 예의 하나로 간주되어 왔다. 그렇기 때문에, 보들레르는 근대회화라는 개념의 단서의 위치에 요청된다고 하는 "영광"(폴 발레리)을 입기는 하지

만, 또한 동시에, 보들레르의 텍스트가 보여주는 착종으로 이루어진 습곡이, 이 근대회화사라는 예정조화적인 도식의 근원에서 평준화되고, 무화되어버리는 것으로 된다.

이와 같은 진화론적 도식은, 앞에서 인용한 왕복서간의 아베 씨 기술에 따르면, "추상예술의 전성기였던 1950년대에 성립되어, 널리 유포된" 것이며, "앙드레 말로나 르네 위그가 그러한 진화사관의 가장 고상한 나팔수였다". 하지만 대서양 반대편에서도, 이와 같은 프랑스의 상황과는 다른 방식이기는 해도—왜냐하면 말로가 "상상의 미술관"이라고 하는, 말하자면 비역사화된 미술의 공간을 이 진화사관의 도달점으로서 요청한 것에 비하여, 클레멘트 그린버그는 서구 회화의 역사적 진화의 연속성을 확신하고, 그것을 현재, 또한 미래의 미국 회화에 투영시키고 있었기 때문에—, 그린버그로 대표되는 "모더니즘" 비평의 언설이, 보다 엄밀하고 상당히 정합적인 언설의 체계를, 마찬가지로 예정조화적인 진화의 징후를 모토로 다듬어내고 있었다.

그리고 "추상회화의 전성기"인 1950년대의 지배적인 비평의 이와 같은 포치〔布置. 갈라 나누어 벌여 놓음—역자〕 안에서, 이 힘을 미래의 회화에게로 투사한 보들레르의 미술비평을, 안이하게도 진화의 도식의 절대적인 기원으로서 예찬하고, 또한 그렇게 함으로써 그의 비평을, 그리고 그의 동시대 미술작품을 결국은 억압해버리는 욕망의 노출에 역행하여, 보들레르를 그 단언, 망설임, 실어, 전조轉調와 함께, 결국 모순을 내포한 착종체로서 인식하고, 면밀하게 분석하려고 한 시도가, 아베 씨가 수행한 연구였다. 그 성과가, 앞에서 언급한 프랑스어로 씌어진 세 편의 논문이며, 그것들을 원형으로 하여 더 한층 전개된, 이 《군중 속의 예술가》였던 것이다.

III

1970년대 이후, 이 "서구 근대회화사관"에 대한 비판적인 재검토의 시도는 대단히 큰 폭을 보여주었고, 종종 수정주의라고 하는 지표와 함께 수많은 연구가 간행되었으며, 또한 그와 같은 시점에 입각한 전람회가 조직되기에 이르렀다(한편, 이러한 연구 동향에 관해서는, 아베 씨의 《모데르니테의 궤적—근대미술사 재구축을 위하여》(1993년, 岩波書店)의 마지막 장, 〈잔학과 훈장—수정주의révisionnisme에 대응하는 19세기 미술사 재구축을 위한 단장〉에서, 간결하고 분명한 총괄의 시도를 행하고 있다). 물론, 서구 근대회화사의 기술을 수정하려는 시도는 그것 자체가 다양한 것일 수 있지만, 이 수정주의가 다른 한편으로, 미니멀 아트 출현 이후의 추상회화를 덮친 어떤 유의 폐색감이나, 포스트-모던이라는 징후를 횡령한 신보수주의적인 사고 등과 한 몸이 되어 기이한 유통을 보여줄 때, 많은 경우, 이 수정주의적인 사고는 그 이상 없이 반동적인 체질을 끊임없이 노출시킨다는 것도 지적해두지 않으면 안 된다. 그때 수정주의적인 사고는, 단순히 "서구 근대회화사관"에 의해 계속 억압되어 왔다고 하는 원한과 함께, 그 반동적인 욕망을 전면적으로 해방시키고, 또한 이 욕망을 유일한 비평원리로 한 체계적인 정합성을 자랑하려 할 것이기 때문에, 이렇게 말해도 좋다면, 그것은, "서구 근대회화사관"의 뒤집힌 음울한 모습을 보여주고 있는 것에 불과하지는 않을까. 이러한 유의 수정주의 전략에 대한 비판으로서는, 앞에서 말한 왕복서간의 미야가와 씨에 의하면,

> 요전 편지에서 내가 확실히 해두고 싶었던 것은, 근대회화사의 예정조화론적 진화론 내지 목적론téléologie을 다시 묻는 일은, 근대회화사를 어떻게 새로 쓸까 하는 방법론적인 문제로 이끌어가기 마련이어서, 근대회화 그 자체를 단죄하는 일은 전혀 별개의 문제라는 것이었다네. 내친 김에 말하자면, 정치적 혹은 종교적으로 반동적인 학자들은 근대예술 그 자체를 부정하기 때문에, 자네가 말한 대로, "19세기에 근대예술의 성립에 저항하여 당시의 정통적인 관전파 회화를 옹호한 '분파分派'에 혈맥적 · 종교적으로 직결되고 있다네".(강조점 원저자)

라는 대목을 인용해두는 것으로 충분하리라.

그것이 진보주의적인 것이든, 반동적인 것이든, 끊임없이 사고를 휘감으려고 찾아오는 체계화의 욕망과, 또 한편으로, 가치의 상대화에 동반되는 자의성과 시니시즘으로 가득 찬 판단정지 상태라는 두 가지 사고의 체제,

그 두 가지 체제 사이에 있을까 말까 한 좁고 험한 길이야말로, 아베 씨가 선택하고 나아갔던 길은 아니었을까. 바로 그것 때문에 아베 씨는 이 책의,

> 보들레르를 하나의 시작으로 하여 뭔가가 분명히 일어났다고 해도, 그 일어난 일이 뭔가의 의미에서 우리 시대까지 연속되는 의의를 갖는다는 것 등은 생각하지 말고, 보들레르의 의식과 언설을 오히려 역사의 비연속성 안에서 파악하는 것. 그렇게 함으로써 우리는, 미술비평가 보들레르의 언설을 취급함에 있어서 자주 취하게 되는 태도—거기에 포함되는 여러 가지 관념을, 때에 따라 끄집어내어 채용한다거나 비판한다거나 하는 태도, 거기에서 생기는 반추적, 동어반복적인 논의로부터 벗어날 수 있을 것이다.

라는 대목에서 보여주고 있는 것과 같은, "역사의 비연속성"의 징후를 모토로 자신의 역사적 연구를 조직하는 일에 내기를 걸었다고 말할 수 있을 것이다. 이 윤리적인, 그리고, 보들레르적인 의미에서의 영웅적인 내기에 의해 "서구 근대회화사관"에도, 또한, 그 동형의 뒤집힌 모습으로서의 수정주의의 반동성에도 역행할 수 있었던 이 책의 현실이 가능해졌음이 분명하다.

그리고 이 "역사의 비연속성"의 요청, 결국 그것이 어떠한 것이든, 자신이 살고 있는 현재, 그것이 요구하는 시각視角과의 절단의 요청 하에서 전개되는 역사적인 연구야말로, 그 연구가 씌어지고, 또한 읽혀지는 이 현재라고 하는 폭넓은 장이 마련하는 착종성과 진폭을 드러낼 수 있다고 하는 아름다

운 역설, 그것을 이 책은 체현하고 있다. 그 의미에서, 이 책은 말의 참된 의미에서, 실용적인—이것은, 아베 씨 최초의 저서, 《젊은 유럽》(1962년, 河出書房新社)을 스스로 형용할 때 쓴 말인데—책이다. 그 까닭에, 저자의 절친한 친구인 미야가와 아쓰시 씨가 그 예리한 비평활동으로써, 20세기의 "또 한 사람의 보들레르-뒤파이스"*일 것이다, 라고 했다면, 아베 요시오 씨의 《군중 속의 예술가》는 보들레르-뒤파이스의 출현 가능성의 조건을 더할 나위 없이 명석하게 기술하는 것과 동시에, 미래의 "또 한 사람의 보들레르 뒤파이스"의 가능성의 조건도 그려낸 경이적인 책이라고 말할 수 있을 것이다.

마지막으로 아베 씨의 많은 저작 가운데, 그의 보들레르 개인전역전집, 《샤를 보들레르—현대성의 성립》 이외에, 이 책과 직접적으로 관련되는 저작을 몇 가지 열거해두고 싶다.

《서구와의 대화》(1972년, 河出書房新社, 현재 레구르스レグルス文庫)

친한 사람들에게 보낸 서간이라는 형식을 채용한 이 책은, 저자의 사고 운동을 추적하는 것 말고도 매우 자극적인 책인데, 그중에서도, 제5장, 제8장,

---

* 〔역주〕 보들레르는 어머니의 성인 뒤파이스Dufaÿs를 붙인 필명 보들레르-뒤파이스Baudelaire-Dufaÿs를 1845년부터 1848년 2월혁명 직전까지 사용한다. 2월혁명부터는 샤를 보들레르Charles Baudelaire라는 본명을 사용한다.

제10장이, 보들레르의 미술비평 및, 미술작품을 신중하게 다루는 시점의 둘러싼 고찰에 할당되어 있다.

《회화가 위대했던 시대》(1980년, 小澤書店)

이 책의 원형이 된 논문을 포함하는, 프랑스어로 씌어진 4편의 논문의 일본어판 및, 화집, 잡지 등에 발표된 논문으로 이루어졌으며, 이 책에서 전개되는 논지와 겹치는 점이 많다.

《이미지의 매혹》(1990년, 小澤書店)

화집, 전람회 카탈로그 서문, 전람회평과 같은 형식으로 발표된, 19세기 프랑스 화가들의 작품에 관한 텍스트가 많이 재수록되어 있다.

〈미술사와 그 언설을 둘러싸는 아베 요시오와의 왕복서간〉(미야가와 아쓰시 저, 《미술사와 그 언설》, 1978년, 中央公論社)

앞에서 인용하고 언급했듯이, 이 책에 대한 저자 자신에 의한 "후기" 내지, 그 후의 전망의 기술로서 읽혀질만 한 것이라고 말할 수 있다. 또한, 이 책은 오랫동안 입수 불가능한 상태가 되어 있는데, 이 왕복서간은, 최근에 마침내 복간된 《미야가와 아쓰시 저작집》 제3권(1981년, 美術出版社)에서 읽을 수 있다.

《모데르니테의 궤적―근대미술사 재구축을 위하여》(1993년, 岩波書店)

특히, 서구 근대회화사관의 진화론적 도식과 그 한계를 고찰하는 제1장 〈역사주의로부터 모데르니테에게로〉와, 19세기 프랑스 미술연구에 있어서 수정주의의 동향의 총괄로서 제10장 〈잔학과 훈장―수정주의에 대응하는 19세기 미술사 재구축을 위한 단장〉이 본서의 주제를 검토하는 일에 참고가 된다.

역자 후기

일본 출신 불문학자의 책을 우리나라에 소개하는 일은 분명히 낯선 작업이다. 게다가 미술비평가 보들레르는 아직 우리에게 그다지 친숙하지 않은 이름이다. 아베 요시오의 《군중 속의 예술가—보들레르와 19세기 프랑스 회화》의 우리말 번역은 따라서 이중의 새로움에 도전하는 일이라고 할 수 있다.

이 책을 처음 읽었을 때의 느낌은 바로 놀라움이었다. 놀라움의 실체는 미처 깨닫지 못하고 있던 것을 명쾌한 논법으로 일깨워주는 저자의 박학과 통찰에 있었지만, 미술비평가-시인 보들레르에 대한 명석한 통찰이라는 말로 규정해버릴 수 없는 어떤 역동적인 힘에서도 기인하는 것이었다. 그 힘은 우선 보들레르를 19세기 프랑스라는 시·공간 속에 위치시키고 그에게 자율성을 부여하여 종횡으로 활약하게 함으로써, 행동인로서의 보들레르 상像, 보들레르 안에서 긴밀한 협력관계에 놓인 시인과 비평가의 상을 드러낸 데 있다. 들라크루아·쿠르베·마네와의 관계 속에서 그 상을 차츰 선명하게 떠오르게 하는 전개방식에서 구체성을 획득하는 것이다. 또 하나의 힘은 보들레르 자신을 포함하여 들라크루아, 쿠르베, 마네의 작품과 각자의 입장에 대한 비판과 수용의 형태로서 나타난다. 보들레르가 살았던 역사적 상황을 집중 조명하여, 전통과 근대 혹은 현대 사이의 대립·갈등 속에서 나온 보들레르의 시와 미술비평이 전통을 비판하고 근대를 수용하면서도 근대 또한 비판하지 않을 수 없는 이중성dualité의 결과임을 끌어내는 것이다. 더불어 미술비평에서의 '현대성'과 산문시를 연계시킴으로써, '제도'로서의 회화의 변혁과 시문학의 바람직한 변화의 가능성을 병치시켜 제시하는 점이 이 책이 갖고 있는 커다란 가치라고 할 수 있다.

다섯 개의 장章으로 구성되어 있는 이 책에서 제1장과 마지막 제5장은 보들레르에게 할애되고, 그 안에 들라크루아, 쿠르베, 마네에게 순서대로 각각 하나의 장이 주어진다. 외형상으로는 처음과 끝이 맞닿아 있는 원형구조인 셈이다. 그러나 이 구성은 '닫힌 구체球体'가 아니라, 항성恒星의 중요성을 가지면서 행성의 역할도 하고 있는 보들레르라는 주요 행성과, 그 주위에서 끊임없이 자기장磁氣場을 생성하면서 운행하는 행성들의 상호작용이다.

제1장 〈군중 속의 비평가〉에서는, 19세기 사회에서 주도권을 쥐게 된 부르주아, 즉 시민계급의 지적·예술적 수준을 올바른 방향으로 끌어올리기 위해 적극적으로 '계몽'하는 비평가의 역할이 강조된다. 이 책은 "보들레르를 그의 시대 속에, 그가 살던 시대의 군중 속에 다시 놓아보자. 그것도

우선 전람회의 군중 속에"라는 문장으로 시작된다. '그의 시대→그 시대의 군중→전람회의 군중'으로 시·공간을 구체화하는 동시에 활동 대상을 전람회의 군중, 즉 공중公衆으로 수렴시키는 비평가의 면모를 하나의 정식定式으로 제시하는 문장이다. 이 정식이 《군중 속의 예술가》 전체를 관통하는 라이트모티프가 될 것이다.

제2장 〈당디, 아니면 예술가〉의 중점은 19세기 프랑스 회화에서 들라크루아가 차지하는 위치와 의의를 확인하는 데 있다. 여기에서는 시인과 들라크루아와의 접점보다는 어긋남에 비중을 두어 '전통'과의 관계(혹은 단절)에서 프랑스의 시문학과 회화가 나아가야 할 방향을 모색하는 시인의 고투를 보여준다. 낭만주의 회화의 중심인 들라크루아에게서 전통과의 단절이 아니라 전통에 귀속하는 화가를 보고, 'homme du monde'를 '사교계 인사'라는 원래의 의미로부터 '세계인'으로 이행시키는 보들레르의 의도적 이탈이 방향모색의 한 가지 방법으로서 제시된다. 이는 진보적 예술관과 전통주의가 뒤얽혀 있는 모순 위에서 전개된 들라크루아론에 대한 번복이기도 하다.

도식적으로 말하여 보들레르 초기 미학에서는 '소박함naïveté'의 관념이 중심에 있다고 한다면, 중기에는 '레알리슴réalisme', 후기 미학에서는 '현대성modernité'이 중심을 이룬다고 할 수 있다. 제3장과 제4장에서 바로 레알리슴과 현대성의 문제가 시인의 쿠르베와 마네와의 관계를 통하여 심층적이고 밀도 있게 다루어진다. 이 책의 중추이자 가장 흥미 있는 부분이다. 1848

년 2월혁명을 전후하여 민중예술에 대한 관심이 고조되면서, '제도'로서의 회화에 변혁을 가져오려는 쿠르베의 과감한 시도는 회화의 위계에서 최상위를 차지하는 '역사화'에 대한 전통적인 개념을 무너뜨리는 것으로 시작된다. 현실에 대한 연구와 자아에 대한 연구의 종합을 레알리슴이라고 생각하는 보들레르의 견해와, 눈에 보이는 현실을 민중적 · 토착적 토대 위에서 실현하는 쿠르베의 레알리슴관은 상당히 차이가 나는 것이었음에도 불구하고 저자는 두 예술가를 '진솔주의scincérisme'이라는 이름 하에 동류항으로 묶어놓고자 하는 바람을 떨쳐내지 못한다.

더 이상 '대회화'가 가능하지 않다는 판단—저자는 이것을 종말관이라고 부른다—에서 '현재'를 체현하는 화가 마네가 보들레르의 대안으로 떠오른다. 보들레르에게서 '현대성'의 화가는 사실상 콩스탕탱 기스였으나—그런 이유에서인지 저자는 마네와 '현대성'을 직접 결부시키지는 않는다— 19세기 프랑스 회화의 맥락에서는 마네가 기스를 대신할 수 밖에 없는 존재인데다, 들라크루아에게 없는 '현재'와 쿠르베에게 부족한 '상상력'을 충족시키는 화가가 마네다. 그렇다고는 해도 들라크루아 이후의 회화가 노쇠 상태에 빠져 있어, 마네는 "자기의 예술의 노쇠 안에서의 제1인자"에 불과하다. 마네의 대표작들은 전통에 대한 패러디로 간주될 수도 있기 때문이다. 마찬가지로 보들레르의 《악의 꽃》은 전통적 시법에 대한 각종 패러디를 기본으로 한 시집이라는 점에서 '노쇠의 토양 위에 피어난 꽃'이다. 그러나 또 한편으로, 회화의 전통적인 기법을 전면적으로 부정하고 현대적 감각으로 군중을 재현하는 마네의 화법과, 현대의 생활과 도시의 군중 속에서 여러 가지 주제를 건져내어 새로운 형식에 담는 보들레르의 산문시집은 예술로부터의 해방과 동시에 실추라는 점에서도 접점을 갖는다. 따라서 보들레르의 산문시와 마네의 '현재'의 회화는 현실을 직시하는 데서 오는 심화된 레알리슴의 표명이라고 할 수 있다.

제5장 〈풍경 속의 예술가〉에서 저자의 관심은 '시를 예술로부터 삶으로 옮겨오는' 일에 모아진다. 그것은 우선 풍경화에 있어서 전원풍경화, 바다풍경화, 도시풍경화를 인상파 풍경화의 특색에 연결시키는 작업을 통해서 이루어진다. 미래의 인상파 화가들의 야외 작업장이었던 노르망디 바닷가는 철도의 발달로 인해 파리사람들의 휴양지가 되고 바다가 도시와 연결됨으로써 인상파를 준비한다. 풍경을 소재로 하는 보들레르의 산문시들 또한 그 풍경에 대한 인간의 반응이 문제된다. 그러나 그 풍경을 바라보는 인간도, 풍경 속의 장소도 우발적인 존재이고 임의적이라는 '현대성'의 요소들을 갖는다. 결국 보들레르 시에서 산문성·부정형不定形성의 우세, 인상파의 선구적 화가 부댕의 풍경 '습작'이 갖는 겸손함, 개성 표현에 적합한 에칭이라는 소장르의 소박한 장인적 성격은, 기계적인 재현술로 예술의 자리를 찬탈하려는 사진에 대항하는 수단으로서, 인상파로 향하는 공통의 기반이 되리라는 것이다.

이렇게 볼 때, 각각의 장이 완결성을 가진 것도 아니고 전체적으로 유기적인 관계에 놓인 것도 아니라고 하는 저자의 말에도 불구하고, 이 책은 하나의 유기체로서, 다시 말해 끊임없이 사고思考를 유발하는 한 권의 논문저작으로서의 존재가치도 충분한 것으로 보인다. 그렇지만 이 책의 더욱 큰 장점은, 문학이나 미술 분야의 전문가가 아닌 아마추어들이 흥미있게 읽을 수 있는 넉넉한 품을 갖고 있다는 점이다. 학생들 앞에서 강의를 하면서 상대의 의견을 묻고 있는 듯한 어법, 단정을 유보하고 지평을 항상 열어놓는 너그러움과 독자에 대한 배려는, 저자의 깊이 있는 성찰과 예리한 판단을 둔화시키지 않으면서 이 책을 편안하게 읽을 수 있도록 도와준다.

주로 1960, 70년대에 프랑스어로 발표된 아베 요시오의 논문들은 미술비평가 보들레르를 주제로 하고 있다. 이 논문들의 간결하고도 통찰력 있는 논지는 잘 알려져 있지만, 《군중 속의 예술가》에서 '모국어'에 실린 그의 목소리는 프랑스어 논문들에서와는 또 다른 깊이와 폭, 그리고 울림을 갖는다.

번역 텍스트로는 《群衆の中の芸術家》(ちくま学芸文庫, 筑摩書房, 1999)를 사용했고, 쥬오고론샤中央公論社의 1975년 초판본을 참조했다. 참고로, 본문 중의 상점은 원문의 강조 표시임을 밝혀둔다.

2006년 6월
역자

군중 속의 예술가
보들레르와 19세기 프랑스 회화

초판 발행 2006년 7월 1일
초판 1쇄 2006년 7월 1일

지은이 아베 요시오
옮긴이 정명희

펴낸곳 **고려대학교출판부**
www.kupress.com
kupress@korea.ac.kr
136-701 서울특별시 성북구 안암동
02-3290-4230~2
Fax 923-6311

찍은곳 이환기획인쇄

ISBN 89-7641-581-7 03800

값 16,000원

* 잘못 만들어진 책은 바꿔드립니다.